[新加坡] 吕正扬 著
Lu Cheng-Yang

韩超 赵明昊 译

中国共产党的领导力

ADAPTIVE LEADERSHIP
Communist Party of China's Selection,
Grooming & Renewal in the 21st Century

新加坡学者眼中的
中国共产党干部选拔与培养

人民日报出版社

图书在版编目（CIP）数据

中国共产党的领导力：新加坡学者眼中的中国共产党干部选拔和培养 /（新加坡）吕正扬著；韩超，赵明昊译. —北京：人民日报出版社，2019.2（2021.3重印）
ISBN 978-7-5115-5529-8-01

Ⅰ.①中… Ⅱ.①吕… ②韩… ③赵… Ⅲ.①中国共产党－干部工作－研究 Ⅳ.① D262.3

中国版本图书馆 CIP 数据核字（2018）第 128138 号

书　　名：	中国共产党的领导力：新加坡学者眼中的中国共产党干部选拔和培养
作　　者：	〔新加坡〕吕正扬
译　　者：	韩　超　赵明昊
出 版 人：	刘华新
责任编辑：	宋　娜
排版设计：	九章文化
出版发行：	人民日报出版社
社　　址：	北京金台西路 2 号
邮政编码：	100733
发行热线：	(010) 65369527　65369509　65369512　65369846
邮购热线：	(010) 65369530　65363527
编辑热线：	(010) 65369521
网　　址：	www.peopledailypress.com
经　　销：	新华书店
印　　刷：	北京中科印刷有限公司
开　　本：	710mm×1000mm　1/16
字　　数：	290 千字
印　　张：	18.75
版　　次：	2019 年 2 月第 1 版　2021 年 3 月第 2 次印刷
书　　号：	ISBN 978-7-5115-5529-8-01
定　　价：	58.00 元

目 录

序言一　郑永年 / 001

序言二　曾士生 / 003

英文版序言　黄根成 / 005

前　言 / 007

致　谢 / 011

忠于历史 / 015

第一章　井冈山早期历程

引　言 / 001

第一节　走向井冈山的导火索 / 004

第二节　为人民服务：土地改革法 / 005

第三节　艰苦奋斗 / 008

第四节　在井冈山是如何"实事求是"的 / 012

第五节　井冈山斗争的结束 / 015

第二章　延安精神

第一节　背景：长征的目的地延安 / 016

第二节　延安时期的"为人民服务" / 017

第三节　艰苦奋斗：创建稳固的革命根据地 / 023

第四节　延安期间的实事求是 / 027

第三章 组织起来　为人民服务

第一节　党：为人民服务的践行者 / 033

第二节　政府：艰苦奋斗的探索者 / 041

第三节　全国人大：实事求是的典范 / 048

第四章　公务员选拔

第一节　入党 / 059

第二节　为人民服务：成为一名大学生村官 / 062

第三节　艰苦奋斗：公务员考试 / 066

第四节　实事求是：申论 / 071

第五节　面试 / 074

第六节　中国浦东干部学院的实践经验 / 078

第五章　党员干部的培养（一）：在21世纪与时俱进

第一节　21世纪的"为人民服务"：以2010—2012年西安为例 / 080

第二节　如何实事求是？以浙江省舟山市和荔湾区为例 / 084

第六章　党员干部的培养（二）：选拔任用

第一节　艰苦奋斗：选拔任用流程 / 093

第二节　实事求是（一）：甘肃省某市宣传系统领导的选拔 / 106

第三节　实事求是（二）：如何真实有效地考核干部？ / 111

第七章　党　校

第一节　党校是否为人民服务？ / 114

第二节　艰苦奋斗：如何更好地为人民服务？ / 119

第三节　实事求是：党校的作用 / 125

第八章　党校的引领作用
　　第一节　为人民服务：执政人才聚集一堂 / 137
　　第二节　艰苦奋斗：党校的现代化教学方式 / 144
　　第三节　实事求是（一）：发扬延安精神 / 152
　　第四节　实事求是（二）：发扬井冈山精神 / 158

第九章　2011—2012年的换届工作
　　第一节　为人民服务：新领导团队 / 170
　　第二节　艰苦奋斗：新规定 / 175
　　第三节　实事求是（一）：反腐工作 / 183
　　第四节　实事求是（二）：中纪委、监察部和最高检 / 186
　　第五节　实事求是（三）：基层检察室 / 192

第十章　与时俱进地为人民服务
　　第一节　为人民服务：人民得到服务了吗？ / 204
　　第二节　艰苦奋斗：新加坡三位一体反腐举措 / 210
　　第三节　实事求是：年度申报 / 219
　　第四节　有志者，事竟成 / 225

第十一章　全心全意为人民服务
　　第一节　为人民服务（一）：网络"威胁" / 227
　　第二节　为人民服务（二）：为什么人民未得到服务？ / 232
　　第三节　与时俱进、艰苦奋斗（一）：培养网络与微博治理意识 / 235
　　第四节　与时俱进、艰苦奋斗（二）：优质服务省委负责制解决矛盾 / 243
　　第五节　实事求是：党校为人民服务 / 249

第十二章　为人民服务　方得人民拥护
　　第一节　为人民服务：历史的未来 / 259

第二节　艰苦奋斗：让每个干部都投身于为人民服务 / 261
第三节　实事求是：省级考评排名小组 / 268
第四节　与时俱进的领导力及我的人事工作之旅 / 273

参考文献/来源 / 275

序言一

Preface

郑永年

正扬的英文著作翻译成中文,要在中国发行,很是高兴。正扬要我写几句,作为序言,我欣然答应。

我认识正扬应该是自从他担任新加坡移民厅厅长的时候。他在研究和写作这本书的过程中,也咨询了东亚研究所的很多研究人员,包括东亚研究院的主席王赓武先生、我个人及其他学者。后来,2015年我们有机会一起共事,因为正扬在隆道智库负责国际培训,而我被邀请担任智库研究部门的主席,共同努力吸引中国商人到海外(欧洲、新加坡与东南亚)创业发展。

这本书是正扬在南洋理工大学担任连瀛洲纪念奖学金学者(简称"连氏学者")期间写的。这个奖学金是为新、中两国具有优秀潜质的精英人才提供深层浸濡和拓展视野的机会、促进他们的事业发展的高级人才交流计划,以顺应两国在文化、商业和社会发展方面的需求。其最终目标是为了让得奖者能够推动各方面的合作,领导时代的变革,从而促进两国的共同繁荣。多年来,我也接触过诸多连氏学者,无论是新加坡的还是中国的。这些连氏学者通过人与人之间的交流计划,帮助促进了中国与新加坡之间的理解,促进了彼此的社会转型和经济发展中的知识分享和文化交流。今天,连氏学者在新加坡和中国的各个领域都扮演着重要角色。

连瀛洲纪念奖学金的宗旨也符合我们东亚研究所的目标。我们东亚所的目标也是促进有关东亚发展的学术和政策导向研究,特别是当代中国(包括香港、澳门和台湾地区)的政治、经济和社会发展,以及中国日益增长的经济关系。早期我们只关注中国研究,但逐渐地我们的研究也涵盖了包括日本、韩国和东盟在内的地区和国家。因此，正扬的研究和我们研究所的研究有高度的重合性。这也是我自己对正扬的研究深感兴趣的原因。我觉得，这一研究非常有助于增进对当代中国的理解。正扬是新加坡官员和学者，他对中国制度的认识或许和中国学者不同，但肯定有助于人们对中国的理解。

在本书中，正扬花了几章的篇幅勾画了中国共产党选拔和培养干部的过程。共产党密切关注党员干部的选拔工作，选拔是一个科学的过程。选拔以后，党和政府的领导职务的培训和培养过程也同样重要，只有经过这一过程，干部才能担任重要的角色。

正扬也研究了共产党干部如何"为人民服务"。在这方面，正扬记录了互联网在线服务初期（截至2011年），共产党是如何解释"为人民服务"的，如何探索实施"为人民服务"这一原则的。鉴于今天互联网技术的迅速发展，反映利用互联网这一技术，实施和改善"服务于人民"这一点也是值得人们进一步深入了解与探讨的。

正扬也花了很多章节来讨论新加坡公务员体系建设——我个人一直很钦佩新加坡公务员队伍——以及这艘紧凑的"公务员船舶"是如何运行的。正扬从一个内部人士的角度为我们解读了新加坡公务员系统的实际运作情况，提供了宝贵的经验。中国共产党的干部的确能够从新加坡公务员队伍建设中学习到很多东西，当然新加坡的经验必须适应中国的实际情况。

正扬的著作是一个外国学者对中国共产党人力资源管理理念和制度实践的中立评估。人民日报出版社决定翻译和出版这本书，这有助于中国读者了解自己的制度，尤其是中国共产党的人力资源管理制度。

（作者时任新加坡国立大学东亚研究所教授、所长）

序言二

Preface

曾士生

　　我在新加坡政府担任公职时，便与正扬相识。早年间，我曾负责新加坡—中国苏州工业园区项目，正扬时任移民局官员。后来，命运让我们再次有了交集，我担任新加坡教育部政务部长时，正扬则担任教育部人事教育司司长。不过，最为重要的是，在正扬完成本书的过程中，我有幸给予了他一些指导和建议，也一同见证了这本书的成书。

　　本书同时也是连瀛洲纪念奖学金的研究成果之一。连瀛洲纪念奖学金获得者（即连氏学者）可以选择他们感兴趣的话题或者领域，进行学习研究、参观调研，以及与有关人员进行接触和互动等。顾名思义，该奖学金设立的初衷是为了纪念连瀛洲博士。连博士与中国有着密切的商业往来和私人关系，他也为新加坡的发展做出了巨大贡献。奖学金的设立，架起了新、中两国互相了解的桥梁，也实现了连博士的夙愿。奖学金为连氏学者们提供各种交流项目，促进知识和文化共享，旨在增进新中两国对于双方社会变革和经济发展的理解。我认为，正扬的书契合了连瀛洲纪念奖学金的这一理念精髓。

　　多年来，我与中国官员有不少接触，因此，我在正扬的研究过程给出了一些建议，并就一些我们感兴趣的问题进行了探讨。我相信，这是一部研究中国共产党人事组织问题的佳作！随着中国的不断发展，了解中国共产党肩负的使命、秉持的理念和指导思想，变得尤为重要。

　　随着新、中两国关系的不断深化，我建议新加坡人民也要不断加深对当今中国人民精神层面的了解。本书将是了解中国的一个很好的开端。正扬在两个重要的方面都做了深入的研究：赴井冈山和延安进行实地调研；并切实走访了一些党校。下面我来具体说明一下。

　　井冈山和延安是中国革命的两处圣地，在塑造中国共产党的核心理念和指导思想的过程中发挥了重要作用。毛泽东在这两个地方形成了中国共产党的思想精髓，指明了中国共产党前进的方向。我强烈建议读者在阅读本书的时候不要仅仅流于文字，最好能够亲身前往这两个地方，了解一下当地的情况。这样将会更加深刻地理解 80 多年前在这两个地方所发生的那些惊天动地的事件。

　　大家可能不一定了解党校。党校是培养党员干部的摇篮。在党校里，党员干部汇聚一堂，就中国社会发生的一些重大事件进行学习、探讨甚至展开争论。值得关注的一点是，很多党校和大学一样，都会对中国社会当前的政治或社会问题进行研究。因此，如果读者能够亲身前往党校去感受一下，将会对中国共产党有进一步的深入了解。

　　综上所述，为了更好地了解今天的中国，你可能会想要去井冈山和延安走一走、看一看，也会想要去党校实地探查一番。在去这些地方的时候，一定记得要带上这本书！

　　阅读愉快！

（作者为新加坡前政务部长）

英文版序言

黄根成

  创办连瀛洲纪念奖学金的目的是在社会、经济发展过程中，通过促进中国和新加坡两国人文交流，增进两国之间的相互了解。

  创办该奖学金也是为了纪念连瀛洲博士。连博士与中国有着密切的商业往来和私人关系，他也为新加坡经济的发展做出了巨大的贡献。奖学金的设立，实现了连博士的夙愿，也架起了中、新两国相互了解的桥梁。作为交流项目，它提供了两国间接触的机会，形成了良好的关系和商誉，深化了高层官员之间的理解。奖学金的重要特点之一，是为连氏学者们提供了机会，他们可以在感兴趣的领域，与知名专家学者，以及历年的连氏学者之间建立起"朋友圈"，进行互动。

  作为连瀛洲纪念奖学金委员会的主席，我很高兴地发现，连氏学者们的研究成果达到了预期的目标。一些学者将他们的研究和交流成果公开发表，以便吸引更多的人参与交流、分享观点，进而惠及中、新两国人民。

  吕正扬先生是连氏学者中的一员，他就"与时俱进的领导力"这一主题，对中国共产党的干部选拔、培养和自我更新（换届）过程背后的理论和思维进行了初步的探索。本书原著用英语写成，以飨不熟悉汉语的英语读者。

  吕正扬先生在研究中指出，中国共产党在组织能力和个人能力建设方面，有着明确且坚定的人事导向。明白了这一点，将有助于我们理解中国共产党如何选拔党员干部，并培养他们担任中国党和政府的领导。我将这本书推荐给对中国感兴趣的人，以便观察21世纪中国共产党领导力的发展。

  这本书将受到那些想要更多地了解中国共产党领导力发展历程的人青睐。

吕正扬先生出版这本著作可喜可贺，我盼望更多的连氏学者像吕正扬先生这样，结出更加丰硕的成果。

顺颂安祺！

（作者时任连瀛洲纪念奖学金理事会董事长）

前 言

Preface

为了探索中国共产党领导干部的选拔、培养和自我更新（换届）的问题，我们深入考察了中共中央组织部和中共中央党校背后复杂的网络架构，因此对于中国目前能够正常运行，并将持续良好运行有了更深入的了解。

我发现在中国共产党的施政过程中，通过三条理念指导共产党和党的干部。这三条理念概括如下：

- 为人民服务；
- 与时俱进、艰苦奋斗；
- 实事求是。

随着时间的推移，中国共产党的施政方法在不断地尝试、改进和完善，但未背离这三点。本书涉及这些理念的由来，以及伴随着世界风云变幻、中国人民思想变化和现代中国社会变迁所产生的需要，中国共产党的施政模式如何进行调整和适应。

我们 12 章的领导力探索之旅从简要的历史介绍开始，以便更好把握这些永恒不变的原理的起源。

第一章，我们将回溯至 1927 年的井冈山，在这一阶段，毛泽东在大动荡的时期获得了革命队伍的领导权，一些理念的萌芽也开始形成。

第二章，我们将研究延安时期，这期间，一些理念在中国共产党内乃至延安地区得以实践、完善和巩固。

第三章，以当前为背景，进一步加深对当前中国国家结构的理解，以及如何继续遵循这些原理和信念。中国共产党坚持为人民服务，这种理想和理论仍存在。党为人民服务是通过政府来实现的。全国人民代表大会制度是坚持党的领导、人民当家作主、依法治国有机统一的重要制度载体，是中国特色社会主义制度的重要组成部分。

第四章，我们考察干部的选拔任用，以及这些年来的演变过程。如今，仅仅当一名合格的党员是不够的。你需要从村官的岗位上开始你的职业生涯。中国目前实行的公务员考试制度，包括笔试、案例分析和结构化面试，其严格程度不亚于过去的科举考试。

第五章和第六章继续探讨共产党如何更好地为人民服务。为了分析"为人民服务"如何与时俱进、如何随着经济的发展而变化，我们援引了陕西省西安市、重庆市、浙江省舟山市和广东省广州市荔湾区几个典型事例。我们还探讨干部任命、考察和提拔的方式，这都明确地体现了公开透明和向基层倾斜的特点。

第七章和第八章深入研究当前党校情况。从21世纪初期的改革开始，我们清楚地看到，中国共产党一直在致力于适应人民的需求和赢得民心。党校进行了彻底的改革创新，目前正在发挥其作为培训学习的场所、孕育思想的摇篮和汇集机会的网络的作用。这是大家很少看到的一面。

第九章，我们关注习近平和李克强等新一代领导人。更多的监督、更透明的制度和更有力的反腐败措施都在按部就班开展和实施。

在最后三章中，我们将探讨一些鲜有人问津的问题。第十章，我们分析强力反腐。第十一章，我们通过接近群众，对关注的问题进一步深入研究。在最后一章中，我们思考与时俱进领导力，和它在人事系统（能力、功能和文化等方面）扮演的角色。我们得出这样的结论：中国共产党的与时俱进的领导力依然存在。

为便于阅读，我将本书的结构列表如下：

章	题目	为人民服务	与时俱进、艰苦奋斗	实事求是
一	井冈山早期历程	最初的土地改革	首次尝试执政	游击战争和宣传
二	延安精神	合作社、学校、新华社和人民日报	南泥湾经验	延安整风运动
三	组织起来为人民服务	党	政府	全国人大
四	公务员选拔	村官	通过考试择优录取	案例分析

续表

章	题 目	为人民服务	与时俱进、艰苦奋斗	实事求是
五	党员干部的培养（一）：在21世纪与时俱进	西安	重庆	舟山与广州
六	党员干部的培养（二）：选拔任用	参见第五章	选拔任用规定	甘肃省某市宣传系统领导的选拔
七	党校	党校改革	党校工作条例	党校的作用
八	党校的引领作用	政策实践	现代化教学方法	思想教育
九	2011—2012年的换届工作	新领导团队分析	新规定	反腐败措施和制度
十	与时俱进地为人民服务	人民得到服务了吗？	新加坡三位一体反腐举措	2022年的中国共产党
十一	全心全意为人民服务	网络威胁和现实挑战	微博带来的优质服务	党校为人民服务
十二	为人民服务方得人民拥护	历史展望	年度考核	中国共产党的奖惩制度

阅读愉快！

致　谢

Thank you

发现和学习的过程总是令人喜悦和激动的。然而，如果没有各位朋友、支持者和赞助者的帮助，本人也无法体验这段全新的理解和领会之旅。

赞助者和支持者

首先要感谢我的主要赞助者连氏基金会授予我连瀛洲纪念奖学金，使我有条件对这个我个人感兴趣的课题进行研究。尤其要感谢黄根成先生，黄根成先生是我在新加坡内政部的前任上司和连瀛洲纪念基金会理事会的主席；Ngiam Dong Tow先生，一位杰出的退休公务员，前任理事会和选拔委员会主席；连宗廉先生，他是理事会成员；以及南洋理工大学校董会，为我所从事的研究提供了莫大的支持。

中国驻新加坡大使馆在我的研究过程中也提供了极为关键的帮助。中国驻新加坡前大使魏苇阁下为我提供了宝贵的支持；中国驻新加坡大使馆前教育参赞周建平，多年来，我有幸与她共事，她非常热心地帮助我；有赖于她的引荐，我于2012年4月在北京会见时任中组部[①]副部长的王尔乘先生。

在中组部的帮助下，我参观了中共中央党校及中国浦东干部学院、中国大连高级经理学院、中国延安干部学院及中国井冈山干部学院，还有一些省市级（如

[①] 注：在中国，人们亲切地将中共中央组织部称为中央组织部或中组部。在本书中，我将使用一些简称来代表中央、省级、市级、县级的机构和部门。

陕西、上海和大连）组织部和党校。这些参观经历令我大开眼界。在党校遇到的朋友也都热情地欢迎和帮助我，并向我讲述了他们所知道的一些故事。

其中，我要特别感谢四位女性联络员，她们分别是北京的于佳（音，Yu Jia）、大连的夏薇（音，Xia Wei）、浦东的周艺（音，Zhou Yi）、井冈山的林蓉（音，Lin Rong）。

我还要感谢党校的老师们，他们不辞辛苦地帮助我理清了千头万绪的党校系统。

序号	单位	姓名	时任
北京			
1	中共中央党校	施红教授	经济学部发展研究主任
		谢春涛教授	校务委员会委员、教务部主任
		郑权教授	科研部副主任
		王成志	教务室副主任
		王新堂	培训专员局副主任
上海			
1	中国浦东干部学院	姜海山	副院长
		张胜新	人力资源部部长
2	中共上海市委党校	杨俊一	副校长
		曾峻	副校长
陕西省			
1	陕西省委组织部	冯力军	副部长
2	中共陕西省委党校	薛引娥	副校长
		郑志飚	副校长
3	中国延安干部学院	陈燕楠	副校长
		程丽庄	对外交流和培训开发部副部长
		王涛	党史党建研究室教授
江西井冈山			
1	中国井冈山干部学院	梅黎明	常务副校长
		周金堂	副校长

续表

辽宁大连				
1	中国大连高级经理学院	董大海	常务副院长
2	中共大连市委党校	戚扬	常务副校长
3	大连市委组织部	汪乃波	副部长

我的导师曾士生先生也为本书提供了重要支持。曾先生是新加坡的中国事务专家，他为我提供了很多有趣的见解，增强了本书的可读性。

学术界朋友

只有在请教了相关领域的学术泰斗之后，研究成果才有学术价值。在此，我非常感激南洋理工大学和新加坡国立大学的各位教授，他们向我介绍并让我访问他们的大学资源。首先我要感谢新加坡国立大学李光耀公共政策学院主席——王赓武教授，他为我指点迷津，帮助我树立清晰的观点。我还要感谢李光耀公共政策学院院长马凯硕教授，以及该学院在相关领域主要的学术专家王晶（音，Wang Jing）教授。此外，感谢新加坡国立大学东亚研究所所长郑永年教授，他是一位中国事务专家。

从行政管理的角度来说，我犹记得2012年11月，胡荣（音，Hu Rong）先生在北京独立组织了一系列的连氏学者联谊活动，从游学到家庭日，再到成功举办连氏中国发展论坛。南洋理工大学公共管理学院的工作人员也为我提供了大量的支持与帮助，在此一并表示感谢。他们是Christina Wong、黄霜、Otto和学院前主任吴魏博士。

身边的支持者

我在新加坡教育部的上司，文化、社区和青年部常任秘书杨紫燕女士、副秘书Mimi Choong医生在本次研究期间，也对我给予了充分的理解和帮助。我还要感谢人事司的两位同事：Grace Ho和薛文浩（音，Seet Wen Hao），他们都参与了中国发展项目，帮助我记录和研究，还通览审校我的手稿。还要感谢英语老师、专家 Caroline Yeow、Carol、Anne、Martin 和 Low Ee Ling 副教授（因本书原著为英文），他们帮助我审校了本书一些章节。

在此期间，我的家庭也为我提供了大力支持。我现居上海的父亲，以及我父亲多年的上司吴学光先生也为我提出了很多建设性意见。

最后，还要感谢我的妻子伊莎贝拉，她在此期间不断地给予我支持和鼓励。

在这里万分感谢大家！

忠于历史

我知道我所描述的是积极正面的中国共产党，因此这本书可能会引起强烈反响，包括直接的批评和含蓄的暗示，甚至会有人提醒我受到了蒙骗。在此，我想说明，关于本书的写作我秉持实事求是的原则，问心无愧。我的著述基于以下三个方面：

首先，本书是基于我阅读过的中文材料，这些中文材料是我写作的主要素材。这些材料来源不仅包括中国共产党的喉舌，还包括批评和第三方中立观点。可能有人读过不同版本的有关中国的著作，也有人会戴着有色眼镜看中国，那么这些人的角度又是否是真正客观的呢？

其次，本书是基于我与相关人员直接的交流及接触。他们是党政官员、学者，甚至是街头路人。尽管他们可能想要在某一方面极力地感染或者打动我，但我所看到的是一群热心、诚恳的人，他们热心于他们的事业和他们自愿选择的道路。我理应反映他们的呼声。

最后，我的论据是基于中国正在发生或者已经发生的真实事件。这些事件都来自博客、中国视频网站（类似 YouTube 网站）及报纸等。我认为，即便你有想要宣传的内容，但如果事件一旦真的发生，那它就是客观存在的。

我所希望的就是为读者，还原一个真实的中国和中国人民。

谢谢！

第一章 井冈山早期历程

引 言

要理解中国共产党的领导力，了解中国共产党上台执政的过程就显得十分必要。这意味着仅仅阅读那些中国共产党与日本、国民党或地方军阀浴血奋战的历史是不够的。除却这些历史，还有两个重要的历史时期，对于中国共产党夺取政权至关重要。直至今日，这两个历史时期仍然时刻萦绕在共产党员干部和中国人民的脑海中。

本章将简要描绘发生在井冈山的历史和相关事件，这深刻影响了延安及其后的时期乃至整个中国。我们将首先解读三大原则，这三大原则直到今天仍具有重大意义。这些原则构建并贯穿我们整个研究的主题思想：

- 为人民服务；
- 艰苦奋斗；
- 实事求是。

首先，领导力来自于"为人民服务"[①]。在井冈山，毛泽东经过观察并反复思考，第一次得出了权力来自人民的结论。中国革命之所以取得成功，正是因为党员干部取得人民的支持，与人民携手缔造了新中国。因而共产党干部至今仍然沿用这一口号。

其次，领导干部需要不断地"为理想信念而奋斗"。我曾引用中共中央

[①] "为人民服务"来自毛泽东在延安时期的文章，是为了纪念一位因炭窑倒塌而牺牲的战士（参见第二章）。

党校办学宗旨中的两个短语来诠释这一原则，它们分别是"与时俱进"和"艰苦奋斗"。我在英文中用复数形式表述"理想信念"这个概念，是为了说明：虽然只有一个中心思想，但对于不同的人而言，在不同的时间和不同的场合下，理想信念可以被赋予不同的意义。在井冈山和延安时期，这些理想信念是人们的精神食粮，鼓舞人民生产生活并积极投身于与日本和国民党的斗争中。尽管这些理想信念可能是当时现实需求的产物，但是在中国共产党领导建立新中国、执掌决定国家经济命运的权力过程中，它们仍然起到了广泛而深远的影响。

最后也是最重要的原则"实事求是"，我将其英文译为"doing the right things in practice（在实践中做正确的事）"。许多学者拘泥于字面意义，将其逐字译成"从事实中寻求真理（seeking truth from facts）"。在对中国共产党的历史进行研究后，我用更为通俗贴切的方式翻译了这个短语。毕竟，作为一名公务员，我的信条是"政策在于执行"。毛泽东几乎在每个历史重大转折点上，都准确地诠释了这一点，正确决策，把握前进的方向。正因如此，中国共产党才得以保全。我认为，正是中央领导始终坚持这一原则，才保证了共产党执政的长盛不衰。

从毛泽东的著作以及当时的举措（1927—1929年，即"井冈山时期"）中，这三条执政理念已经初现端倪。然而，那时的毛泽东还只是一名年轻的共产党员干部，年仅33岁。他怀揣着"为人民服务"的理想，尝试了土地改革，让农民拥有自己土地的合法所有权。毛泽东对农村生活及其复杂性的敏锐洞察力，在其井冈山时期的著作（我们将在下文中详细探讨）中展露无遗。在努力为"理想信念而奋斗"的过程中，他尝试了多种经济政策，从中获得了如何赢得民心的宝贵经验。关于"实事求是"，我们认为它一直是毛泽东的标志。由于军事实力不足，他决定不在长沙发动农民起义，因为此时在长沙进行起义明显是有勇无谋并将徒劳无功。相反，由于军队已经精疲力竭，他决定留守井冈山地区，积蓄实力，重整旗鼓。他慷慨地赠送给当地军阀一百支步枪，当地军阀大喜过望，毛泽东也凭借这一举动当即赢得了军阀的尊重、支持和信任。随着我们探索中国共产党历程的继续，我们将持续为读者呈现毛泽东"实事求是"的过人之举。

延伸阅读（一）

"实事求是"追本溯源

古代起源

这个短语源自《汉书》①，讲述的是刘德的故事。刘德是汉景帝刘启的儿子，他喜欢收藏书籍，尤其是先秦时期的书籍。刘德为确保自己所收藏书籍的真实性倾注了大量心血，他仔细考究这些古籍，并评估它们的价值。很多学者被他的专心治学精神所感动，积极为他献计献策。在《汉书》中，中国古代历史学家班固对刘德进行了单独记载，赞扬他一丝不苟的治学精神，重点刻画了刘德对古代文化史籍的热爱，以及其对研究的专注。刘德总是在考察和收集可信的事实及相关记录之后，方才得出精确而可靠的结论，这种重视调查研究的治学行为被概括为"实事求是"。

现代起源

1938年，毛泽东在中共六届六中全会上首次提出了实事求是的理论。他说共产党员应是"实事求是"的模范。

官方对"实事求是"的定义是从实际可行的角度着眼，探究系统性的联系及其发展规律，以及认识相关事物的本质。简而言之，就是从实际出发。

在中国共产党的政治生活上，它指的是从实际出发，理论联系实际，以具体可行的方式将马克思主义原理融入中国革命的实际情况。换言之，在实践中，做正确的事情。②

---

① 《汉书》中记载的原话是："河间献王德以孝景前二年立，修学好古，实事求是。从民得善书，必为好写与之，留其真，加金帛赐以招之。"

② 来源：http://zh.wikipeda.org/zh-cn/%E5%AE%9E%E4%BA%8B%E6%B1%82%E6%98%AF。

第一节　走向井冈山的导火索

共产党走向井冈山的故事要从头慢慢说起。1927年，蒋介石在上海发动了"四一二"反革命政变，逮捕并处决了大批的共产党员干部。截至1927年7月，中国共产党中央委员会做出三个决定：集中力量发动南昌起义；在湘鄂粤赣四省发动秋收起义；召开中国共产党代表大会，决定未来的前进方向，制定生存政策。

1927年8月1日，周恩来领导的一支两万人的队伍发动了南昌起义。南昌起义打响了武装反抗国民党反动统治的第一枪，但是随后就遭到强烈的抵抗，不得不南下到广州。这支部队的剩余人马转移到广东省的海陆丰地区，并继续致力于武装当地农民，进行后续的革命活动。朱德和陈毅领导的另一支队伍也转到赣南，进行武装起义。

毛泽东受命前往湖南重组党组织，在湘赣交界领导起义，后称为秋收起义。然而，9月中旬在长沙发动武装起义已经不可能成功了，毛泽东随即决定到国民党控制力量薄弱的山区巩固壮大自己的队伍。他整编队伍，将支部建在连队上。同年10月，毛泽东抵达井冈山，开始创建革命根据地。

同年12月，中共广州支部发动了广州起义。他们最初占领了广州的大片地区，并组建了苏维埃政府，但国民党凭借着强大的军事实力进行了反攻并重新占领了广州，宣告了起义的失败。起义军队的余部撤离到海陆丰，另有部分人员则转移到了广西，在那里组织农民武装奋起自卫。从1927年4月到1928年上半年，至少有31万名共产党员及支持者被杀害。在这期间，中共党员人数降至历史最低点，仅有1万左右。除南昌起义、长沙起义和广州起义外，中国共产党还在湘鄂粤赣四省发动了多次小规模的起义，但都没有取得多大成功。

到1928年年初，中国共产党通过在城市发动武装起义夺取政权的方式显然并未成功。相反，那些起义余部在两省乃至多省交界的地区却得以存憩，而这些交界地区均远离国民党控制的大城市。这些成功的农村革命经验，为建立红军革命根据地奠定了基础。

相比之下，尽管大城市起义失败，而农村根据地展现出一丝生机，但中共中央仍然位于上海，工作的重心也仍然放在城市。1928年，中共六大在莫斯科召开。大会指出毛泽东领导和建立的井冈山革命根据地是引领中国革命前进的唯一出路。它绕过国民党军队的封锁，为中共提供了一个生死攸关的转折点。

第二节　为人民服务：土地改革法

毛泽东在到达井冈山约一年后，即1928年11月，写下了《井冈山的斗争》[①]。他深信，中国革命要成功，需要具备五个因素：有很好的群众；有很好的党；有相当力量的红军；有便利于作战的地势；有足够给养的经济力。

因此，土地改革是成功的关键。毛泽东深切关注的是如何让贫农分得土地。过去，这些农民要把一半的收成向地主交租，因此过着悲惨的生活。自从在井冈山建立革命根据地后，他很快就着手进行土地改革。毛泽东在文章中生动描绘了他在土地改革中的经验。他不但是一名才智过人的杰出的军事领袖，还是一位心系中国人民、人民生计和福祉的普通人。我们现在就他如何分析土地改革分配过程中出现的问题进行详述。

一　中间阶层的问题

用毛泽东的话说，农村有三类人：大中地主、小地主和富民（"中间阶层"）、贫下中农。为了彻底地重新分配土地，中间阶层是个棘手的问题。他们先是站在贫农的一边，然后利用他们先前的社会地位或强大的宗族势力，恐吓贫农，千方百计延宕分田时间。到了分配土地势在必行的时候，他们就隐瞒自己实际占有的土地实数，或者自握肥田而把瘠田让人。贫农长期受到中间阶层的压迫并习以为常，他们觉得共产党革命成功的可能性很小。但当共产党在与反动势力的斗争中不断取得胜利，并占领了几个县之后，贫农才开始相信这个新的政府，并陆续加入反抗中间阶层的队伍中。

[①] 毛泽东：《井冈山的斗争》，1928年11月25日。

毛泽东指出，在一些地区，党的干部花了 6 个多月的时间反复保证和证明共产党有能力战胜反动派，方才说服了那些贫农。他还感叹，封建宗族制度遍布每个县。有的村庄全村村民都是同姓，还有很多村庄里只有几个姓氏。在短时间内，要想彻底消灭村庄内的阶级差别，是不可能的。

二　白色恐怖下中间阶层的背叛

毛泽东对中间阶层在革命高潮和低谷时的表现的描述，展现了他敏锐的观察力。他写道，中间阶层在察觉到白色恐怖（国民党及其盟军）要卷土重来的时候，便听命于他们，进行杀人放火、逮捕贫农等勾当，并散布谣言称，共产党要处决所有的贫农。这些行为对贫农造成了恐慌，当红军设法反击时，贫苦农民已纷纷逃离城镇和村庄。这时红军只有进行宣传和劝说，农民才会返回村庄。相反，当反动势力败退的时候，中间阶层则竭力安抚贫农，并试图与他们和平共处。

三　日常生活的压力

毛泽东的文章中也提到了日常生活的压力。他解释说，由于国民党对苏区的封锁，以及共产党对小资产阶级的管理不当，几乎没有贸易。食盐、布匹、药物和其他生活必需品供应短缺，而苏区出产的木材和茶油等高价值产品则无法销出。这严重影响了当地人的生活。尽管与其他人相比，贫农更能承受这些困难，但从长期来看，这将对革命根据地的可持续性造成一定损害。

四　进步农民的问题

毛泽东说过，这个问题没有得到妥善解决。有一些农民思想进步，他们建议土地应当依据生产能力进行重新分配（如劳动力和农具数量）。富农认为，按人均劳动生产率和生产方式计算都对他们不利，因为他们劳动力较多，并且可以借助农具，因此可收获更多。政府如果按照定额重新分配土地，就忽视了富农生产的积极性。

五　大胆的尝试

毛泽东清楚地认识到，要更好地为人民服务，就必须解决土地问题。1928年冬天，基于此前12个月的斗争、实践以及对实际情况的仔细观察，他提出了土地改革的概念。他以前虽然没有相关经验，方案也还不够完善，还需要进一步调整，但是这是早在1928年就践行"为人民服务"的光辉典范。

延伸阅读（二）

井冈山土地法

要想了解领袖毛泽东同志心系人民的情怀，我们只需研究一下他所起草的第一次土地改革法的细节。

重新分配

1. 没收的地主土地，有三种重新分配方式：

（1）分配农民个别耕种；

（2）分配农民集体耕种；

（3）由苏维埃政府组织模范农场耕种。

以上三种办法以方法（1）为主体，如有必要，方法（2）和方法（3）可兼用。

2. 所有土地，经苏维埃政府没收和重新分配后，不得买卖转售。

3. 土地重新分配后，除老幼疾病及服工役者外，均须进行农业生产。

土地分配的数量标准

4.（1）以人口为标准，男女老幼平均分配。（2）以劳动力为标准，能劳动者比不能劳动者多分土地一倍。以上两个标准，以标准（1）为主体，因为在养老育婴的设备未完备以前，老幼如分田过少，必至不能维持生活。

5. 土地将以村为单位重新分配，若土地过少，则几个村一起分配。

非稻田的分配

6. 山林的重新分配，茶山、柴山，照分田的办法分配（比如，按人头平均）。

7. 竹木山归苏维埃政府所有。但农民经村苏维埃政府许可后，得享用竹木。生长着少于50根竹子的竹山，须得村苏维埃政府许可；百根以下，须得区苏维埃政府许可；百根及以上，须得县苏维埃政府许可。

8. 竹木概由县苏维埃政府出卖，所得之钱，由苏维埃政府支配。

税收

9. 土地税率别为15%、10%、5%。15%为主体，其余两种由苏维埃政府决定。如遇天灾或其他特殊情形，将免征土地税。

非农户

10. 手工业工人，如果自愿选择务农，可分得每个农民所分土地数的一半。

11. 红军及赤卫队的官兵，以及公职人员将分得与农民相同的土地数。苏维埃政府将雇用人代替他们耕种。①

第三节 艰苦奋斗

在本节中，我们研究的是，毛泽东如何能够与时俱进，为共产党的理想而艰苦奋斗。我们探究他如何在茶陵创建第一个政权，如何将创建革命根据地的方法概念化，以及如何论证红色政权终将取得胜利。我们依据毛泽东在那个年代的著作进行解读。②

一 在茶陵建立的第一个工农兵人民政府

1927年11月18日，毛泽东的部队攻占了湖南省茶陵县。然而，一段时间内，一切似乎与从前一样，没什么变化。虽然成立了县人民委员会，任命

---

① 来源：http://baike.baidu.com/view/355099.htm。
② 摘自毛泽东1928年10月5日发表的《中国的红色政权为什么能够存在？》和1930年1月5日发表的《星星之火可以燎原》。详情请登录中共中央文献研究室网站 www.wxvis.ortg.cn。

此前在安徽当过县长的（谭梓生）沿用担任县长。任何事情还是继续旧时衙门那一套：完税纳粮，升堂审案。"解放"几天后，农会的一组人员逮捕了当地一个叫陈老三的劣绅，他是一个小地主。陈老三被送到当地民兵负责人陈皓那里，陈皓是军阀行伍出身，后来被毛泽东任命为负责人。面对来人，陈皓大为恼火，声称陈老三只有 190 亩地，没有达到 200 亩地，不算大地主，因此应当立即释放陈老三。

农会干部和农民们十分气愤，把陈老三拖出了旧县衙。随后他们找到了宛希先，他是一名拥护毛泽东的军事指挥员。宛希先很快将这个消息转达给毛泽东。毛泽东意识到这个情况的严重性，很快发出新的指示，要求新政权不能按国民党那套搞，要成立工农兵政府，继续进行阶级斗争。

毛泽东针对如何成立人民政府做出明确指示。他要求宛希先召集茶陵县里的工、农、兵（连一级）代表以及县人民委员会代表开会。会议上宛希先宣读了毛泽东的来信，讨论了茶陵的问题。由于来不及召开县工农兵代表大会，各方推选出自己的代表，组成县工农兵政府，一位当地工人协会的主席被任命为茶陵县工农兵政府主席。

1927 年 11 月 28 日，第一个红色政权——茶陵工农兵政府成立。群众欢天喜地，庆祝新政权的诞生。①

二 "工农武装割据"

"工农武装割据"理念②是中国共产党转败为胜的关键。早在历次暴动和起义失败之前，毛泽东就一直在思考这个问题，他打算在湖南南部的五六个县发动农民起义。占领这些区域后，再成立一个政治根据地，进而在当地开展土地改革。

他的想法是"上山"，历史上，"山大王"从来没有被彻底消灭过。他熟悉农民起义，他知道，数百年来中国的"绿林好汉"，甚至是躲进深山的军阀，都能存活下来，而中国共产党没有理由不沿用这个思维。当然，毛泽东补充

---

① 余伯流和陈钢：《井冈山革命根据地全史》，江西人民出版社 2007 年版，第 102—103 页。
② 余伯流和陈钢：《井冈山革命根据地全史》，江西人民出版社 2007 年版，第 332—334 页。

说，对于中国共产党而言，存在一定的必要条件：有很好的群众；有很好的党；有相当力量的红军；有便利于作战的地势；有足够给养的经济力。[①]

如果我们再深入了解，会发现，工农武装割据的理论思想有着其科学依据，因为它包含了三大要素。第一，武装斗争是它的基本表现形式。第二，土地改革是红色政权区域内的主要依靠。第三，割据的目的是建立革命根据地。用 21 世纪的语言来说，很多在农村受压迫已久的农民，他们除了沉重的租金锁链以外，一无所有，而红军可以随时解放他们。土地被重新分配，农民们高兴，而红军抓住机会巩固自己的实力，养精蓄锐。这看似十分简单，但从中可了解到红军的思路如何产生效果。

事实上，毛泽东已掌握了这个理论。井冈山的位置利于防御，因为它远离城市，在某种程度上被国民党忽视。当地收成还可以，足以养活更多的军队，并且也在设法谋求一些改变。

三 为什么红色政权在中国能够延续？

在井冈山斗争陷于最低谷时，毛泽东领导的秋收起义部队人数锐减，他身陷国民党军队包围的半径 50 公里的山区当中。然而，毛泽东仍然镇定自若，坚持认为红色政权最终一定会取得胜利。毛泽东想弄清楚一小片红色政权在被白色恐怖包围时，如何还能得以存续。一定是某些特殊因素造成了这种情况，他在 1928 年 10 月归纳了这些原因。

首先，他认为，这是由于帝国主义对半殖民地中国的间接统治，形成了中国特有的情况。只需要看看租界就会理解毛泽东的意思。国民党和地方军阀之间的白色权力争斗又进一步加剧了这种间接的统治。由于缺少一个强大的政体，这种多极情况导致了无休止的权力斗争。

毛泽东进一步解释，在经济上，中国人被挤压在地方农业经济和资本主义工商企业的夹缝中。由于白色政权的长期内斗主要集中于城市，因此中国农村的很多地方出现了权力真空局面。位于江西和湖南边界的井冈山就是一个典型。毛泽东感叹，许多共产主义同志对于形势感到十分悲观，他劝他们

[①] 毛泽东：《井冈山的斗争》，1928 年 11 月 25 日。

要明白，只要中国白色政权的分裂和战争是持续不断的，则红色政权无疑会产生、存在并且日益发展。

其次，毛泽东从来没有把任何一件事视为理所当然的。农村权力真空的存在只是一个必要条件，但不是充分条件。毛泽东表示，如果以前有过共和革命的经验，就会发现红色政权只能发展并且不断壮大。毛泽东指出，红色政权只有在以往的民主革命经验之上才会生长和繁荣。他以1926年和1927年经历过与资本家斗争的区域来举例，认为湘粤赣是可能的地方。他推断，湘粤赣工农兵已经有了一些民主经验，他们已经对当地官绅和军阀进行了起义，并将自身组织成工农联盟。这种民主经验和争取政治权力的斗争是红色政权生存的关键要素。相反，军阀领导的军队没有民主情感，他们大部分都是为了金钱利益而战斗的雇佣兵。

毛泽东继续阐释了这些小块红色区域能够长期存在的原因。他推断，中国革命形势是随着国内买办豪绅阶级和国际资产阶级的分裂和战争，而继续地向前发展的。所以，不但小块红色区域的长期存在没有疑义，而且这些红色区域将继续发展，日渐接近于全国政权的取得。

当然，毛泽东也是一个现实主义者。他进一步强调，相当力量的正式红军的存在，是红色政权存在的必要条件。若只有地方性质的赤卫队而没有正式的红军，则只能对付挨户团①，而不能对付正式的白色军队。所以虽有很好的工农群众，若没有相当力量的正式武装，便决然不能造成割据局面，更不能造成长期和日益发展的割据局面。

所以"工农武装割据"的思想，是共产党和割据地方的工农群众必须充分具备的一个重要的思想。

最后，红色政权的长期的存在并且发展，除了上述条件之外，还须有一个必要的条件，就是共产党的组织权力和"无错误"政策。

以上论述是毛泽东在第二次湖南、江西代表大会上的报告的一部分。原来的标题是《政治问题和边界党的任务》。

---

① 挨户团，中国第一次国内革命时期的一种农村武装组织，"挨户"形容每户都要参加。1927年革命失败后，许多地方的挨户团被地方利用，成为反革命的武装组织。——译者注。

第四节　在井冈山是如何"实事求是"的

一　如何团结当地军阀

毛泽东是一位军事天才。这一点从其早期决定在井冈山地区寻找根据地就可以看出。秋收起义后，毛泽东的部队已经疲劳不堪，队伍人数也从五千人减少到只有一千人，他必须要寻找一个稳固的根据地重整旗鼓。他了解到井冈山当地有一个名叫袁文才[①]的军阀，所以当他的部队还有几天就要到达袁的地盘时，毛泽东写了一封信给袁文才，客气地请求袁文才允许自己进入他的地盘。袁文才意识到了潜在的麻烦，于是礼貌地回绝道：井冈山民贫山瘠，不适合像毛泽东这样的大人物。事实上，袁文才知道毛泽东是候补中央执行委员，且曾领导秋收起义。

毛泽东面对袁文才的回绝，并未感到灰心丧气，他赠送了三支步枪给袁文才派来的信使，以示感谢。他又在距离三湾30公里的古城举行会议，会上确定了团结袁文才的方针，并成功说服信使第二天与袁文才会面。

令袁文才印象深刻的是，毛泽东这样一个党中央来人，竟是如此谦逊，愿意会见像他这样的当地土匪。他决定在大苍的林家祠堂与毛泽东见面，大苍位于袁文才的大本营茅坪与古城之间。这样安排一来显示他热情好客，亲自出远门相会；二来阻挡了毛泽东等进入自己的大本营。最重要的是，便于他试探毛泽东的真正意图。种种迹象都表明，袁文才老于世故，是一个"老江湖"。

会面当天，袁文才严阵以待，他预先埋伏了20多个人和20多支枪，一旦毛泽东表现不够友好就动手。袁文才及其部下在高高的石桥上候着，这样他们可以清楚地看到毛泽东一行的到来。看到毛泽东一行只有七个人和五匹马，袁文才这才确信毛泽东的诚意。

袁文才在林家祠堂盛宴款待毛泽东。二人畅谈直到黄昏才结束。后来毛

[①]　余伯流和陈钢：《井冈山革命根据地全史》，江西人民出版社2007年版，第63—69页。

泽东主动提出赠送给袁文才1000支步枪,这让袁文才大为感动。在那个"有枪便是草头王"的时代,可以想象一条步枪对于山上的军阀有多么宝贵。袁文才的疑虑立即消失,他随即表示要回赠毛泽东的部队1000块大洋。他还欣然表示,工农革命军吃的粮食、伤病员的安置都包在他身上。毛泽东的才能和真诚为他赢得了在茅坪的首次立足的机会。

二 游击战的十六字诀

有人可能听说过毛泽东"敌进我退,敌退我追"的军事理论。这一策略是从1927年10月到1928年2月他在井冈山的早期游击战经验中发展而来的。这一策略的有效性在毛泽东的军队如何占领井冈山要地中可见一斑[1]。完整的十六字诀如下:

敌进我退,敌驻我扰,敌疲我打,敌退我追。

据传,毛泽东是从土匪那里学会这些计谋,土匪喜欢先包围猎物(受害者),然后在受害者最意想不到的时候或露出破绽的时候,再发起攻击。当然,毛泽东将这条游击原理用于实现更为高尚的目标中。

这十六个字也包含了伟大的共产主义将领朱德的游击战术思想。他在苏联留学时曾告诉军事教官,打得赢就打,打不赢就走,必要时拖队伍上山。苏联教官批评了他这种野路子战术。然而,1928年4月,朱德与毛泽东在井冈山会师后,朱德正是运用包围战击退了国民党部队,又在1928年5月接连打了四个胜仗。

到1929年1月,毛泽东已经提出了一套14条的游击战术。一些比较有意思的战术摘录如下:

战术1:在行军期间,在队伍前后方两三公里处,都要派出便衣人员进行侦察与警戒,以防敌人的突袭。

战术3:红军不攻坚。因为攻坚费时日并会造成大量人员伤亡;此外,在游击战中,由于我方缺少强力的大炮,所以在攻打坚固堡垒时容易引起敌军的注意。

---

[1] 余伯流和陈钢:《井冈山革命根据地全史》,江西人民出版社2007年版,第202—206页。

战术 5：在没有党及群众组织的地方，不轻易作战。

战术 11：不打硬仗，不能有十分把握的仗就不打。"杀人三千，自损八百。"尤其在红军补给困难，弹药不足时，这是一句值得记住的好话。

战术 13：如要攻击某处，不要正面攻击，采取间接的方式，以迅雷不及掩耳的手段击溃敌人。

三 宣传的重要性

从我的研究来看，我了解到为什么说宣传是中国共产党议程的一个重要特征。井冈山的斗争明确体现了共产党的历史眼光。正如毛泽东在井冈山报告中所写的那样，对敌军宣传最有效的方法是释放俘虏和医治伤兵。敌军的士兵和营、连、排长被俘虏过来，即对他们进行宣传工作，分为愿留愿去两种，愿去的即发路费释放。这样就把敌人所谓"共匪见人就杀"的谎言，立即打破。显然，红军对待战俘很热心，并且还为他们送行。甚至有"新兄弟欢送大会"，在欢送大会上，俘虏也会发表演说对红军报以诚挚的感谢。

宣传工作发挥的另一个作用，是在处理井冈山地区的本地人和"外来客"的问题上。这些"外来客"基本从中国北方迁徙而来，在新加坡，他们被称作客家人（Hakkas），而在井冈山，他们被称作客籍人。毛泽东估计，客籍人从闽粤边起，沿湘、赣两省边界，直至鄂南，大概有几百万人。从历史上看，土籍的本地人和客籍人之间冲突不断。客籍常居山地，因为平地的土籍人并不欢迎他们。因此，共产党到来后，客籍人以为出头有日。然而，起义（此前的国民革命）失败后，客籍被土籍压迫如故。

在不同的时期，井冈山的一些地区时而处于中国共产党的控制下，时而又在国民党控制之下，土籍农民和客籍农民之间的冲突有时会因为处理不当而加剧。毛泽东写道，共产党推翻土籍豪绅政权，掌握全县；但是当国民党军队卷土重来后，又重新挑起土、客籍人民的争斗。国民党散布谣言称，客籍将要杀土籍，拉拢土籍农民站到国民党的一边。因此，即使共产党重新夺回这个县，土籍农民也追随撤退的国民党军队逃跑了。客籍农民又趁机没收土籍农民的房屋财物。

毛泽东明确宣传共产党"不杀反水农民"，"反水农民回来一样得田地"，这是为了使他们脱离豪绅的影响，安心回家；另一方面，由县政府责令客籍农民将没收的财物退还原主，并出布告保护土籍农民。毛泽东还写道，在党内加强教育，务使土籍和客籍党员团结一致。①

第五节　井冈山斗争的结束

中华苏维埃共和国的成立标志着井冈山斗争达到顶点。然而，由于国民党发动了第五次围剿，中华苏维埃共和国（1931—1937年）只存在了短短的几年。共产党击退了前四次围剿后，决定采取先发制人的战术，但当意识到这是一次致命的错误时，已经为时过晚。当然，第五次反围剿并非毛泽东所领导，而由是博古和苏联军事专家李德领导的。第五次反围剿失败后，红军的三支主力部队（红一、红二、和红四方面军）从中国南方苏区出发开始长征，并于一年后在甘—陕一带的北部苏区会师。

下一章将主要探讨延安精神。

延伸阅读（三）

毛泽东经典语录

如果我们用历史的眼光和全局的角度来看，敌人的胜利只是阶段性的，我们的失败也是暂时的。

——摘自毛泽东井冈山时期的著作

---

① 摘自毛泽东：《井冈山的斗争》，1928年11月25日。

第二章　延安精神

陕西省延安市被公认为中国革命的圣地。抗击国民党政府的红军三大主力部队（红一、红二和红四方面军）在此会师。红军在延安得以壮大，并为建立其所信仰的新中国而奋战。

读者可能会有些疑惑，为什么一本有关中国共产党与时俱进的讲领导力的书第一章会从井冈山写起，而另外一章又从延安写起呢？学历史的人都知道要追本溯源，查找相关理念或者哲学原理的起源，有关中国共产党领导精髓的历史也不例外。如果我们承认，井冈山孕育的"为人民服务"理念是夺取政权的关键，那么延安就可以看作是"艰苦奋斗"和"实事求是"理念的策源地。

本章将介绍延安在中国革命中的历史地位。更重要的是，本章将解释构成延安精神的三大核心思想的由来。如果中国革命要持续产生影响，必须将这种精神继续保持下去，并且，最大的党内民主可能也会适时效仿（延安时期）。

第一节　背景：长征的目的地延安

长征缘于国民党的"围剿"。当时的国民党政府认为，共产党是国民党统治的威胁，需要将其全部消灭、以绝后患。这也导致了1927年国共合作的破裂以及共产党领导的一系列起义。从1927年开始，国民党就开始竭尽全力消除共产党的威胁，中国共产党依靠智慧和决心，在重重险阻下艰难求生，书写了可歌可泣的历史。

中国共产党在井冈山取得成功后，于1931年成立中华苏维埃共和国，首都位于江西省瑞金市。当时的中华苏维埃共和国仅得到了苏联承认，却也制定了宪法、货币等，政府初具雏形。这里要强调，中国共产党治理下的采用苏维埃政权组织形式的地区被称为"苏区"。

国民党从未放弃统一全中国的目标。自 20 世纪 30 年代起，国民党发动了一系列的"围剿"行动。不过，国民党的"围剿"收效甚微，毛泽东凭借杰出的游击战术一次次击退他们。

然而，毛泽东的这些战术在 1934 年的第五次反"围剿"中并没有奏效。国民党这次"围剿"红军，采取了堡垒主义的新战略。而当时在共产党方面，毛泽东已经失去了领导权，取而代之的是博古。博古采用了李德提出的战略，试图"御敌于国门之外"。毋庸置疑，这种策略根本不奏效。红军主力被迫放弃江西苏区，前往另外一个苏区——陕西。红军从江西到陕西的战略转移，史称长征，全程共计约两万五千里。同时，红军的一些余部仍在南方开展游击战争。

自 1935 年进入陕西后，毛泽东就在此开启了与时俱进治理的历史新篇章。

毛泽东在延安的 13 年间，发生了很多事情。他与国民党暂时"和平共处"，抗击日本侵略者，实施行之有效的经济政策并且开展党内的整风运动。我们选取了几个故事来对延安精神进行阐释，这些故事都是基于践行和发展三大领导原则的。在坚持"为人民服务"方面，毛泽东处理经济和民生问题。他从零开始，创办学校，设立新华社。在倡导"艰苦奋斗"方面，开展了南泥湾垦荒和大生产运动。在贯彻"实事求是"方面，毛泽东开展了整风运动，并指明了文化应该如何为人民服务；在这个过程中，他也肃清了"特务"。

第二节 延安时期的"为人民服务"

一 抗日时期的经济问题和财政问题

毛泽东曾撰文论述了经济和财政之间的联系。他对于一些以狭隘眼光看待经济问题的同志提出了批评。他对财政收入及相关的问题感到担忧。财政政策的好坏固然足以影响经济，但是决定财政的却是经济。他认为，陕甘宁边区的财政问题，就是几万军队和工作人员的生活费和事业费的供给问题，也就是抗日经费的供给问题。这些经费，都是由人民的赋税及几万军队和工作人员自己的生产来解决的。因此，发展人民经济和公营经济成为当务之急。通过发展中国经济开辟财源，与收缩财政开支勉强维持生计有着本质的不同。

毛泽东着重提及了一个例子，在1940—1941年最困难的时期，当时国民党试图发动反共袭击，并实行经济封锁。红军几乎没有衣穿，没有鞋袜，没有油，没有菜吃，没有纸，工作人员在冬天没有被子盖。但是最终渡过了困难，这要感谢边区人民的支援。更重要的是，共产党"撸起袖子"、自己动手，建立了自己的公营经济。边区政府[①]办了许多自给工业；军队进行了大规模的生产运动，发展了以自给自足为目标的农工商业；机关学校人员，也发展了同样的自给经济。尽管让军队和机关学校发展这种自给经济在其他历史条件下是不合理的和不可理解的，但在当时却是完全合理并且完全必要的。毛泽东就是用这些办法战胜了困难。公营经济的基础已经打下，毛泽东坚信，接下来几年经济基础将更加稳固。毛泽东在另一篇文章[②]中提到，要实现这种自给自足需要几个要素。

做到自给自足

首先，红军已经学会了生产，实现自给自足。1942年，毛泽东在文章中写道，红军中每个战士平均种地十八亩，吃的菜、肉、油，穿的棉衣、毛衣、鞋袜，住的窑洞、房屋，开会的大小礼堂，日用的桌椅板凳、纸张笔墨，烧的柴火、木炭、石炭，差不多一切都可以自己造，自己办。这正符合他提出的口号"自己动手，丰衣足食"。

毛泽东自豪地表示，一年中只需花三个月工夫从事生产，其余九个月时间都可以从事训练和作战。更加理想的是，红军不要国民党发饷，也不要边区政府发饷，也不要老百姓发饷，完全由军队自己供给。正如我们所看到的那样，延安所取得的成功对于未来有着重大的意义。

减轻人民的负担

其次，党的机关和学校也向红军学习。机关学校向政府领款只占经费

[①] 毛泽东曾经在陕西—甘肃—宁夏地区成立一个政府，名字叫陕甘宁边区政府。
[②] 毛泽东：《组织起来》，1943年11月29日。

的一小部分，由自己生产解决的占绝大部分。1941年，蔬菜自给率是50%，但到1942年就达到100%。饲养的猪羊数量增加，肉类产量也增加了好几倍。部队机关学校既然自己能够解决物资供应问题，税收也就降低了，老百姓生产的结果归自己享有的部分就增多了。

合作社经济：合作提高生产力

再次，毛泽东从合作经济的角度做人民群众的工作。随着部队、机关和学校以合作社的形式进行生产的同时，毛泽东集中注意力组织广大群众进行合作社生产。这在当时的中国，是一个全新的概念。中国人在传统上以一家一户为单位从事生产活动，毛泽东认为这种分散的个体生产是农民一直贫穷的原因。他认为，只有进行集体化生产，才会改善这种情况。

因此，毛泽东参考苏联模式，在边区创办了许多初级形式的农民合作社。他将农民分到临时性或永久性的合作社，每个合作社人数从数十人到数百人不等。这些小组一起劳动，一起分享人力、畜力和工具。有些人甚至住在一起。毛泽东认为，只要是群众自愿参加的集体合作组织，就会成为由人民领导的合作社。

毛泽东回顾在江西时候的经历，不仅土地得到重新分配，农民还都在一起劳动。在实行合作社制度的一年间，农民集体耕种、除草、收割，收成翻了一倍。合作社的成果很明显，越来越多的人加入了合作社。毛泽东希望把几十万农民，包括妇女和二流子，最终都组织到合作社里。

其他类型的合作社组织

毛泽东并没有因为农业生产合作社的成立而故步不前。除了农业生产合作社以外，还有三种形式的合作社，包括生产合作、消费合作、运输合作、信用合作的综合性合作社，运输合作社（运盐队）以及手工业合作社。通过这四种合作社为人民服务，毛泽东旨在调动人民的力量。他将其视为通向解放的必由之路。他进一步要求党员干部学会在各领域组织群众，如组织农业生产，帮助农民制订家庭生产计划，组织运盐队，组织综合性合作社，组织工厂的生产，组织生产竞赛，组织生产展览会，奖励劳动英雄，从而充分调动群众的积极性和创造性，这样，中国人民就可以推翻日本帝国主义，建立一个新的国家。①

二 兴办学校

除了为人民服务的经济需求以外,毛泽东还创建了多所学校。② 毛泽东决定创办学校有几点原因。其一,当时来到延安的青年等都有着不同的理念。毛泽东需要让他们在实践与理论上都获得迅速成长。

其二,为了抗击日本帝国主义,需要大量的专业技能人才。军队、党组织和政府机关都需要培养大批干部,以便进行经济建设和人员管理。

最重要的是,毛泽东并不了解这些人。这些人中可能也混杂着来自国民党或日本政府的特务,他们必须考入符合其专业的学校,经过一段时期的考察,得到信任后,才会被分配到党和政府中任职。

共产党创办了多所学校,形成了一套新的教育体系。主要学校如下(见表2-1):

表2-1 中国共产党创办的学校(1935—1944年)

中央党校 (CPS)	成立于1935年12月,着力培养拥有先进马克思列宁主义思想的共产党干部。 1943年重组,设六个部,包括中国女子大学、中央研究院、军事学院和西北局党校。
鲁迅艺术学院	成立于1938年4月,培养文艺干部。 在延安的七年半时间里,该校共培养干部685人,其中文学专业197人、戏剧专业179人、音乐专业162人、艺术专业147人。
中国女子大学	成立于1939年7月,培养教育女干部。 1941年8月与延安大学合并。
陕北公学	成立于1937年8月,在延安有三所分校。 1941年与延安大学合并。
抗日军政大学	1931年成立于江西,培养抗日军事干部。1936年迁至延安。有12所分校,培养了逾10万名军事干部。

---

① 毛泽东:《抗日时期的经济问题和财政问题》,1942年12月,中央文献研究室网站,www.wxyjs.org.cn。

② 阎伟东:《中共中央在延安十三年纪实》,现代出版社2008年版,第131页。

续表 2-1

马克思列宁学院	成立于 1938 年，培养理论型干部。1942 年改组为中共中央研究院，1943 年成为中央党校的一部分。
延安民族学院	成立于 1941 年 9 月，培养少数民族干部。共培养了来自 8 个少数民族的 300 名学生。
延安自然科学院	成立于 1939 年，教授科学和技术。
延安大学	1941 年，由陕北公学、中国女子大学和泽东青年干部学校合并而来。1943 年，鲁迅艺术学院、延安民族学院、延安自然科学院和新文字干部学校相继并入。
中国医科大学	成立于江西，培养医疗卫生干部。1940 年，更名为中国医科大学。
延安工农学校	1940 年 10 月，八路军总政治部为日军战俘专门筹建。1945 年抗战结束后停办，300 名学生离开延安。
延安外国语学校	1942 年 5 月成立，是军委第四局（后改为编译局）下辖的中央军委俄文学校。 1944 年更名为延安外国语学校。

三 新华社和《人民日报》

毛泽东不仅想要为延安地区的人民服务，他还把目光投向了中国其他地区。作为"为人民服务"的一部分，他建立了新华社和基本的广播系统。当时条件很艰苦，但毛泽东始终坚持并致力于实现自己的理想。

首先，1931 年中华苏维埃时期，《红色中华》在瑞金创刊。到 1934 年 10 月长征开始的时候，报纸已成为隔日刊。1935 年，长征结束后，《红色中华》复刊。1937 年，《红色中华》改名为《新中华报》，由于条件仍然十分艰苦，报纸三日一刊。

1941 年，《新中华报》与《今日新闻》合并为《解放日报》。毛泽东亲笔为报纸题写报头。中国共产党 1947 年撤离延安时，《解放日报》随之停刊，直到 1949 年 5 月 28 日报纸才在上海复刊。尽管如此，《解放日报》仍是今天大家所熟知的《人民日报》的前身[①]。

---

① 此处有误。《人民日报》的渊源可以追溯到 1937 年 12 月 11 日创刊的《抗敌报》，1941 年 11 月改名为《晋察冀日报》。1948 年 6 月 15 日，《晋察冀日报》和冀晋鲁豫《人民日报》合并为《人民日报》，担任党中央机关报职能。——译者注。

新华社的前身是瑞金的红色中华通讯社。1937年，就像《红色中华》更名那样，红色中华通讯社更名为新华通讯社，新华的意思是"新中国"。在《今日新闻》与《新中华报》合并为《解放日报》之前，新华社负责编辑《今日新闻》。

如果没有高效的印刷出版机构，就没办法出报纸。共产党在西安、武汉、上海购买相关设备，并聘请了各方面的技术人员，1937年1月秘密创办了中央印刷厂。中央印刷厂和其他报纸及新闻机构一样，设在清凉山（陕西省延安市）。

除印刷报纸外，中央印刷厂还印刷各级干部发表的理论文章、文化和历史图书、政府公报、干部出版物以及教科书等。1939年春到1940年2月期间，中央印刷厂甚至还在延安地区成立分厂。

接下来要介绍的是延安新华广播电台。1940年，周恩来从苏联疗养回延安时，带回一台语言发射机。中共领导层决定创办广播电台，由周恩来任主任。30人组成的九个小组分工负责电台的各方面运行。1940年12月，电台建成并开始播音。

1941年1月，毛泽东发表了一篇新华社记者访谈文章，揭露国民党制造"皖南事变"的虚伪本质。这是广播电台第一次播放中国共产党领导人的文章。电台建立初期，因为播放功率仅为200—300瓦，所以播放效果并不稳定。[①]

延伸阅读（一）

为人民服务

说起延安精神，就不得不说"为人民服务"背后的故事。1944年，毛泽东曾经撰文纪念一名在因炭窑崩塌而光荣牺牲的战士。以下是他在追悼会上的演讲。

"（这名战士叫）张思德，四川人，中共中央警备团的战士。他在一九三三年参加红军，经历长征，负过伤。一九四四年九月五日在陕北安塞县山中烧炭，因炭窑崩塌而牺牲。"

---

① 阎伟东：《中共中央在延安十三年纪实》，现代出版社2008年版，第134页。

> 毛泽东写道，我们的共产党和共产党所领导的八路军、新四军，是革命的队伍。我们这个队伍完全是为着解放人民的，是彻底地为人民的利益工作的。张思德同志就是我们这个队伍中的一个同志。
>
> "人总是要死的，但死的意义有不同。中国古时候有个文学家叫作司马迁的说过：人固有一死，或重于泰山，或轻于鸿毛。"毛泽东补充道，"为人民利益而死，就比泰山还重；替法西斯卖力，替剥削人民和压迫人民的人去死，就比鸿毛还轻。张思德同志是为人民利益而死的，他的死是比泰山还要重的。"
>
> **毛泽东堪称宣传的大师，他又补充说：**
>
> "因为我们是为人民服务的，所以，我们如果有缺点，就不怕别人批评指出。不管是什么人，谁向我们指出都行。只要你说得对，我们就改正。你说的办法对人民有好处，我们就照你的办。"
>
> "今后我们的队伍里，不管死了谁，不管是炊事员，是战士，只要他是做过一些有益的工作的，我们都要给他送葬，开追悼会。这要成为一个制度。这个方法也要介绍到老百姓那里去。村上的人死了，开个追悼会。用这样的方法，寄托我们的哀思，使整个人民团结起来。"①

第三节 艰苦奋斗：创建稳固的革命根据地

这些表明，毛泽东不是轻易满足的人。他想超越当前，并能发动人民去实现。这就是他领导艺术的本质。

一 359旅：南泥湾的经验

南泥湾是一个革命故事，时至今日，中国的中小学生仍在学习；不过，在20世纪40年代，事情可并没有这么轻松写意。当时，毛泽东决定为他提

---

① 毛泽东：《为人民服务》，1944年。参见中共中共文献研究室 www.wxyjs.org.cn。

出的"自己动手,丰衣足食"口号树立一个典型,他任命从抗日前线返回延安的朱德负责具体实施。朱德派一位工程师在当地一个民兵排的协助下进行土地测量,这位工程师是边区工程管理部门的负责人。

朱德看完测量报告后,命令炮兵指挥官向中共领导汇报,提出制订南泥湾垦荒和开发计划。1941年3月21日,八路军359旅第120师开进南泥湾,开启了征服荒野的辉煌历史。

到1944年11月,经过几年奋战,359旅开垦出36万公顷农田;仅需少量政府财政拨款,就可以做到在食物和衣服自给自足的同时,还可以上缴政府50万公斤粮食。359旅还建立了小手工业、运输业和其他商业等,真正实现了自给自足。

有关记录显示,359旅的1000多人耕种了2000公顷的稻田,收细粮共54278石[①],自己动手盖房667间,挖窑洞1264孔,建礼堂3座,自造农具1万多件。在工业方面,他们修造出66台织布机,培训了250名工人,每月可以生产宽台布1000匹[②],毛巾6000条,毛毡百余条。不仅满足了全旅的穿衣需求,还可外销一部分。

他们还建立了机械修配厂:2个造纸厂、4个木工厂、3个军鞋厂、2个油坊、1个肥皂厂、3个铁厂、8所粉坊、6所豆腐坊、7个盐井、2个煤窑。在运输方面,运输队有牲口800匹、运输员400名、设立68个骡马店,沟通了边区各县、乡镇的运输。商贸活动通过光华商店进行贸易,四年获得利润2100多万元(边币)。

战士们的士气高涨,他们的口号是"一把锄头一支枪,生产自给保中央"。人们创作各种歌曲,来描述战士们在南泥湾艰苦却充满激情的劳动。士兵们在开展生产之余,还不忘学习文化和进行训练。一年之后,每名战士能日均生产一斤半(750克)粮食、一斤半蔬菜、五钱盐、六钱油,平均每月生产1至2斤肉。战士们三年发两套棉衣,两年发三套单衣。

总的来说,南泥湾的开发取得了巨大的成功,因此延安干部学院要求所有学员学习这种模式也就不足为奇了。在第八章中,我们将深入探究延

---

① 一石,清代的计量单位,70.8公斤。
② 一匹,清代的计量单位,14.2米。1匹=4丈=4×355厘米,或者1420厘米。

安南泥湾模式。①

二 生产比拼

南泥湾的英雄是战士们，而陕北的工人和农民们也不示弱。据我们了解，农民和工人在生产中也都争当模范。

1942年4月30日，《解放日报》发表了一篇关于边区农民应当如何向吴满有看齐的文章。吴满有原是一个雇农，1928年迁居到延安，为一个富裕地主做工。共产党解放延安后，吴满有分到了属于自己的土地，他非常勤劳，迅速成为新富农的典型。他被树立成大生产运动的典范和农民的榜样，让大家学习。

在工人方面，来自山西省的赵占魁是工人们学习的榜样。他从12岁起开始当学徒，受尽压榨和欺凌。1938年，他进入抗日军政大学职工大队学习。1939年7月，他被分配到延安的一家农具厂当翻砂工，并先后担任翻砂股副股长、股长。1941年，他当选为边区参议会候补委员。赵占魁工作勤恳、爱护工厂的财产、关心群众的利益、急公好义，深受全厂职工的尊敬和爱戴。

1942年9月11日，《解放日报》发表社论《向模范工人赵占魁学习》，号召所有人向他学习，以他为榜样。社论发表之后，一系列争当劳动模范的活动开展起来，边区的工业生产随之大大进步。

我们知道的三个例子如下。

难民纺织厂

1942年10月，难民纺织厂为了响应赵占魁运动而提出了开展节约活动。很快，该厂每月用机油从原来的200斤减少到70斤；每天的废纱由原来的20—25公斤，减少到1—7公斤。在两个月内，共节省办公费7000元（边币）。从1943年5月起，该厂产品数量逐月增加：5月份共生产土毛布552匹，6月份生产650匹，7月份生产908匹，8月份生产1006匹。该厂个人生产效率也明显提高，铁织机平均每日织布由20码增加到26码，木织机由平均

---

① 阎伟东：《中共中央在延安十三年纪实》，现代出版社2008年版，第217页。

每日织布 11.7 码增加到 16 码。

新华化学厂

如果将 1942 年 1 月的产量作为 100%，则 1943 年 8 月产量翻了一番还多，达到 244%。参加生产的人员反而减少了四分之一，原材料的投入减少了 30%。

中央印刷厂

中央印刷厂也不甘示弱地致力于提高生产力。排字部生产率提高了 30%，机器部则提高了 59%。该厂用纸由过去每印 1000 张要损坏 8 至 10 张，减少为 1.5 至 3 张。仅 1943 年，该厂就节省纸张 1.8 万张，节省边币 8 万元。赵占魁运动的开展，还改变了工人、管理层以及党的干部的劳动态度，促进了这三方面的密切配合，提高了生产力。①

三 大生产运动和生产竞赛

为响应共产党领导的大生产运动，359 旅一名叫郝树才的排长决定挑战吴满友创下的纪录。郝树才特制了一把重 9 斤②宽 1 尺的老镢头。他凭借超人的力气和顽强的毅力，一天开荒 4.23 亩③，创造了开荒最高纪录。当地的一头牛一天才耕 2 亩多地，而郝树才一天开的荒比两头牛还要多。他由此也被誉为"气死牛"。

延安南部的一个合作社为分布在 700 多平方公里的 100 多个村、1858 户共计 1 万人服务。目的是实现穿衣自足。合作社投资约 1 万元（边币），开办新合纺织厂，发动妇女纺纱，纺的纱既能换布，又能换小米。到 1942 年，约 600 名妇女参加，有纺车 212 架，纺棉花 1 万多斤，可织布 1 万余丈④，初步解决了人们的基本需求。

---

① 阎伟东：《中共中央在延安十三年纪实》，现代出版社 2008 年版，第 222 页。
② 此处为旧制斤，一斤大约 590g，所以 9 斤约重 5.3 kg。
③ 一亩等于 666.67 平方米，4.23 亩约为 2820 平方米。
④ 一丈是 355 厘米。

1936年成立的蟠龙合作社从三条扁担起家，当时只有3个职工。全社职工坚持用扁担送货下乡，蟠龙合作社坚持勤俭办社，方便群众。到1947年，合作社入股达到1876户，股金达到150亿元边币。蟠龙供销社决定为群众办6件好事，具体措施是：一是每年春季给群众调剂种子、粮食50石；二是给群众食盐62石，棉花3300斤、布1220丈，火柴746包；三是供给群众肥料4000斤；四是捐款捐物合计140多万元（边币）；五是医药社给群众看病873人次；六是帮助群众贷款2000万元（边币）。

延安市也不甘落后。1944年7月，延安市委组织"十一"运动，为延安人民提供如下11种设施或物资：

- 每户供应足够一年食用的粮食；
- 每村有一台织机；
- 每区有一个铁匠铺；
- 每镇有一所小学和一所夜校；
- 每人要认识一千汉字；
- 每区有一个卫生院，每镇一个医生，每村一个产婆；
- 每乡有一处义仓；
- 每乡有一副货郎担；
- 每户一牛一猪；
- 每户种100棵树；
- 每村有一口井，每户有一处厕所。

两年后，这些目标全部实现。①

第四节 延安期间的实事求是

一 延安整风运动

我们并没有论述太多有关毛泽东是如何与日本侵略者和国民党作战的内

---

① 阎伟东：《中共中央在延安十三年纪实》，现代出版社2008年版，第226页。

容。但我们感觉到，毛泽东在延安并不仅仅局限于发动群众参与经济生产活动以及创办学校传播毛泽东思想上，他还努力树立个人威信威望并取得了成功，这一点是非常值得注意的。

原　因

延安整风运动是毛泽东发起的第一次大规模思想整风运动。有的学者认为，毛泽东发起这场运动的目的是巩固自己的权力，因为他当时还没有成为中国共产党的首要领导人。尽管在这其中可能有一些真实的成分，但是我敢说，这是毛泽东"实事求是"的又一个典型案例。

党　员

只有少数早期党员在漫漫长征后幸存下来，许多人是在延安时期才投身到共产主义事业中的。这些人包括中国北方的农民以及长征后来到延安的大部分青年知识分子。这些知识分子很重要，因为他们受过教育，将来有可能成为党的主要领导干部。

官方认为，这次运动的目的是为成千上万新党员奠定马克思主义理论和列宁主义的理论教育基础。而更重要的原因是，为了将党内的一些少数群体团结在（以毛泽东为核心的）党的周围。一些人声称，这次运动的目的是清除亲苏（马克思列宁主义者）派和主观主义者。毛泽东据此强调，这次运动目的是"纠正错误的思想"，而不是针对有这种错误思想的个人。[①]

时　机

毛泽东的时机选择又一次体现了"实事求是"的精神。在整风运动期间，延安没有受到日本、国民党等其他方面的威胁；而苏联为首的共产国际正在与德国交战，也无暇插手干预。毛泽东抓住这一时机，在延安开始整风。这次整风很有必要，它为战胜日本侵略者后，共产党与国民党的战斗做好了准备。

---

① 根据毛泽东在中央党校的讲话《改造我们的学习》，1941年5月19日。

第 1 阶段

1941 年 5 月至 1942 年 2 月。

这是针对共产党干部的准备阶段。分为两部分：首先，毛泽东批评了亲苏派和主观主义，然后组建学习小组来清除思想"不纯"的人。

毛泽东在《改造我们的学习》的文章中，批评了党内一些人不注重研究现状，不注重研究历史，不注重马克思列宁主义的应用。他再次感叹，党员干部不愿意"走出去"调查具体情况，也不愿意学习和研究中国的历史。他担心，党员干部只是一知半解和"想当然"。他说，在中国历史的问题上，他为一些同志感到羞愧，因为他们对于鸦片战争后的近代史知之甚少。有些留学回来的人对于自己的东西几无认识，剩下了外国的故事，也是可怜得很，"从外国故纸堆中零星地捡来的"。

在马克思主义的问题上，毛泽东批评他们忘记了一条基本原则：理论与实际统一。在对干部的教育中，教哲学的不引导学生研究中国革命的逻辑，教经济学的不引导学生研究中国经济的特点，教政治学的不引导学生研究中国革命的策略，教军事学的不引导学生研究适合中国特点的战略和战术。经济学教授即便是来到延安教学，也不能解释边币和法币（之间所发生的兑换比价变化问题），当然学生更不能解释。为说明这一观点，我将维基百科的说法概括如下[①]：

"毛泽东仍旧是众多高级领导人之一。其余的是周恩来、王明和张闻天。在整风运动之前，毛泽东对农村地区革命的贡献，甚至他的党内高级领导人地位，都是受到党内其他成员质疑的。还有一点就是，与他的对手王明不同，毛泽东并没有被共产国际认可为中共首选的领导人之一。"

"在整风准备阶段，毛泽东用他的政治技巧巩固了自己的权力基础。通过建设延安的政治气候，毛泽东能够粉碎对手们组成的联盟，尤其是张国焘和其他亲苏的成员。"

---

① 摘自 www.en.wikipedia.org/wiki/Cheng Feng。

第 2 阶段

1942 年 2 月至 1943 年 10 月。

在所有的党员干部都做好准备后,毛泽东在中央党校发表关于整顿党的文化的讲话,由此发起了新一阶段的整风运动。

毛泽东在中央党校开学典礼上作了《整顿党的作风》的报告。几天之后,也就是 1942 年 2 月,他又作了《反对党八股》的报告。① 其中详细阐明了整风运动的宗旨和方针,党内数千名干部听了这个报告。

第 3 阶段

1943 年 10 月到 1945 年 4 月。

中国共产党强调对 1931—1934 年间的历史进行研究,主要是吸取中华苏维埃共和国时期的历史教训,以便应用到延安的实践中。

二 文化为谁服务?

作为延安整风运动的一部分,毛泽东还召集文艺和文化工作者开会。1942 年 5 月,他在为期三天的会议上,倾听他们的想法,与他们商讨问题。通过对比毛泽东讲话的开场白和结束语,可看出他温和的态度。②

在他的开场白中,他着重研究与文化相关的几个问题:立场问题,态度问题,工作对象问题以及如何将马克思列宁主义和中国社会情况结合起来的问题。

经过三天的激烈讨论,并且仔细倾听了一百多名记者、作家、戏剧导演等的发言,毛泽东改变了策略,用另外一种不同方式来阐释这个问题。

他再次强调了理论源于实际的必要性。当时的实际情况是:中国已经进行了五年的全国抗日战争,并且离战争结束似乎还遥遥无期;世界范围内也正在展开对意大利、德国和日本的反法西斯战争;中国大地主阶级对农民的

---

① 摘自毛泽东的著作 1942 年 2 月 8 日发表的《反对党八股》,参见中共中央文献研究室网站:www.wxyjs.org.cn。

② 毛泽东:《在延安文艺座谈会上的讲话》,1942 年 5 月。

高压政策；很多人来到延安寻求新的希望。这就是文化工作者需要研究了解的现实。

他接下来向他们提出以下两个问题："我们的文艺是为谁服务的？"和"如何更好地为人民服务？"。

从这里我们可以再次看到毛泽东思想的经典论述。他指出，这个问题，本来是马克思主义者特别是列宁早已解决了的。列宁在1905年就已着重指出过，我们的文化应当"为千千万万劳动人民服务"。他随后感叹道，那时的中国，主要有两类文化艺术家：一类是为资产阶级服务的，一类是为帝国主义者服务的。

没有艺术家为占人口90%以上的人民大众服务。毛泽东又将人民分成四类：工人、农民、兵士，以及城市小资产阶级（劳动群众和知识分子）。

毛泽东的答案是，为上面提到的四种人服务，但是要按照这个顺序并且要站在无产阶级的立场上。他解释说，站在小资产阶级的立场上，是不可能真正为人民服务的。毛泽东又提出问题，如何在实践中为广大人民群众服务？他鼓励文艺工作者去接近工人和农民群众，了解群众，去表现工农兵群众的斗争，去教育群众进行革命工作。

毛泽东的讲话，奠定了新中国艺术和文化的发展基础。

三 学校里的"抢救"运动

开 端

中共情报和安全机构发现，国民党和日本特务分子已经渗透到延安，进行破坏。1942年5月1日，中共情报机构以庆祝劳动节为契机，逮捕了100多名特务；1943年4月，在中央社会部部长康生的指挥下，又秘密逮捕了200多名"特务""叛徒"和"反革命"。到4月10日，被指控的干部公开检讨，坦白"罪行"，秘密行动随即被公之于众。

高 潮

一系列坦白活动在7月达到了高峰，当时康生在会议上作了《抢救失足者》的报告。一时间,延安地区需要"抢救"的人多如麻。中共中央书记处的60多名干部当中,有10人被贴上"特务"标签;直属中央社会部的西北公学,有500多人被捕,只有20人不需要被抢救;军委三局电讯学校的200名学生和员工当中,有170名被定性为"特务"。据延安安全部门记载,有394名干部准备坦白,另外还有6300名普通民众也准备坦白。在延安大学,约有1000名师生需要抢救,鲁迅艺术学院有267名,自然科学学院有68名。显然抢救运动出现了一些差错,很多安全部门人员忙于调查,应接不暇。

结　束

最后,在1943年8月,中共中央发布了《关于审查干部的决定》,提出了具体的9条方针。从10月到11月,毛泽东做出了更多的指示,为了弄清线索而逮捕的特务分子不得超过5%。即便如此,每个案子都必须彻底调查。到1944年1月,中共中央认定,实际上只有极少数人是职业特务,大多数人只是犯过很小的错误,如没有报告自己从前与国民党的联系或者在党内犯的错误。这些"无辜"者要得到平反,恢复清白,并可以继续担任党的干部。在此前提到的394名干部中,只有31人是真正的嫌疑人。在6300名普通民众当中,仅有355人被认为是可疑的。

了解了井冈山和延安的相关背景知识,现在我们已经准备好来探讨当今中国共产党的组织结构。①

---

① 阎伟东:《中共中央在延安十三年纪实》,现代出版社2008年版,第257页。

第三章　组织起来　为人民服务[①]

在本章中，我们将探索中国国家治理结构的错综复杂性。有人声称"认识很多人"，却并没有把事情办成，商人们常常因此而感到困惑。其实原因很简单：中国政府有多层级，除了这些层级以外，还有很多交叉的分支机构。如果没有找到相关领域的具体负责人，就犹如走进了迷宫，理不清头绪。

我们先从中国共产党的结构开始梳理，然后是国务院及其下属各部委和省市政府。最后，我们将研究全国人民代表大会。在这个过程中，我们希望解释为什么党指挥枪，为什么党领导一切。

第一节　党：为人民服务的践行者

一　中国共产党高层

以下是常见的已经翻译成英语的级别结构图解：

通常，我们并不清楚在此图解之外还有哪些结构。我们可以试着从三个方面来解释图3-1（见下页）：

- 党政军三方面的不同成员担任图中机构的相关岗位；
- 党直接管理这些机构；
- 党的机构与国家其他机构相关的党组织。

[①] 本章中作者论及的机构目前很多已发生变化。为了尊重原著写作时的具体情况，本章未作改动。——译者注。

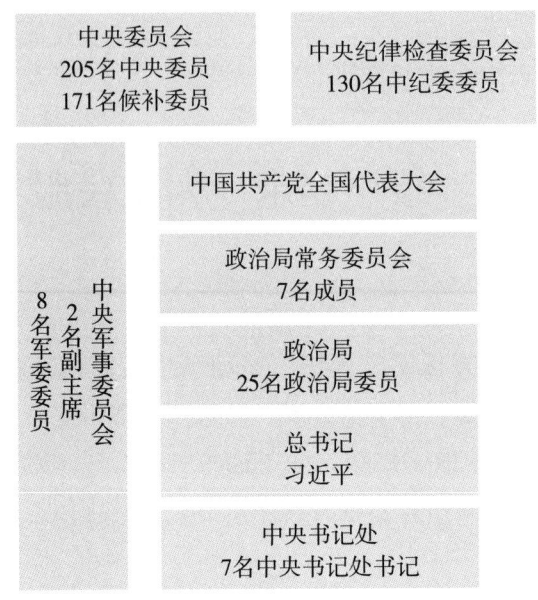

图 3-1　中国共产党组织结构（党的十八大之后）

资料来源：根据中共十八大网址 www.cpc.people.com.cn。

党政军三位一体

要了解总体的结构，以下又是一个常见的图（见图 3-2）：

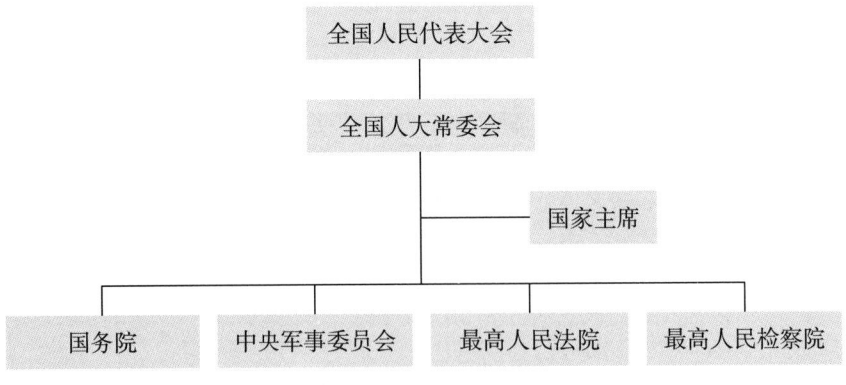

图 3-2　中国政府的结构

资料来源：参见中文维基百科 www.zh.wikipedia.ora/ 中华人民共和国政府。

如果你现在感到更加困惑，这也并不奇怪。你开始理解那些初次接触中国的学者、商人和游客所面临的困惑。再回想一遍，党领导一切，我们的讲授就从这里开始。我们将研究新一届 7 名中央政治局的常委如何恰到好处地平衡军队、政府、人大、政协之间的权力，值得一提的是，两名常委分别负责人大和政协。为了便于直观理解，我列了表 3-1 来展示党政军各种内在关联：

表 3-1　政治局常务委员会中体现的党政军网络

党	政　府	军　事	人大—政协	其　他
总书记	主席	中央军事委员会主席		
中央政治局常委国务院党组书记	国务院总理			
中央政治局常委全国人大常委会党组书记			全国人大常委会委员长	
中央政治局常委全国政协党组书记			全国政协主席	
中央政治局常委中央书记处书记（日常工作）				中央党校校长，中央精神文明建设指导委员会主任
中央政治局常委中央纪委书记				
中央政治局常委国务院党组副书记	国务院副总理（排名第一）			

国家主席拥有很高的权力，是中国共产党的总书记，还是中央军事委员会主席。以美国总统奥巴马为例，奥巴马只在两方面可以与中国国家主席地位相对等，即国家元首和最高军事领导人。接下来是国务院各部门的总负责人。再接下来全国人大常委会委员长，而全国人大是整个国家的最高决策平台。此外，还有常委专门负责党校的教育和意识形态方面的工作，这可以激励党员干部满腔热情地为人民服务。

错综交叉的关联远不止这些。

在共产党机关的主要组成部分中，我们再次看到了党、政、军和省市间的微妙平衡。此外，一些省市要比其他省市高出一头，各省全国人大代表的人数也不等，但到底谁才拥有最终决策权呢？

中共中央直属机关

现在我们来仔细研究一下中共中央直属机关，以便了解共产党如何运行。自早期的延安时代以来，主要机关并没有发生太大变化。组织、宣传和统战部门仍旧重要，由部长级官员掌舵。值得一提的是，随着时间的推移，党的纪律、法律工作和对外联络工作变得越发重要（见表3-2）。

表3-2 中共中央直属机关

机构名称	负责人职务
中央纪律检查委员会	书记（政治局常委）
中央组织部	部长（政治局委员）
中央宣传部	部长（政治局委员）
中共中央统战部	部长
中央对外联络部	部长
中央政法委员会	部长
中央书记处	部长
中央政策研究室	主任（政治局委员）
中央台湾工作办公室	主任
中央党校	校长（政治局常委）
中国浦东干部学院	校长
中国井冈山干部学院	校长
中国延安干部学院	校长
中央文献研究室	主任
中央党史研究室	主任
中央编译局	局长
人民日报社	社长
《求是》杂志社	社长

通过研究上述工作单位，我们发现四大传统部门（组织、纪检、宣传和统战）仍然很重要。这与当今强调对外关系、法律和中央书记处（类似一些国家的总理办公室或白宫幕僚长）工作的趋势相吻合。党员干部的培训也很重要，因此中央党校及其主要分支机构组成了党中央组织系统的重要一环。紧随其后的是宣传部门，如研究室和出版机构。他们在传播共产党信息方面很关键，尤其是在当今这个全媒体的时代。

二 全国范围内的党组织

中央直属机关以外的党组织也不难界定，它们可以分为如下六大类：
- 全国党的各级地方（省市县）委员会；
- 国务院各部门的党组织；
- 企业内部的党组织；
- 县以下行政区域内的党委会；
- 包括高等院校在内的事业单位的党组织；
- 非营利性社会组织内的党组织。

我们是如何了解到的呢？看看下面摘自2010年6月中央组织部报告[①]的内容（见表3-3和表3-4），就可以了解更多的信息。

表3-3 党的各级地方委员会

党的地方（省市县）委员会	共3226个	政府部门党组织	约8.6万个	县级以下党组织	约72万个
省（区、市）党委	31个	书记处	64	建立党组织的乡镇	6629个
市（地、州）党委	400个	国务院及各部委	1377	建立党组织的城市街道	34224个
县（市、区）党委	2795个	市级	1.5万	建立党组织的社区（居委会）	8万个
		县级	7万	建立党组织的建制村	59.8万个

[①] 这可能是中组部第一次就党员的相关统计数据召开新闻发布会。我在2012年7月发布的数据基础上编辑整理了这些数字。参见 www.cpc.people.com.cn/GB/1641 13/11989726.html。

表 3-4　企事业单位和非营利性机构的党组织（单位：个）

企业党组织	118.7 万 总计 277 万	事业单位党组织	47.1 万 总计 57 万	民办非企业单位党组织	27.4 万
公有	20.4 万 总计 23.4 万	高等院校	1638	社会团体	26.5 万
非公有	98.3 万 总计 253.6 万	研究机构	7546		

值得注意的是，中国共产党并没有完全深入到所有的机构中，尤其是：

- 2536 家非公有制企业中共有 983 个党组织，成立党组织的约占 39%；
- 570 家事业单位中共有 471 个党组织，比重为 82%。

因此，还有更多的基层工作需要开展。不过话又说回来，共产党的新闻部门也证实，从这些公有制机构和单位的规模来看，想要拥有一个完善的党组织的可操作性也不太大。

延伸阅读（一）

中国共产党及其规模

总数

截至 2011 年年底，中共党员共计 8260 万名，比 2010 年增加了 233 万人；基层组织约 402 万个，比 2010 年增加了 13.5 万个。

性别、民族和资历

男性党员居多，女性共产党员占 23.3%，约 1925 万。少数民族占 6.7%，约 556 万。大专以上学历的党员数创历史最高，达 3200 万名，占党员总数的 38.6%。

年龄

35 岁以下：2060 万，占 25%；

36 到 45 岁之间：1720 万，占 22%；

46 到 59 岁之间：1720 万，占 29%；

60 岁以上：1870 万，占 24%。

党龄

因为党内排名可能会取决于干部的党龄。我们获取的如下数据：

表 3-5　各时期加入中国共产党人数

在 1949 年以前入党人数	67.5 万
在 1966 年以前入党人数	76.06 万
在 1966—1976 年期间入党人数	1211.5 万
从粉碎"四人帮"到十六大期间入党人数	3857.8 万
十六大以后入党人数	2302.2 万

党员职业

表 3-6　中国共产党党员职业构成

工人	704.7 万	企事业单位、专业技术人员	1925 万
农民、渔业工人等	2483.4 万	学生	227.8 万
党政机关工作人员	699.9 万	其他	651.3 万
离退休人员	1518.2 万		

发展党员

2011 年，全国新发展党员 317 万名，比 2010 年增加了 1%。在生产、工作第一线新发展党员 139.7 万名，占发展党员总数的 50%；新发展女性党员有 100 万；新发展少数民族党员 20 万名；新发展 35 岁以下党员 240 万名，占新发展党员总数的 81%，其中大学及以上学历水平的 8.6 万名，占三分之一。在 2009 年申请入党的 2160 万人中，有 1070 万成为入党积极分子。[①]

[①] 根据 2009 年 7 月 1 日新华社发布的有关中国共产党的规模的一份报告 www.dangjian.people.com.cn/GB/n/2012/0630/c117092-18416054.html 和 2012 年 7 月 1 日发布的最新可用的党的统计数据 www.cpc.people.com.cn/n/2012/0701/c64387-18417738.html。

三 党为什么领导军队

党与军队的关系是密切共生的。回想一下，在井冈山的斗争中，毛泽东亲身体会到把军队团结在自己周围的重要性。

1927年8月7日，中共中央委员会召开紧急会议，这就是著名的八七会议。这次会议讨论了与党领导的一系列为从国民党手中夺取政权的起义失败等相关问题。毛泽东提出，必须重视军队问题，以及"枪杆子里出政权"的理论[1]。毛泽东解释说，在第一次国共合作期间，中国共产党没有充分注意到军队应当坚持党的领导，而是把工作重点放在了群众运动上。结果被国民党镇压，经历了无数的伤亡之后，幸存下来的共产党人得出一条血的教训，就是要党领导武装斗争。这后来成为中国共产党的"党指挥枪"的原则。

为了理解毛泽东如何成功地做到这一点，我们再次回顾井冈山时期。回顾一下第一章中毛泽东在1927年9月秋收起义失败后如何撤退。当时他的部队人数已经锐减至不足一千人。毛泽东在泰和祥杂货铺仔细考虑了这个问题，这家杂货铺位于江西省永新县三湾村，是毛泽东休息过夜的地方。

毛泽东意识到，他需要建立一个基本制度，通过这种制度，可以对部队实行党的领导，并在士兵中开展政治工作。也就是在这个时期，他设想了一个理论，即每个营、每个团都要有一个党组，连队规模的部队（约100—120名士兵）必须有一名党代表。他是想要从连队级别开始，就设立党支部。所有重大行动必须经党组织讨论，党组织通过后，方可制定相关决定。通过这种创新，毛泽东从组织架构上保证了军队将接受党的领导。因此，尽管红军人数相对较少，但作战凝聚力却更强，并能取得更好的作战效果。

毛泽东坚持认为，红军应该始终听从中国共产党的指挥。即便在与国民党结成抗日民族统一战线期间也是如此。毛泽东重申，他的部队可以使用国民党的军装和旗子，但是部队属于共产党，国民党的任何成员（非共产党员）不是红军的一分子，更不要说担任红军指挥官了。因此，即使在党内，这也

---

[1] 参见维基百科 www.zh.wikipedia.org/wiki 党指挥枪。

遭到了一些高级干部的反对，这些高级干部主张建立真正的抗日民族统一战线。我们不妨再回顾一下，延安整风运动就曾设法肃清这些（国民党）成分。如此看来，毛泽东一直在坚持自己的想法。

多年来，中国共产党始终恪守着这条"党指挥枪"的原则。

首先，《中国人民解放军政治工作条例》第一章第四条规定："中国人民解放军必须置于中国共产党的绝对领导之下，其最高领导权和指挥权属于中国共产党中央委员会和中央军事委员会。"

其次，法律规定，中国人民解放军置于中国共产党的领导之下。在宪法层面上，《中华人民共和国宪法》规定，中华人民共和国的武装力量属于人民。中华人民共和国中央军事委员会领导全国武装力量。在国防法律层面，《中华人民共和国国防法》要求，中华人民共和国的武装力量受中国共产党领导。

再次，在解放军各个部队中建立党委体系。在集团军层面（几个师或相似级别），设党委会，这些党委会级别相当于省级党委级别。在营级，建立相应级别的党的基层委员会。在连队级别，必须设立相应级别党支部。通过这些党组织，开展有代表性的党的活动。

此外，解放军部队实行军政双主官制。军队的军事指挥官负责操作问题，与其相同级别的政委负责政治问题。副政委与军队的副指挥官同级，军队的政治部主任与参谋长同级。上至集团军，下至连队（毛泽东建立的"支部建在连上"），均适用于此。

如果有人觉得这么多层的管理还不够，那么还有政治部来服务于政委。从旅级（由几个营构成）开始设政治部，再上级的师级和集团军级也均设立该部门。通过这种方式，就可以全面地开展对士兵的政治工作。

第二节　政府：艰苦奋斗的探索者

一　国务院

通过图表来观察的组织结构更为直观，我们先来依次查看每一栏的内容，随后我会为大家详细解读。首先，国务院下设 4 个委员会、22 个部门，还有 1 个银行和 1 个审计署。

要弄清楚国务院的情况，关键是要明白：一些活动都集中在国家层面，然后经省、市、县、乡的各级直属机构垂直执行；还有一些活动，虽然国家层面集中指导，但是下级部门也可以分散执行。我的研究表明，核心职能和安全职能归北京掌控，而社会、经济部门则下放给各省更多行政权。省级、市级甚至是县级都有这样的部门。这取决于控制跨度及其难易程度，有时要兼而考虑历史因素。从延伸阅读（二）中，我们看到，许多中央组织都是与经济有关（税务和审计类型）或与宣传和研究有关的。这也从侧面体现了中国共产党的历史发展过程（参看第一章和第二章）。

表 3-8 22 个部门、4 个委员会、1 个银行和 1 个审计署

中央（4）	社会（7）	经济（8）
外交部	教育部	住房和城乡建设部
国防部	科学技术部	铁道部
司法部	环境保护部	交通运输部
财政部	卫生部	工业和信息化部
安全（3）	文化部	水利部
公安部	人力资源和社会保障部	农业部
国家安全部	民政部	商务部
监察部		国土资源部

1. 中国人民银行
2. 国家审计署
3. 国家发展和改革委员会
4. 国家民族事务委员会
5. 国家人口和计划生育委员会
6. 国家能源委员会

延伸阅读（二）

国务院下属的其他组织

一个国务院直属特设机构

国有资产监督管理委员会

16个国务院直属机构：

海关总署	国家广播电影电视总局	国家林业局	国务院参事室
国家税务总局	国家新闻出版总署（国家版权局）	国家安全生产监督管理总局	国家宗教事务局
国家工商行政管理总局	国家体育总局	国家知识产权局	国务院机关事务管理局
国家质量监督检验检疫总局	国家统计局	国家旅游局	国家预防腐败局

4个国务院办事机构：

（1）国务院侨务办公室；

（2）国务院港澳事务办公室；

（3）国务院法制办公室；

（4）国务院研究室。

14个国务院直属事业单位

（1）新华通讯社；

（2）中国科学院；

（3）中国社会科学院；

（4）中国工程院；

（5）国务院发展研究中心；

（6）国家行政学院；

（7）中国地震局；

（8）中国气象局；

（9）中国银行业监督管理委员会；

（10）中国证券监督管理委员会；

（11）中国保险监督管理委员会；

（12）国家电力监管委员会；

（13）全国社会保障基金理事会；

（14）国家自然科学基金委员会。①

二 教育部的情况

我们选择了教育部进行详细阐述，因为我们对教育部比较熟悉，而且与教育部的官员们有过接触。教育部就是集中指示和分散执行的例子。当然，它也有一些集中执行的部门，来确保某些事情的可控，比如考试标准、试卷的设置。教育部只有23个部门（参见图表3-9），约600名员工（其中一半是从教育部直属单位借调的）。除了决策部门以外，还有35个直属单位：包括7个直属机构、7个研究中心、8个服务中心、4家出版社和9个秘书处[参见延伸阅读（三）]。

表3-9 教育部内设司局

政策法规司	发展规划司	人事司	财务司	基础教育司	职业教育与成人教育司
高等教育司	群众教育	教师工作司	思想政治工作司	社会科学司	直属高校工作司
高校学生司	科学技术司	体育卫生与艺术教育司	语言文字应用管理司	语言文字信息管理司	国际合作与交流司
机关党委	学位管理与研究生教育司	教育检查员	离退休干部局	纪检组、监察局	

---

① 杨凤春：《图解当代中国政治》，中华书局（香港）有限公司2001年版。

延伸阅读（三）

教育部直属单位

下属机构：

（1）教育部机关服务中心；

（2）国家教育行政学院；

（3）中国教育科学研究院；

（4）教育部教育发展研究中心；

（5）教育部高等学校社会科学发展研究中心；

（6）教育部职业技术教育中心研究所；

（7）国家汉办（孔子学院总部）；

（8）教育部科技发展中心；

（9）语言文字应用研究所；

（10）国家开放大学；

（11）中央电化教育馆；

（12）中国教育电视台；

（13）教育装备研究与发展中心；

（14）教育部教育管理信息中心；

（15）教育部基础教育课程教材发展中心；

（16）国家留学基金管理委员会秘书处；

（17）教育部经费监管事务中心；

（18）教育部民族教育发展中心；

（19）中国教育报刊社；

（20）教育部考试中心；

（21）教育部留学服务中心；

（22）全国学生资助中心；

(23) 全国高等学校学生信息咨询与就业指导中心；
(24) 教育部学位与研究生教育发展中心；
(25) 教育部高等教育教学评估中心；
(26) 教育部学校规划建设发展中心；
(27) 中国教育出版传媒集团（下属人民教育出版社、高等教育出版社、语文出版社）；
(28) 中国教育国际交流协会秘书处；
(29) 教育部学生体育协会联合秘书处；
(30) 中国教育学会秘书处；
(31) 中国高等教育学会秘书处；
(32) 中国教师发展基金会秘书处；
(33) 中国教育发展基金会秘书处。

三　中央领导小组

中华人民共和国政府及其部门与其他国家有何不同？为了更好地理解，我们需要了解中央领导小组的概念。对其概念有这样一种描述：

高于部级的统筹机构，协调不同的党政军机构中达成共识，这是正式的官僚机构无法办到的①。

根据中国的实际情况，它类似于新加坡的部际委员会，部际委员会通常由最资深的部长主持，委员会负责一个较为宽泛的领域，如安全、社会或经济方面的问题。也有些人将其比作美国的跨机构委员会。然而，值得注意的是，如下文所示，领导小组被明确载入了《中国共产党章程》。

第九章②，党组，第四十六条

在中央和地方国家机关、人民团体、经济组织、文化组织和其他非党

---

① 该定义来源于亚洲贸易和金融专家迈克尔·马丁在《详解中国政治体制》，美国国会研究处，2010年4月14日。

② 参见2012年中国共产党第十八次全国代表大会 www.english.people.com.cn/102774/8024589.html。

组织的领导机关中，可以成立党组。党组发挥领导核心作用。党组的任务，主要是：

- 负责贯彻执行党的路线、方针、政策；
- 讨论和决定本单位的重大问题；
- 做好干部管理工作；
- 团结党外干部和群众，完成党和国家交给的任务；
- 指导机关和直属单位党组织的工作。

随后的段落（第四十七条）补充说明，党组的成员，由批准成立党组的党组织决定。也就是说，总书记可成立由他自己领导的小组，并选择小组成员和书记，必要时还可以设副书记。

四　省级和市级机构

在国家级别以下，有34个省级实体，其中包括中国内地23个省、5个自治区、4个直辖市和两个特别行政区。每个省市自治区都有自己下辖的市和地区（总计超过400个）、县或同级实体（共计2800个）。每个县级及以上实体可能都会设有自己的行政管理层（如基础设施、资源、公共安全和社会部门等）。

能想象出来这样的画面吗？共有五级政府。在每一级政府，几乎都会设置一套包括安全、社会、基础设施和金融等在内的政府组织。每个机构都可以设有直接的报告单位来执行相应的监管或执法任务。根据机构规模的不同，每个机构都有一个党委组织部或核心部门，直接向中央组织部报告（回顾表3-5的前两组）。

中央领导小组以外的党组

那么中国共产党如何管理各部委和公共机构呢？主要成员必须是共产党的一分子——这只说对了一半。有一个与中央领导小组类似的概念，但当被翻译成其他更广泛的组织时，它被称为党组。

为什么要有党组？

党组的存在是必要的，因为党和政府之间可能存在利益冲突。党制定各项关键决策，但是这并不意味着政府会全面正确地贯彻执行这些决策。因此，政府机构内的党组发挥着重要的监督作用。通常，每个机构（厅局级别）有四到五名党员组成，他们在机构内担任高级职务。机构负责人同时也是党组书记。党组监督关键方针政策的执行和人事任命，它类似于"非正式顾问团"，这些身居高层职位的党组成员不一定处于各级的指挥系统中，但他们制定的是最重要的决策。

党委和党组之间的区别

党的团体一定不能混淆党委和机关党委，几乎所有的中国机构都有机关党委。党委与其他社会主义国家的党委类似，同一机构的全体党员集中选举出本机构党组织的一小组领导人。党委负责监督党员的行为，吸纳新党员，收集党费，开展政治和思想工作。党委与党组不同，党组在机构内的所有关键问题上都拥有最终发言权；而党委几乎不干预所在机构的日常运行。与军队类比的话，党组的功能类似于政治委员和政治部。

第三节　全国人大：实事求是的典范

有很多关于中国全国人大的英文文献，因此，除了要强调的相关内容，如全国人大代表如何选举、全国人大如何通过草案等之外，我就不再一一赘述了。西方批评家经常指责称，这个过程不够民主，但是我不敢苟同。法案的通过存在着一个协商的过程，这个过程有时甚至比美国国会还要民主。因为在中国，法案的起草人可与代表们面对面商议并将会议过程通过媒体公布于众[1]。读懂本文的关键是要了解全国人大设立的目的和原因。

还记得前文提到的内容吗？党代表人民治理国家。党的两个主要抓手是政府和军队。

---

[1] 因为时间限制我没有能够将这篇文章翻译成英文。这是有关是否应当将所得税征收的起征点提高到每月收入 3000 元人民币的。参见：2011 年 5 月 26 日全国人大常委会邀请公众面对面议个税，www.npc.gov.cn/npc/xinwen/lfgz/lfdt/2011-05/26/content 1656928. htm。

因此，才有了党政军三位一体的概念。中央政治局可代表这全部三个部门。党政军三方面在全国人大也都有一席之地；而党外声音可通过全国政协来传达，由此构成了统一战线。

正如我们所了解到的，在各个行政级别的党政结构中，总是由党的一把手（numero uno①）来决策，政府负责人作为副手，下一级机构中相对资深的机构负责人担任党委会常委。因此，党委的所有成员管理着政府及下一级机构。军队有独立的政治管理体系，自连级以上，直到集团军的政治部，政委与指挥官相互配合开展工作。如果这还不够，那么还有中央领导小组和党组。

这些都是中国共产党执政的基本要点，是共产党"为人民服务""艰苦奋斗"和"实事求是"的过程中，必不可少的。

一　如何代表人民？

首先，依照有关法律规定分配给各个省份相应的代表人数。根据新华社2012年4月的报道②，第十一届全国人民代表大会第二十六次全体会议通过的代表名额分配方案如表3-10所示：

表3-10　各省及相应地区和机构的全国人大代表名额分配方案

四个直辖市	北京—42，天津—33，上海—50，重庆—55
23个省	河北—116，山西—61，辽宁—94，吉林—58，黑龙江—84，江苏—138，浙江—84，安徽—104，福建—62，江西—76，山东—162，河南—159，湖北—108，湖南—110，广东—151，海南—21，四川—137，贵州—66，云南—87，陕西—65，甘肃—49，青海—18
五个自治区和两个特别行政区	内蒙古—53，广西—85，西藏—17，宁夏—18，新疆—56，香港特别行政区—36，澳门特别行政区—12
其　他	人民解放军—265，台湾地区—13，其余的255名由全国人大常委依法决定

---

① 意大利语，意思是"一号"。
② 新华社北京4月27日电，《第十二届全国人民代表大会代表名额分配方案》，www.npc.gov.cn。

二 如何选举代表？

直接选举

选举在县、乡两级进行，人民代表大会代表由居住在该县或乡的人民直接选举。

间接选举

间接选举在市级或省级实施，例如，省人民代表大会代表由下一级（地市级）人大选举；以此类推，地市级人大代表由其下一级（县级）人大代表选举；而县级人大代表则由当地选民直接选举。

三 全国人大的宗旨和权力

全国人大有下列职权：

立法

- 修改宪法；
- 监督宪法的实施；
- 制定和修改刑事、民事、国家机构和其他国家基本法律。

选举任免

- 选举和罢免国家主席、副主席；根据中华人民共和国主席的提名，决定中华人民共和国国务院总理的人选；根据国务院总理的提名，决定国务院副总理、国务委员、各部部长、各委员会主任、审计长、秘书长的人选；
- 选举中央军事委员会主席；根据中央军事委员会主席的提名，决定中央军事委员会其他组成人员的人选；
- 选举最高人民法院院长；选举最高人民检察院检察长。

审查批准

- 审查和批准国民经济和社会发展计划和计划执行情况的报告；
- 审查和批准国家的预算和预算执行情况的报告。

其　他

- 改变或者撤销全国人民代表大会常务委员会不适当的决定；
- 批准省、自治区和直辖市的建置；
- 决定特别行政区及其制度的设立；
- 决定战争与和平的问题。

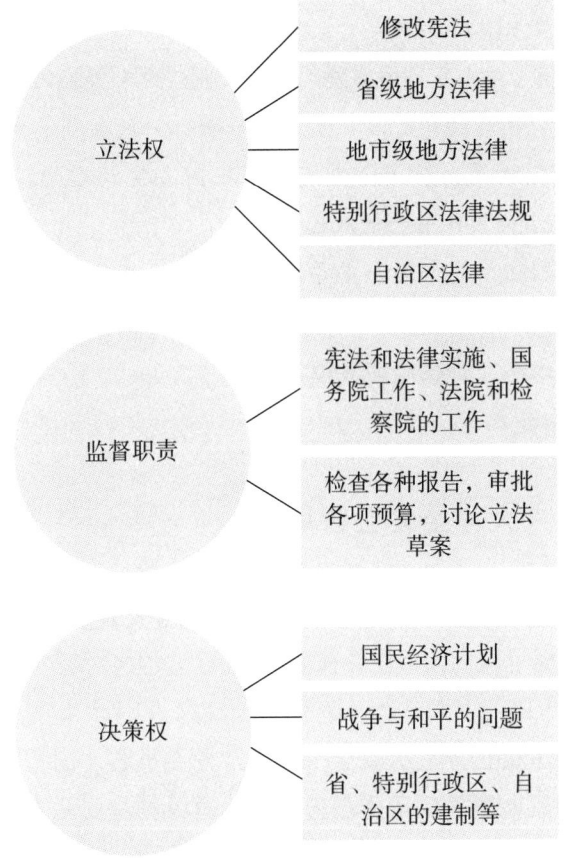

图 3-3　全国人大的权力

资料来源：杨凤春：《图解当代中国政治》，（香港）中华书局 2011 年版。

四　全国人大常委会

全国人大常委会的职责是充当全国人大的秘书处，在全国人大闭会期间行使其监督职能。其主要职能是：

- 解释宪法，监督宪法的实施；
- 制定和修改除应当由全国人民代表大会制定的法律以外的其他法律；
- 解释法律；
- 在全国人民代表大会闭会期间，对全国人民代表大会制定的法律进行部分补充和修改，但是不得同该法律的基本原则相抵触。

此外，它还承担以下职责：

- 监督国务院、中央军事委员会、最高人民法院和最高人民检察院的工作；
- 撤销国务院制定的同宪法、法律相抵触的行政法规、决定和命令；
- 在全国人民代表大会闭会期间，根据国务院总理的提名，决定部长、委员会主任、审计长、秘书长的人选；
- 决定同外国缔结的条约和重要协定的批准和废除；
- 决定战争状态的宣布；
- 全国人民代表大会授予的其他职权；
- 决定特赦。

五 全国人大常委会会议职能

人大会议于每年第一季度举行，由全国人大常委会召集。全国人大每届第一次会议，由上届全国人大常委会在本届人民代表大会代表选举完成后的两个月内召集。全国人民代表大会会议有三分之二以上的代表出席，始得举行。

全体会议的主要任务是听取全国人大常务委员会、国务院、最高人民法院和最高人民检察院所做的工作报告。全体会议的主要职责是在会议议程中审批报告和草案。将会有各种各样的报告，包括：

- 关于国民经济和社会发展计划实施方案的报告和关于国民经济和社会发展计划草案的报告；
- 关于中央和地方预算执行的报告和关于中央和地方预算草案的报告；
- 提案人向会议提出的供审议的说明；
- 依法选举、任命或罢免中央政府部门人员。

六 全国人大专门委员会

全国人大设立 9 个专门委员会。各专门委员会的任务是研究、审议和拟定其所辖领域相关的法案，协助全国人大及其常委会进行立法、监督等工作（见表 3-11）。

表 3-11 全国人大常委会设立的 9 个专门委员会

民族委员会	财政经济委员会	华侨委员会
法律委员会	教科文卫委员会	环境与资源保护委员会
内务司法委员会	外事委员会	农业与农村委员会

七 法律如何通过

提 交

国务院相关部门可向全国人大提交其职权范围内的法案。主席团决定是否将其列入会议议程，或者是否将其提交给相关专门委员会按照议程进行审议。

审 议

提案人应当向会议提出关于议案的说明。议案首先由提案人在全体会议上说明，然后提交给各代表团和特别委员会进行审议，然后有关审议结果报告才能出炉［有关会议日程的实例参见延伸阅读（五）］。

法律委员会根据各代表团和有关的专门委员会的审议意见，对法律议案进行统一审议，向主席团提出审议结果报告和草案修改稿，主席团审议通过后，印发会议，并将修改后的法律议案提请大会全体会议表决。

表 决

大会全体会议进行的表决，其结果由全体代表的过半数赞成通过。而宪法的修改，由全体代表的三分之二以上的多数赞成通过。表决结果由会议主持人当场宣布。一项重大提案需要几年时间起草，有时，如果提案中某项措施遭到强烈反对，则该提案不会提交大会表决。

> **延伸阅读（四）**
>
> **法律的通过需要较长时间**
>
> 维基百科所做的说明如下：
>
> 例如《中华人民共和国物权法》，由于有反对者称，该法律草案没有充分保护国有财产，因此该草案在 2006 年的立法议程中被撤回。中国的法律草案在提交给全国人大常委会后，至少需要经过三次审议，方可通过。然而，物权法的争论长达九年，全国人大常委会经过七次审议，并在全国引发了大讨论。物权法最终在 2006[①] 年 3 月 16 日的第十届全国人大第五次会议上获得通过。参加会议的 2889 位代表当中，2799 票赞成，52 票反对，37 票弃权，1 人没有投票。[②]

八 全国人大常委会的其他工作

审议国务院工作报告等

全国人民代表大会每年举行会议的时候，全国人大常委会和其他相关政府机构向会议提出的工作报告，经各代表团审议后，会议可以做出相应的决议。

审查国家计划和国家预算

全国人民代表大会会议举行的一个月前，国务院有关主管部门应当就国民经济和社会发展计划及计划执行情况、国家预算及预算执行情况的主要内容，向全国人大财政经济委员会和有关的专门委员会汇报，由财政经济委员会进行初步审查。

全国人民代表大会每年举行会议的时候，国务院会向会议提交这些报告供各代表团进行审查，并由财政经济委员会和有关的专门委员会审查。财政经济委员会根据各代表团和有关的专门委员会的审查意见，对报告进行审查，

---

① 此处有误，应为 2007 年。——译者注。

② 参见维基百科文章，网址 www.en.wikipedia.org/wiki/National_People%27s_Congress。

向主席团提交审查结果报告，主席团审议通过后，印发会议报告，并将关于国民经济和社会发展计划的决议草案、关于国家预算和预算执行情况的决议草案提请大会全体会议表决。国民经济和社会发展计划、国家预算经全国人民代表大会批准后，在执行过程中必须做部分调整，国务院应当将调整方案提请全国人大常委会审查和批准。

延伸阅读（五）

第十一届全国人民代表大会常务委员会第二十六次会议日程

4月24日（星期二）

上午9时

（1）听取全国人大法律委员会关于《中华人民共和国军人保险法（草案）》审议结果的报告；

（2）听取全国人大法律委员会关于《中华人民共和国民事诉讼法修正案（草案）》修改情况的汇报；

（3）听取全国人大法律委员会关于《中华人民共和国出境入境管理法（草案）》修改情况的汇报；

（4）听取全国人大常委会委员长会议关于提请审议《第十二届全国人民代表大会代表名额分配方案（草案）》议案的说明；

（5）听取全国人大常委会委员长会议关于提请审议《第十二届全国人民代表大会少数民族代表名额分配方案（草案）》议案的说明；

（6）听取全国人大常委会委员长会议关于提请审议《台湾省出席第十二届全国人民代表大会代表协商选举方案（草案）》议案的说明；

（7）听取全国人大农业与农村委员会关于提请审议《中华人民共和国农业技术推广法修正案（草案）》议案的说明；

（8）听取国务院关于提请审议批准《万国邮政联盟组织法第八附加议定书》议案的说明；

（9）审议任免案。

下午3时

分组审议上述法规和草案。

4月25日，星期三

上午9时

（1）听取国务院关于农田水利建设工作情况的报告；

（2）听取国务院关于监狱法实施和监狱工作情况的报告；

（3）听取国务院关于外国人入出境及居留、就业管理工作情况的报告。

下午3时

分组讨论上述报告。

4月26日，星期四

上午9时

联组审改国务院关于农田水利建设工作情况的报告

下午3时

分组审改外国人入出境及居留、就业管理工作情况的报告。

4月27日，星期五

上午9时

分组讨论民事诉讼法修正案草案，农业技术法修正案草案，拟提请表决的事项。

下午3时　全体会议

全体会议

表决各项议案。

闭　会[①]

九　党政军人员的任命

现在读者已经在一定程度上了解了党、政府和全国人大的设置，现在我

[①] 参见全国人民代表大会网站：www.npc.gov.cn/huiyi/cwh/1126/2012-04/19/content 1718068. htm。

们来看看个人的晋升路线。总结如表3-12所示：

表3-12 中国公务员制度的级别和职务

等级	领导级别	代表性职务	同级别军事人员	理想年龄段
1	国家级正职	总理	军委主席	
2—4	国家级副职	副总理 国务委员	军委副主席 军委委员	60岁以上
4—8	省部级正职	省长（34*） 国务院部长或对应同级机构正职（28*）	军区司令员	55—59岁
6—10	省部级副职	副省长 副部长 国家级总局局长（16*）	正军级	50—54岁
8—13	厅局级正职	国务院各部门下设厅局正职 省属厅局（或办公室）正职 地级市市长（333*）	师级	45—49岁
10—15	厅局级副职	国务院各部门下设厅局副职 省属厅局（或办公室）副职 地级市副市长	副师级	40—44岁
12—18	县处级正职	国务院部委各厅局下设处室正职干部 省属厅局下设处室正职 县长（2859*） 地级市下设局、区正职	团级	35—39岁
14—20	县处级副职	国务院部委各厅局下设处室正职干部 省属厅局下设处室副职 地级市下设局、区副职 副县长	副团级	30—34岁
16—22	乡科级正职	乡长（40826*） 地级市局下设处正职 县级市下属局正职	营级	25—29岁
17—24	乡科级副职	副乡长 地级市局下属处副职 县级市下属局副职	副营级	
18—26	科员级	科员	连级	
19—27	办事员级	办事员	排级	

说明：* 数据指的是担任该职务的人的数目。

根据国家公务员局 2008 年 12 月颁布的公告，直接从全日制学校毕业生中录用的、没有工作经历的公务员按以下规定任职定级：

- 获得博士学位的研究生，任命为主任科员，定为二十二级；
- 获得硕士学位的研究生，任命为副主任科员，定为二十四级；
- 大学本科毕业生、获得双学士学位的大学本科毕业生（含学制为六年以上的大学本科毕业生）、研究生班毕业和未获得硕士学位的研究生，任命为科员，定为二十五级；
- 大学专科毕业生，任命为科员，定为二十六级；高中和中专毕业生，任命为办事员，定为二十七级。

前三章介绍了基本情况，现在我们准备探讨选拔（第四章）、培养（第五至八章）和自我更新（换届，第九章）过程中的人事问题。

第四章 公务员选拔

入党以及加入公务员队伍是每一名胸怀抱负的领导干部都需要尽早完成的两项关键任务。本章将会讲述这个过程。其中，要重点说明的是，对知识方面的严格要求和思想的纯洁性是任何一名有志成为公务员的人应当具备的最起码的条件。别的不说，大多数党员干部一开始都是怀着崇高的理想，并充满了实现这些理想的动力。共产党的重要财产就是源源不断吸纳的人才。然而，加入党的事业（加入公务员队伍）正在变得越来越难。一个申请人需要通过两次笔试和一次面试，并且还需要在基层工作。要想实实在在地"为人民服务"，没有比入党更加重要的了。

本章包括六部分，主要介绍入党需要掌握的基本情况。首先，申请人应当表现出自己是一名"思想端正、有头脑的，充满热情、富有活力、聪明能干"的年轻人（第一部分）。然后，申请人需要通过报名成为千万名村官当中的一员，以此来证实自己的价值（第二部分）。完成基层工作以后，申请人必须通过严格的公务员笔试，笔试内容包括客观选择题考试和政策分析（申论）（第三和第四部分）。然后是面对面的结构化面试（第五部分）。如果申请人能脱颖而出，将会成为每年被录用的数万名年轻公务员之一。如果申请人有村官经验，将成为当年前几千名公务员之一。最后，我们探访了位于上海的中国浦东干部学院，与幕后的人事部门的工作人员进行了探讨（第六节）。

第一节 入党

一 加入党组织

入党正在变得越来越难。曾经，人们只需要在思想上与党保持一致就可以被党组织接纳,然而这种日子一去不复返了。入党不光是填填申请书那么简单。申请人很多都是名牌大学毕业生,而且要对中国共产党以往光荣的奋斗历史有正确的认识,还要严格遵守党员所需要遵守的行为规范。

本章的主要素材来自一本小册子①,这本小册子为有志加入中国共产党的大学生提供了培训材料。这本手册申明,大学生团体是社会的栋梁,未来担任的角色是要成为国家的领导者。不过,只有个人的理想与全民族的共同理想相一致,与祖国发展的历史进程相融合,与人民前进的伟大步伐相统一,这个角色才能真正得以实现。这一切都离不开中国共产党的领导。

手册详细阐述了大学生团体这个角色,鼓励高校学生树立共产主义远大理想,做中国特色社会主义的建设者和接班人,做坚定的爱国主义者,做勇敢的改革创新者,做社会风尚的引领者。

如果依然对此持有疑义,那么你必须要了解,坚持中国共产党的领导,是中国历史发展的保证,如果不是党员,就可能会错过投身这一伟大的事业的机会。"积极加入共产党是高校学生的正确选择",手册第17页的标题这样写道。

我不确定人们会如何理解这些论述和观点,但是如果这是唯一的选择,那么每一个有远大志向的年轻人应该会知道自己该怎么做。

二 入党要求

说到入党,满足五个条件:
- 年满十八岁的中国工人、农民、军人、知识分子和其他社会阶层的先进分子;
- 承认党的纲领和章程;
- 愿意参加党的一个组织并在其中积极工作;
- 愿意执行党的决议;
- 愿意按期交纳党费。

---

① 东方治编写:《高校入党培训教材》,人民日报出版社2011年版。

三 入党积极分子：确定、教育和考察

在各所高等院校中都有党的组织。一旦申请人向这些组织提交入党申请，入党的过程便开始了。党组织理解，作为一名年轻、有理想的大学生，申请人对党的性质、纲领、任务和宗旨的认识可能没有那么深刻，与党员的标准存在一定的差距。因此，确定、教育和考察的过程是很有必要的。

申请人要深信，入党是实现人生理想的第一步。申请人会受邀或者被选定成为入党积极分子，甚至可能需要填写并提交自传。自传经党组织审查通过，并得到强力推荐后，申请人可能会受邀参加面试。如果被认为符合入党积极分子的条件，申请人会被要求填写《入党积极分子考察登记表》。

党组织有责任培养和教育入党积极分子。每名入党积极分子都有一个教育计划，并且必须虚心接受党的帮助教育。教育计划包括四个方面：

• 接受党组织的教育——入党积极分子要坚持用马克思列宁主义、毛泽东思想、邓小平理论、"三个代表"重要思想、科学发展观、习近平新时代中国特色社会主义思想以及党的路线方针政策指导自己的思想和行动。

• 接受党组织分配的任务——院系党组织为了考验一个入党积极分子或让他成熟起来，通常让入党积极分子担任班干部、年级干部或者共青团或者学生会干部来进行培养。有时，还让他单独组织一次活动，或者完成某项工作，让他们进行实际锻炼，并从中来考察他们的觉悟程度。

• 积极参加党的活动——入党积极分子应积极参加学习党章、预备党员入党宣誓大会等党组织安排的活动。

• 虚心接受党组织的批评——入党积极分子应虚心接受党组织其他成员的批评和意见，这些批评和意见有助于入党积极分子的成长和进步。

四 发展对象

入党积极分子经过党组织一年的考察，可列为发展对象。这其中要征求党内外人士的意见，并经支委会或不设支委会的支部大会讨论，认为基本具备了党员条件的入党积极分子，称作发展对象。

发展对象必须接受不少于40学时的入党前培训，培训内容包括发展对

象应熟悉的党的基本理论、基本路线、基本纲领、基本经验等。党组织再进一步考察和讨论后,将决定是否吸纳发展对象为预备党员。在这个阶段,申请入党的人,要有两名正式党员做介绍人,并且必须填写《入党志愿书》。

五 预备党员

预备党员的预备期为一年。预备期是党组织对预备党员进一步教育考察的重要时期。党组织会要求预备党员参加更多的课程,并将通过预备党员发表的观点来评估其思想觉悟程度。党支部会对预备党员进行全面审查并提交支部大会讨论,支部大会做出决议后报上级党委审批。之后,上级党委指派专人对预备党员进行全面考察,提出能否转正的意见。最后党委会集体讨论,做出决议。如果一切顺利,预备党员将会得以转正。

入党是一个接受文化宣传教育的过程,就好比一个人要接受不同级别管理层的面试,来确认能否与企业文化相契合,二者的区别就在于时间——入党需要两到三年!

第二节 为人民服务:成为一名大学生村官

一 历史溯源

自20世纪90年代以来,中国共产党一直在尝试"村官"的理念。这一理念已经发展成一套完整的方案,可以有效激励年轻党员干部。其发展经历了两个阶段:

第一阶段:自发探索

1995年,为了解决"三农"[①]问题,江苏省聘用了大量大学毕业生担任农村基层干部。1999年,海南省推出大学生村官计划。同年,浙江省宁波市

---

① "三农"问题指的是农业、农村、农民的相关问题。

采用公开招考方式，推行"一村一名大学生"计划。在最初这段时期，尽管大学生村官仍是凤毛麟角，但大学生村官计划的方方面面已经逐渐浮出水面。随着时间流逝，大学生村官计划发展成为知识分子返乡服务农村的主要渠道。

2000年，广东省广州市天河区发布招聘52名村官的公告，随后收到了3000多份申请。2002年，河南省启动大学生村官计划，公开招聘205名村官。2004年，河北省也加入了招募大学生村官的行列中，计划招聘1000名大学生充实村官队伍。事实上，该计划旨在5年的时间内招聘5200名大学生村官。到2004年年底，大学生村官计划已扩大到华东和华中等10多个地区。

第二阶段：全面发展推进

2005年6月，中共中央办公厅、国务院办公厅印发《关于引导和鼓励高校毕业生面向基层就业的意见》的通知。2006年2月，中组部、人社部、教育部等八部委下发通知，联合组织开展高校毕业生到农村基层从事支教、支农、支医和扶贫工作。

截至2008年2月，28个省市区启动大学生村官计划，其中17个省市自治区启动了"一村一名大学生"计划。2008年3月，中组部会同教育部、财政部、人社部召开选聘高校毕业生到村任职工作座谈会。2009年，中央出台《关于2009年促进农业稳定发展农民持续增收的若干意见》的文件，正式提出了"一村一名大学生"计划。①

二 特殊身份

许多不同的文献都在竭力阐述大学生村官不是国家公务员，而是村级组织特设岗位人员。大学生村官要加入公务员队伍，还必须经过考试。不过，表现优异的大学生村官可以享受一些优惠政策。例如，北京市人力资源和社会保障局发布公告称，表现优异的大学生村官可以登录北京市人事考试网报考北京市公务员，在考试中可以享受5到12分的加分照顾。由于公务员考

---

① 村官的信息摘录自多个相关网站，如：www.zgcgw.com.cn、www.cunguan.youth.cn、www.54cunguan.cn/news 以及 www.dxscg.cn 等。

试竞争激烈，额外加分可以派上大用场。

三　成为村官的条件

- 年龄最好在30周岁以下；
- 全日制大学本科以上学历，具有学士以上学位；
- 中共党员（包括预备党员）；
- 最好为当地户籍（在村庄所处的省或直辖市）；
- 有志于农村工作，责任感强，吃苦耐劳、乐于奉献，组织观念强，具有较强的组织协调能力。

2010年7月，一段视频在中国走红。视频讲述的是无锡一位美丽的年轻女大学生村官的故事。到当年7月底，这段视频的点击量超过30万次，并收到了3346个"赞"，2719个"踩"，以及1430条评论。一名记者想知道这是否是为了自我标榜，因而决定前去调查采访。[1]

延伸阅读（一）美女大学生村官的一天

视频记录（8分钟）	
上午7:30	展示一名姑娘骑电动车上班、打羽毛球、打乒乓球、跑步的镜头。字幕显现：无锡市锡山区鹅湖镇松芝村书记助理及团支部副书记华舟玲
	画外独白："我毕业于华中科技大学，到这边工作近一年了，刚毕业的时候没想过要扎根农村并在农村工作，后来也是机缘巧合吧，就考了这个村官……我对农村并不是太了解，有些村民可能会觉得，你一个刚毕业的小姑娘，初出茅庐的那种感觉，如果我去解决一些纠纷和调解之类的工作时，完全没有说服力，也完全不把我当回事。就是村民之间的矛盾和纠纷呀，我根本没有办法去解决。那个时候其实自己也蛮沮丧的……时间长了以后，我每次去的时候，村民会说'大学生村官来了'。"
上午8:00	村委会会前准备
上午8:30	松芝村村委会会议现场

---

[1] 观看该视频，请访问：www.54cunguan.cn/video/cunguan/201007/22816.html。

续表

上午9:00	走访村民 画面：华舟玲在市场上购买了一串香蕉，走进一户农家，和一家三口攀谈。 画外独白："对于家庭比较贫困的，我们会定期做一些这样的访问慰问一下。我们还有'一帮一'这样的帮扶对象。" 困难户王先生："小华你们今天来慰问我们困难户，谢谢你们了。"
中午	华舟玲在村委会接待村民
13:00	华舟玲赤脚在果园洒药、剪枝
15:47	村支书周建华接受采访："华舟玲同志经过将近一年时间的锻炼，从党员一块应该说是影响不错，从群众方面来说都是对她认可的。"村委会主任陈志刚接受采访："以前我们村里是没有大学生村官的，小华是第一个，她各方面素质都比较高，显得更年轻化、知识化、更有朝气感。"
18:30	华舟玲在家绣十字绣 画外独白："我的业余生活比较简单，平时除了运动就是绣十字绣，然后看看书上上网……"

网友跟帖中，大多是称赞华舟玲漂亮动人的，甚至有人要给她介绍男朋友。然而，也有人质疑华舟玲当村官的动机，甚至有人认为华舟玲在"作秀"。当然，也有人鼓励她继续为村民多干点实事。①

通过网络采访华舟玲本人

记者通过 QQ 采访了华舟玲。华舟玲表现得十分慎重，接受采访前还请示了领导。

华舟玲是锡山区人，她家距离现在的工作地点约 5 公里路程。她分管村里的党务、统战、组织、宣传、团建等工作。她偶然看到招聘大学生村官的通知，就抱着试试看的心态报名了。华舟玲说，从一个女大学生变成了一个农村干部，面对农民，经过了一年多，心态才慢慢调整过来，现在干得还不错。有时候碰到一些村民跑过来投诉，她也有了自己的一套解决方法。她解释说，有时候村民只是跑过来抱怨一下，这时候只要听他们讲讲，拉拉家常，安慰安慰就没事了。

---

① 《江苏无锡美女大学生村官：我不想被炒作》，《江南晚报》2010 年 7 月 30 日。

至于如何上了优酷网,她介绍说,她被推选参加团中央组织的一个展示大学生风采的活动。要拍一段视频,来的就是优酷拍客。后来她同意把视频传到网上。

但真的上了网,她才意识到传播影响力这么大,并有种自己的隐私被泄露的感觉,内心有些不舒服,后来慢慢地也就好了。她认为,这些都是平常做的工作,没有必要弄得太张扬。华舟玲决定,在自己的三年村官任期内做好本职工作,为大家服务好。①

第三节 艰苦奋斗:公务员考试

一 考试的基本情况

考试分为三种类型:
- 中央机关及其省级直属机构;
- 市(地)级以下直属机构;
- 专业性较强的部门(单位)(如会计、司法、工程师等)。

笔试包括公共科目和专业科目。公共科目由中央公务员主管部门统一确定,专业科目由省级以上公务员主管部门根据需要设置(见表4-1)。

表4-1 考生人数和录用人数(2010—2012年)

年 份	考生人数(人)	录用人数(人)
2010	144.3万	15526
2011	141.5万	15290
2012	133万	18000

表4-1为公务员岗位的竞争情况(约100∶1)。共有46种岗位类型,每种类型都有1000人以上申请,其中10%为大学生村官职位或与其相当

---

① 《江苏无锡美女大学生村官:我不想被炒作》,《江南晚报》2010年7月30日。

的职位。①

二　考试题型②

第 1 部分

一般性常识（10 分钟，25 道题）

常识判断主要测查报考者应知应会的基本知识以及运用这些知识分析判断的基本能力，重点测查对国情社情的了解程度、综合管理基本素质等，涉及政治、经济、法律、历史、文化、地理、环境、自然、科技等方面。

第 2 部分

言语理解与表达（35 分钟，40 道题）

言语理解与表达主要测查报考者运用语言文字进行思考和交流、迅速准确地理解和把握文字材料内涵的能力。正确理解和准确解释阅读材料的意思是关键。

第 3 部分

判断推理（35 分钟，5 道图形推理问题，10 道定义判断问题，10 道类比推理问题和 10 道逻辑判断问题）

判断推理主要测查报考者对各种事物关系的分析推理能力，涉及对图形、语词概念、事物关系和文字材料的理解、比较、组合、演绎和归纳等。

图形推理
例题：下一个步骤是？

---

① 大部分材料来自网络，如有关全国公务员考试的中文维基百科文章，网址：www.zh.wikipedia.org/wiki/ 国家公务员考试。
② 资料来自国家公务员考试网。

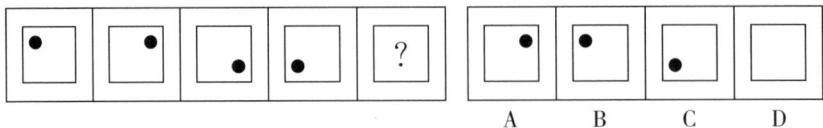

答案：B

定义判断

每道题先给出一个概念的定义，然后分别列出四种情况，要求报考者严格依据定义选出一个最符合或最不符合该定义的答案。

例题：职业枯竭是指人们在自己长期从事的工作重压之下，产生身心能量被工作耗尽的感觉。根据上述定义，下列属于职业枯竭状态的是：

A．老周不能胜任自己现有的工作，每天都会忙得焦头烂额

B．刚参加工作的小李觉得这份工作太累，产生了跳槽的念头

C．刘经理每天工作繁忙，缺乏充足的休息，情绪也越来越糟糕

D．在从事过许多不同的职业之后，老王觉得所有工作都索然无味

答案：C

逻辑判断

每道题给出一段陈述，这段陈述被假设是正确的，不容置疑的。要求报考者根据这段陈述，选择一个最恰当的答案，该答案应与所给的陈述相符合，应不需要任何附加说明即可以从陈述中直接推出。

例题：在一次考古发掘中，考古人员在一座唐代古墓中发现多片先秦时期的夔（音 kuí）文陶片。对此，专家解释说，由于雨水冲刷等原因，这些先秦时期的陶片后来被冲至唐代的墓穴中。以下哪项如果为真，最能质疑上述专家的观点？

A．在这座唐代古墓中还发现多件西汉时期的文物

B．这座唐代古墓保存完好，没有漏水、毁塌迹象

C．并非只有先秦时期才使用夔文，唐代文人以书写夔文为能事

D．唐代的墓葬风俗是将墓主生前喜爱的物品随同墓主一同下葬

答案：B

第 4 部分

数量关系（20 分钟 20 道题）

数字推理

例题 1：后面的数字是多少？

1　2　4　8　16　?

A. 16　　　　　B. 24　　　　　C. 32　　　　　D. 36

答案：C

数学运算

例题 2：某地劳动部门租用甲、乙两个教室开展农村实用人才培训。两教室均有 5 排座位，甲教室每排可坐 10 人，乙教室每排可坐 9 人。两教室当月共举办该培训 27 次，每次培训均座无虚席，当月共培训 1290 人次。问甲教室当月共举办了多少次这项培训？

A. 8　　　　　B. 10　　　　　C. 12　　　　　D. 15

答案：D

第 5 部分

资料分析（20 分钟 20 道题）

资料分析主要测查报考者对各种形式的文字、图表等资料的综合理解与分析加工能力，这部分内容通常由统计性的图表、数字及文字材料构成。

例题：根据以下资料回答问题：2007 年部分国家（地区）国民生产总值，2007 年哪国人口最少？

国家（地区）	人均国内生产总值（美元）	国民生产总值（亿美元）
韩　国	19690	9698
美　国	46040	138112
日　本	37670	43767
越　南	790	712

续表

国家（地区）	人均国内生产总值（美元）	国民生产总值（亿美元）
俄罗斯	7560	12910
新加坡	32470	1613
多米尼加	3550	367
中　国	2360	32801
（中国）香港	31610	2067
哥斯达黎加	5560	252

A.（中国）香港　　　　　　B. 哥斯达黎加
C. 新加坡　　　　　　　　D. 多米尼加
答：B

从本质上来讲，该测试的目的是测查报考者的知识面以及数学、逻辑推理等的应用能力。当然，拥有良好的语言能力也将对报考者有很大的帮助。[1]

延伸阅读（二）

有关公务员考试的一些评论

中国人民大学的舒方（音）表示，对于申请人而言，最有吸引力的岗位莫过于那些看起来是非常强力的或具有较强影响力的部门，这其中就包括公安部。受欢迎的部门还有国家安全部这样的情报机关。另外，颇受欢迎的部门是负责管理公务员考试和安排政府机关工作人员的人事部门。

北京外国语大学的杰西卡·张（音）今年（2010年）报考了外交部，她感觉行测的多项选择题比她预想的要简单。不过，她却被申论难住了，申论要求写关于黄河治理的分析文章。

---

[1] 中央机关及其直属机构2012年度考试录用公务员，公共科目考试大纲。参见：www.gjgwy.org/2011/1013/21042.html。

> 一些人担心公务员考试的热潮可能会对企业不利。不过，舒先生说，张女士所感到的这种意外，恰恰是对机关工作人员才能的检验。他说，公务员考试与古代的科举考试不同，"强调思考和创新，而不仅仅是重复老一套"。①

第四节　实事求是：申论

一　什么是申论？

申论是评估潜在的管理人员的基本行政能力的一种方式。申论由注意事项、数据分析、建议或解决方案三部分组成。申论考试按照省级以上（含副省级）综合管理类、市（地）以下综合管理类和行政执法类职位的不同要求，设置两类试卷。

两类试卷所测试的能力也是不同的。省级以上（含副省级）综合管理类职位申论考试主要测查报考者的：

- 阅读理解能力——要求全面把握给定资料的内容，准确理解给定资料的含义，准确提炼事实所包含的观点，并揭示所反映的本质问题。
- 综合分析能力——要求对给定资料的全部或部分的内容、观点或问题进行分析和归纳，多角度地思考资料内容，做出合理的推断或评价。
- 提出和解决问题能力——要求借助自身的实践经验或生活体验，在对给定资料进行理解分析的基础上，发现和界定问题，做出评估或权衡，提出解决问题的方案或措施。
- 文字表达能力——要求熟练使用指定的语种，运用说明、陈述、议论等方式，准确规范、简明畅达地表述思想观点。

尽管市（地）以下综合管理类和行政执法类职位仍旧需要上述这些能力，但是更侧重于政策的具体执行，而非政策的制定。主要有以下两点不同：

---

① 《中国公务员：有抱负的官员》，《经济学人》2010年12月16日。

• 贯彻执行能力（代替了综合分析能力）要求能够准确理解工作目标和组织意图，遵循依法行政的原则，根据客观实际情况，及时有效地完成任务。

• 解决问题能力——要求运用自身已有的知识经验，对具体问题做出正确的分析判断，提出切实可行的措施或办法。①

二 考试的内容

考试的内容如下：

第1a部分：250字（10分）

省级
分析和归纳材料中作者提出的问题。

市（地）级
用150个字清楚地解释材料1到5中提到的概念X和概念Y。

第1b部分：200字（10分）

撰写一篇"应用类型"的小论文，添加到材料6当中，以便更好地解释问题的背景。
用150个字论述Z市火灾/水灾/污染所反映的具体弱点。

第2部分：400字（20分）

根据材料6，网上有这样一种观点。撰写一个简洁、令人信服、非对抗性的反驳。
材料中列举了防火的三项政策指示。写一篇宣传稿，以便说服公民。

第3部分：400字（20分）

材料中提出了一些问题。假如你是相关部门的政府官员，请解释你将如

---

① 大途教育公务员考试研究院：《申论》，西苑出版社2016年版。

何解决这种情况。

假设你是一名市级部门的观察员,针对材料中提出的问题,请提出你的解决方案。

第4部分:800—1000字(40分)

材料中讲述了一个感人的故事。以这个故事为背景写一篇文章。

材料中非常强烈地表达道"XX……YY……ZZ",请联系自己的经验或感受,写一篇文章。

从提出这些问题的方式中,我们可以推断出主考官的侧重点是有所不同的。政策制定自然需要更高层次的知识、分析以及宽广的视角,然而执行层面更侧重于实际以及事情的具体细节。

三 问题的覆盖范围

考试问题的所涉及的范围可分为四大方面:

经济发展	社会和公民方面	文化和政治	环境
资源价格改革	公平教育	伪造证书	可持续发展
城乡差别	强拆	遗产保护	低碳经济
民营企业	通货膨胀	深化文化稳定	环境保护
区域经济发展	失业		
发电系统	社会保险		
农村发展问题	医疗服务		
房价	公共服务部门改革		

这对新加坡人而言是很有意思的。"申论"最接近的译文可能是"政策分析",一些人可能只有在研究生期间才会对此进行研究。

第五节　面试

一　结构化面试

在中国，面试由省级或者市级层面命题，以公平公开的方式对答题者进行评定。一般每次面试持续30—40分钟，涉及下述领域中的4—5个问题：

领域1	针对社会、经济或日常生活中的问题，发表你的个人评论观点。（这个问题目的是评估考生的自我表达能力）
示　例	讲述一下你喜欢的一本书的内容。
领域2	与工作岗位相关的特定问题，或考生选择这份工作的原因。（标准问题）
例　子	什么样的工作环境适合你，你适合什么样的工作？
领域3	计划性、组织性、沟通性的问题。
例　子	假如你是一名人事科部门干部，你的上司要求你组织应届毕业生的招聘工作。你将如何进行？
领域4	适应性或反应性的问题
例　子	假如你负责一次校车安全演练活动，参与的儿童在此过程中受到了严重伤害，并且用安全锤砸破玻璃逃生，旁观者乱成一团。你会怎么做？
领域5	设置场景，测试人际关系处理和沟通能力。
例　子	你的亲属想申请你所在单位的工作，希望你能为她美言几句。你会如何应对？
领域6	综合性分析问题。
例　子	在北京，一个刚毕业参加工作的干部决定将其第一年工资捐献给党，媒体对此反应强烈。你如何看待这件事？

5—7名考试官会依据下述7方面进行打分。

求职动机与所报职位的匹配性	综合分析	计划、组织与协调	人际交往的技巧与意识	应变能力	语言表达	举止仪表
10%	20%	13%	13%	15%	20%	9%

每个方面去掉一个最高分和一个最低分，剩余分数取平均值便是最后得分。①

二　无领导讨论

这种讨论类似于新加坡教育部举行的副校长领导力情景培训活动中进行的小组讨论。每位考生会被给定一个观点，进行辩论。在新加坡教育部，这是为期两天的培训中的一部分，在该培训中，情境和内容（"雷德芬"和地区管理人员②）都是预先设定好的。在中国，可能是一组5—7位考生讨论一个中性的话题（没有角色扮演），或者也可以是一个话题，在这个话题中，考生会被分别指派扮演不同的角色。

讨论时间为1个小时，有4—6名考官进行评定。题型如下：

两难型

你有一份重要文件要送往省会城市，但是你的同事和你在你们乘坐的快速公交车上发现了两名逃犯。你会怎么做？

案例分析型

你的团队正在公司董事会上选举下一任首席执行官。你收到了三位候选人的主要情况说明和简历。你的团队要从这三位候选人中选择一位最佳人选出任首席执行官。

实际操作型

利用提供的材料、小刀和剪子，你的团队需要发挥创造性，来建造一座房屋。还要为这座房屋取个名字，团队要选出一名代表来描述这个名字背后的含义，以及整个建造过程。房屋建造时间为40分钟，房屋展示介绍时间

---

① 宏章教育公务员考试研究院：《面试真题1001道详解》，西苑出版社2012年版。
② 雷德芬区是一个虚构的小镇，新加坡教育部的副校长们在为期三天的领导力场景培训中，扮演该地区管理者的角色。参与者在愿景规划、实际业务演练、小组讨论和情景模拟实践方面接受测试。

为 3 分钟。

三　实际业务演练

这道试题类似于新加坡教育部"雷德芬"培训中所进行的测试。实质上，实际业务演练包含一系列的问题样本供考生做出分析、决策和指示。

延伸阅读（三）

面试题举例

2012 国家公务员外交部面试真题

2012 年 1 月 13 日到 18 日，中国外交部进行了国家公务员面试。要求所有考生针对给出的问题进行分析和理解。下面列举的只是 1 月 15 日的面试题目。

问题 1

题目：大国崛起，你认为国家竞争力重要还是人的竞争力重要？

试题类别：演讲题（10 分钟准备，3 分钟演讲）

考察要素：语言组织与表达能力、综合分析能力

答题要点：这是一个典型的演讲类题目，无论在形式上还是内容上都需要考生引起注意。在形式上，考生切勿答成是国家竞争力重要还是人的竞争力重要的选择性论证题目。而应把握好在大国崛起的背景下，国家竞争力与人的竞争力之间的关系；形式上，注意眼神与考官的交流，语调的抑扬顿挫以及情感的充沛，符合演讲的基本要求。此外，在语言内容组织上应以演讲的语言组织形式来予以表现，通过引用名言和排比修辞等方式增强内容的说服力和语势。

问题 2

题目：谈谈你最艰难的一次选择？（追问一下，选择事件中的细节）

试题类别：自我认知

考查要素：自我认知能力

答题要点：本题是一个典型的自我认知类问题，考生应联系自己的实际情况作答，避免出现编造、歪曲的情况。建议考生在面试之前准备一个有趣的小故事，而不是临场编故事，因为考官会针对细节进行追问。

问题3

面试题目：你有什么爱好？

试题类别：自我认知与职位匹配

考查要素：

（1）个性特征："好的"爱好可能表明有良好的成就动机，上进心强；

（2）对个人的职业发展有清晰的思路和规划；

（3）对报考职位的性质和要求有客观的认识，对工作的期望性符合报考职位的实际情况。

答题要点：回答此类题目时，由于每个考生的个人情况都不一样，给出的答案基本也是不一样的。但是此类题目的考查核心是确定的，考生要能够把握题目考查的真正目的，以不变应万变，通过阐述自己的信息，向考官表明自己是能够成为一名合格公务员的人。因此考生需要掌握典型例题的答题思路，保证答题时的层次性和条理性。

问题4

面试题目：你的同事小王去年筹备处里的联欢会，地点选择上有失误，今年领导让你负责，小王做你的助手，但他不配合你的工作，你怎么办？（追问1：你觉得小王有哪些不妥之处？追问2：假如我是小王，你准备怎么跟我说？）

考查要素：人际沟通能力，综合分析能力，特定场景下的现场模拟能力

面试重点：人际沟通能力，综合分析能力，特定场景下的现场模拟能力。

答题要点：回答第一问时，应先指出处理问题的基本态度，再结合

原因分析提出化解的对策；回答第二问时，应现场委婉地指出小王身上的不足，论证小王与自己默契配合的必要性和意义；回答第三问时，要能把考官假设成小王，现场委婉地指出小王身上的不足，论证小王与自己默契配合的必要性和意义。

问题 5

面试题目：一个部委的副局长给你们司打电话，要求见你们的副司长，你都要询问哪些信息？

试题类别：应急应变题

考查要素：快速反应能力、沟通能力

答题要点：由于是电话沟通，而且对方是身居领导岗位的部委领导，要询问的信息应该是最基本、核心的信息，答题时应简明扼要、层次清晰，切忌罗列一大堆在实际中问起来会显得很啰唆、不礼貌的问题。①

第六节　中国浦东干部学院的实践经验

那么，所有这些测试和大学生村官又是如何进行实际操作的呢？2012 年 6 月，我们有幸与中国浦东干部学院人力资源部的张生新女士进行了深入的探讨。

基本上，当年的规划要从前一年的 7 月开始，同时要对照浦东干部学院各部门在人力资源方面的需求。这些人事方面的需求经浦东干部学院院务委员会核准后，将被呈送到人力资源和社会保障部审批，因为所有的公务员人数都由人社部来进行统筹。经人社部审批后，人事需求将被提交给中国浦东干部学院的上级部门中组部批复。

经批复后，浦东干部学院将在网上发布空缺岗位。一般而言，报名申请时间为 2 周，通过初选的申请人才可以参加公务员考试。此外，所有的公务员都必须要有 2 年以上的基层工作经验；大学生村官及其他符合相关条件的

---

① 参见国家公务员考试网，2012 年 1 月 19 日，参见：www.gjgwy.org。

申请人将被优先录用。

笔试集中评卷，人社部确定相应的分数线。浦东干部学院的每个空缺岗位都只选拔前5名分数过线的申请人进入面试。换言之，即使有100名考生参加并且通过了笔试，每个岗位也只选取前5名参加面试。

面试为30—45分钟，共5个问题，面试在国家统一公布的3天中选择一天进行。面试评估的方面包括表达能力、危机事件处理能力、协作和人际关系处理能力、信息分析和综合能力。

考生被选拔上之后，工作单位会对其进行一到两天的基层考察，或者对大学生村官进行相关的调查，这是一次全面的评估。

新录用公务员工作的第一年是试用期，并将被安排到一线部门，在此期间接受上司对其进行的考核。他们还将在所申请的岗位轮岗半年。根据表现，他们将被予以下列考核分等级：

A—优秀（仅限于前15%）；

B—合格；

C—基本合格，但是尚有改进空间（新录用公务员将仅获得一半的绩效奖金）；

D—差（新录用公务员将无法得到绩效奖金，且如果连续两年考核为"差"，就须离职）。

因此，中国公务员的职业发展路线如表4-2所示：

表4-2 公务员职业发展

职　务	期　限
厅　长	
副厅长	竞争上岗
处　长	预备干部
副处长	任科长满三年
科　长（博士学位入职享受科级待遇）	任副科长满三年
副科长（硕士学位入职享受副科级待遇）	任科员满三年
科　员	工作前三年

关于这点的更多内容，请参见第五章"党员干部的培养"。①

---

① 基于2013年6月18日与中国浦东干部学院人力资源官员进行的讨论。

第五章　党员干部的培养（一）：在 21 世纪与时俱进

我们选取了四个地方，考察 21 世纪的干部如何联系群众，进而继续探讨"为人民服务"的主题。这几个地方的经济发展程度、人均收入水平和人口密度等方面各不相同。然而，相同的是，干部们纷纷响应党的号召，更好地为人民服务，聆听群众的心声，视百姓为"父母"，解决他们的问题。为人民服务的形式多种多样，从最基本的挨家挨户走访到进行网格化的管理。这四个地方分别是陕西省西安市、重庆市、浙江省舟山市、广东省广州市荔湾区。四地的简要数据如表 5-1 所示：

表 5-1　四个地点的 GDP、面积和人口比较

名　称	人均国内生产总值（万元人民币）	面积（平方公里）	人口（万）	人/平方公里
西安（省会）	2.6	9983	880	881
重庆（直辖市）	3.45	82000	2840	346
浙江省舟山市	5.84	1440（陆地面积）	112.7	783
广州市荔湾区	8.35	60	73.35	12225

说明：国内生产总值、面积和人口等数据来源于维基百科。

第一节　21 世纪的"为人民服务"：以 2010—2012 年西安为例

一　陕西省三座城市的"三问三解"活动

西安开展了"三问三解"[①]的为人民服务活动。

---

① "问政于民、问需于民、问计于民，解民忧、解民怨、解民困"。参见西安市政府网站 www.sx-di.gov.cn/channel/node100362 1.html。

"三问"是：
- 问政于民
- 问需于民
- 问计于民

"三解"是：
- 解民忧
- 解民怨
- 解民困

这是贯彻党的十七届六中全会和省委十一届八次全会精神的重要举措，是深化创先争优、增进干群感情、提高服务群众本领的有效途径。

咸阳市

人　口	500万，490人/平方公里
面　积	1.02万平方公里
人均国内生产总值	2.7万元
行政辖区	2个市，3个区，10个县

咸阳市3.8万余名机关干部深入2768个村、771户企业、155个社区，走访干部职工和群众21.6万人次，征求建议5.8万条，排查矛盾纠纷640多件，提供帮扶资金872万元，解决问题5200多件，为群众办实事好事720余件。

咸阳市的一个区组织1006名机关干部分赴130个村和38个社区，围绕转变干部作风、加强基层组织、创新社会管理、服务新区建设、保障改善民生等5个方面，开展了大走访、大服务活动，全力为咸阳新区建设营造良好的发展环境。整个"为人民服务"活动为期半年。

渭南市

人　口	552万，425人/平方公里
面　积	1.3万平方公里
人均国内生产总值	2万元
行政辖区	1个区，3个市，8个县

渭南市的口号是"秦东党旗格外红、干群关系格外亲"。渭南市37名市

级领导、106名市直部门主要负责人、160名县区党政班子成员共建立基层工作联系点391个，落实民生工程130处，包联信访案120件，接访600余人次，解决群众关注的难点问题876件。

商洛市

人　口	240万，120人/平方公里
面　积	2万平方公里
人均国内生产总值	15511元
行政辖区	7个县

作为"三问三解"活动的一部分，商洛市开展了以"万名普通党员联户帮致富、千名机关干部驻村（企）兴产业、百名领导干部一线抓项目、县区领导干部联点建和谐"①为主要内容的"十百千万"践德为民活动。各级干部通过送政策、送技术、送信息、送温暖等形式开展帮扶，积极提供项目、资金、咨询、培训等服务，帮助当地发展经济、改善民生，帮助群众增收致富。

省里的一位干部说道：

"同住一个屋檐下，才能拉近与群众的距离；同吃一锅饭，才能倾听群众的心声；同在一个天地里流汗，才能凝聚起与群众的真情"。参加工作20多年来，也经常下乡，但是这次意义不同。与村民们交谈"犹如一股甘甜的清泉浸入（他的）心田"，这是人生中一笔不菲的财富。他不仅帮助群众解决了一些生产生活困难，更从他们身上学到了许多知识。

二　医疗支持：西安市雁塔区

人　口	61万，4013人/平方公里
面　积	152平方公里
行政区边界	8个街道，80个居民社区，120个村庄

截至2011年年底，该区共有医院47个、基层医疗机构408个、专业公

---

① 在这里，称为"十百千万计划"。

共卫生机构 6 个，全区医疗卫生机构在岗职工约 1.4 万人，卫生技术人员约 1.1 万名。"三问三解"活动开展以来，雁塔区委、区政府举行"名医进社区，送诊到万家"活动启动仪式，10 位知名专家教授来到现场为群众进行义诊。联合辖区驻地 44 家二级以上医院，充分利用资源，推进融合共建，例如，在一个社区，共发放健康知识图册、宣传单近万份，义诊群众 400 余人次。

活动现场，行动不便的李大妈在家人的陪伴下，由当地著名的专家李增烈给自己瞧病。李大妈最近老觉得肠胃不舒服，刚好区里组织有名的医生到社区来瞧病，所以她早早就来了。今后，雁塔区将每月在社区中开设不少于 20 次的帮扶专家坐诊，通过等级医院对社区卫生服务机构提供技术指导、进行人员培训、定期下社区坐诊、建立疑难病例会诊制度、提供人员进修、建立双向转诊机制等系列援助，确保实现"十五分钟就医圈"，以方便群众。①

三 警察支持：陕西省汉阴县

人　　口	31 万，230 人/平方公里
面　　积	1347 平方公里
行政管辖区	14 个镇，179 个村

安康市的汉阴县公安局也积极开展"三问三解"活动。机关民警轮流驻村，每人不少于 2 周，攀亲结对 1 户以上，解决问题不少于 3 件以上。汉阴县公安局仅有 257 名民警，他们团结协作，践行"三问三解"。

在全县公安机关警民恳谈会现场，辖区人大代表、政协委员、警风监督员、学校、新闻媒体等各界代表共计 60 余人分别立足工作、生活实际，对公安工作提出了许多建设性的意见和建议。全体局领导一边倾听，一边详细地记录，并对群众提出的疑惑认真解释和答复。

当时一个迫在眉睫的问题是学校附近交通流量大，学生上下学存在安全隐患。华阴县公安局局长立即到现场调研，制定学校周边交通安全整治方案，并要求交警、巡警加大上下学期间的交通管控力度。

---

① 摘自陕西新闻，2012 年 7 月 14 日。

针对群众反映部分窗口单位服务质量不高的问题，该局组织开展了"服务质量提升年"活动，户籍、出入境、车管等服务窗口从"小"处着手，推行窗口单位文明用语 20 句，制定了 10 项便民措施，极大地方便了办事群众。

另一项值得一提的主动作为是为当地居民安装门牌号。该局城关镇派出所自筹资金 3 万余元为辖区 3000 余户免费安装了门牌号，方便了报刊、信件等的投递，惠及辖区近 3 万人。[①]

第二节 如何实事求是？以浙江省舟山市和荔湾区为例

一 浙江省东部的舟山市

人　　口	111.2 万，772 人/平方公里
面　　积	1440 平方公里（仅限于土地）
人均国内生产总值	5.84 万元
行政辖区	2 个区和 2 个县

本文基于复旦大学竺乾威教授的一篇文章[②]，竺教授在文章中对网格化管理进行了研究。2012 年年初，该文章的中文版本被提交至南洋理工大学进行研讨学习。

在北京进行的试点

2004 年北京的东城区进行了网格化管理试点工作。一个行政区被分成若干个网格单元，由专门的团队负责。北京东城区率先按照 1 万平方米为 1 个网格单位，将整个城区划分为 1539 个互相联结的网格单元，并配备 350 名城市管理监督员。在每个网格内，不同的项目被分类登记编码，并将其数字化，如市政公用、道路交通、市容环卫、园林绿化、房屋土地等相关设施。这样一来，城市监督员可以快速发现相关问题，如红绿灯故障、垃圾未清理，甚至是非法停车；进而实现在 21 个行政执法部门，6 个政府职能部门和 10

---

① 《陕西省汉阴县公安局发起"三问三解"活动》，《陕西日报》2012 年 7 月 11 日。
② 竺乾威教授，复旦大学国际关系与公共服务学院，2012 年。

个街道的保洁队、绿化队之间的信息共享。信息共享可以使政府迅速了解基层情况，并且在大部分情况下，如果这些问题在行政管理部门职能或权限范围内的话，可以快速地进行决策。

然而，如果问题需要多个部门一起协调解决，那就需要另一个级别或者说更高级别的干预。换言之，尽管信息可以迅速地传送到相关部门，但是如果问题中的任何部分超出了单独一个部门的管辖范围，还能实现快速反应吗？

因此，另外一个层级的管理和指挥中心便应运而生，来支持网格化管理、报告，并进行评估。这可以让信息迅速反馈到指挥中心，由指挥中心制定、传达解决方案，有效地解决问题。

舟山 2008

舟山是网格化管理的典型[①]，该市的设计是在北京网格管理基本原理的基础上进行的，但采取的办法更为先进，很多学者对此进行了研究。舟山网格化治理的主要理念包括以下6点：

- 网格化定位；
- 组团式联系；
- 多元化服务；
- 信息化管理；
- 全方位覆盖；
- 常态化保障。

以上理念的重点就在于如何更好地为人民服务。

舟山市将全市划成2428个网格（渔、农村一般100—150户组成一个网格，城市社区适当扩大），每一个网格配备由6—8人组成的服务团队。到2008年年底，全市网格团队服务人员达13565人，其中县（区）干部772人，乡镇（街道）干部2479人，社区干部2011人，普通党员、医务工作者、片区民警、义工、教师、渔农科技人员和乡土实用人才8303人。

跨职能团队的目的是为人民工作，为群众带来益处和便利。与其他举措相同，方法是接近人民，理解他们的担心，解决他们的困难。

---

① 参见 www.wgzt.gov.cn/egrid.htm。

"网格化管理、组团式服务"的核心工作是以"为民、惠民、便民"为宗旨,最大限度地整合资源,全面、及时地回应群众要求,解决基层群众的各种实际问题。

网格团队每年至少要进行4次网格内的家庭走访,并通过多种方式及时收集和处理自己"责任区域"中的问题和建议,主动帮助协调解决群众反映的问题和困难。不过,与上文提到的北京的情况一样,网格团队没有能力解决所有的问题,因此还需要第二层级网格的协助。

多层级网格管理系统

舟山在网格一级上面还建立了4个层级,依次为社区(居委会或村)级、镇街级、区县级、市级,构成了有五个层级构成的管理系统。其运作的原则是凡一级能解决的问题,就由该级解决。无法解决的,由上一级解决。在最高一级,也就是市一级,建立了一个"网格化管理、组团式服务"工作领导小组,由市委书记或市长任组长。领导小组下设办公室,统领五个专项组,即综治平安组,团队管理组,城区工作组,渔农村工作组,技术保障组(见图5-1)。

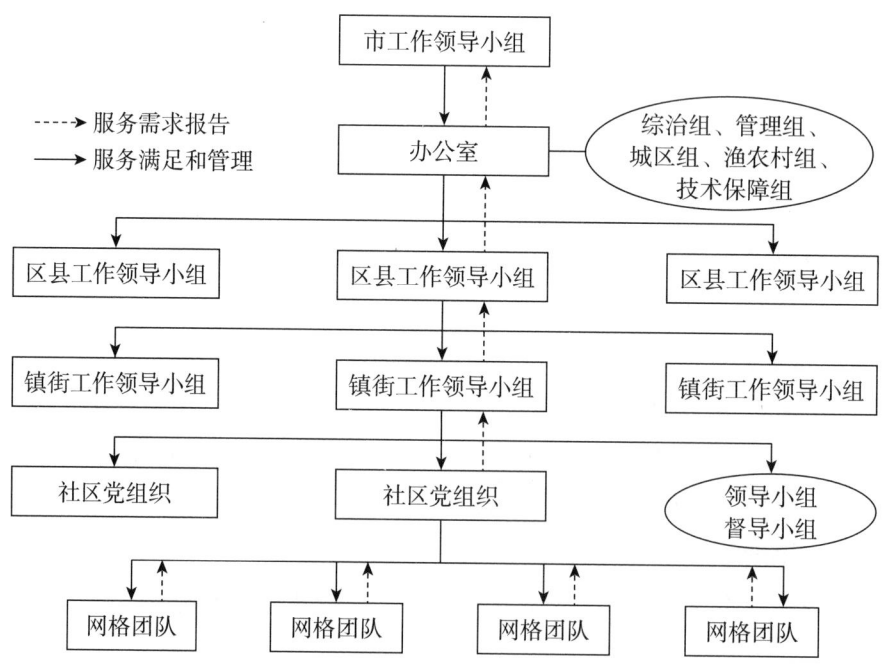

图5-1 多层级网格管理系统组织结构图

纵向和横向结构

可以预见的是，这种层级结构在技术上实现了纵向和横向的整合，可以最大程度上避免问题的出现。这种结构在组织体系上解决了基层管理与服务中"主体缺位"和"管理真空"的问题。在原有典型的自上而下、以领导为中心的组织结构设计中，管理无法延伸到基层，最多达到乡镇和街道级别。舟山的层级结构通过网格直接联结服务对象，使它的触角延伸到了底层，做到了"纵向到底"，解决了管理真空的问题。

同样，在自下而上的结构中，群众的关注点是零散的，是选择性响应的。对管理而言，基层无法解决的问题将逐级上交，交由上一级来解决。这确保了出现在较高层级干部面前的问题是真实的，并且是老百姓切身感受到的实际问题。因此，这种结构已产生双重效应，一是纵向到底，深入基层；二是及时反映乡镇或者街道级别的单一职能部门无法单独解决的问题。这一结构在横向上也把职能和部门打通，做到了"横向到边"。

信息系统

网格管理结构要想取得成功，一个合适的信息系统是必不可少的。舟山市的信息管理系统由6个模块组成，确保了信息传送畅通以及迅速响应。这些模块如下：

基础数据。这个模块包括网格内居民家庭的基本情况等信息，并进行汇总整理，建立数据库，使政府可以动态掌握、全面了解群众的实际情况。这有助于更好地了解他们的需求，并提升服务层次。

服务办事。这是为全体网格居民设立的一个办事平台之一，可以使各级各部门为群众服务的每一个环节都留有印记，确保公众反映的问题件件有回音、事事有落实。

短信互动。居民可以通过该系统随时与网格服务团队成员沟通、反映情况，政府有关部门与网格团队也可以及时将有关信息发送给网格居民。

工作交流。这是网格团队成员和机关工作人员就网格化管理进行工作交流的平台。网格团队成员可以通过这一平台进行信息互通、经验共享、困难互帮，提高彼此的管理服务水平。

民情日志。该模块记录网格服务队员走访情况、事情具体处理的情况或体会,尤其是反映走访中发现的各种问题。同时,对网格队员无法自行解决的问题,还可以通过该平台依据流程上报处理。

系统管理。该模块可以确保整个系统的正常平稳运行。

到目前为止所取得的成绩

该系统运行 3 年来,取得了令人满意的成果。这个系统整合了舟山市近 30 个部门,累计解决了近 6 万个问题,办结率达到 99%。记载事件 20 万篇,短信平台在将近一年时间内发服务短信 1800 多万条次。

二 广州市西部的荔湾区:借鉴新加坡经验

人　口	73.35 万人,12225 人/平方公里
面　积	60 平方公里
人均国内生产总值	8.35 万元
行政辖区	22 个街道办事处

中国很多城市和地区的代表都曾访问过新加坡,学习管理经验。新加坡的政府使用着一套完全不同的体系,但仍能有效执政管理。他们想了解新加坡是如何"为人民服务""艰苦奋斗"和"实事求是"的。

2011 年,荔湾区组织了一个 25 人的代表团赴新加坡进行为期两周的学习。学习侧重于社会公共服务管理如城市管理、社区服务和基层组织建设等方面的经验。为了深入了解社区工作,学员参观了南洋理工大学、新加坡市区重建局、新加坡建屋发展局、新加坡企业发展局、裕廊工业区、生命科学园并走访了人民行动党后港支部。

他们的学习有以下收获:

坚持以人为本、重视民生

人民行动党的经验。 新加坡人民行动党在新加坡已经持续执政 51 年了,执政期间一直注重为人民服务。荔湾区代表团将新加坡中央公积金体系称作是一种独具特色的社会保障体系,该体系构筑了广泛的社会安全保障网,解决了民众的后顾之忧。新加坡建屋发展局为85%的公民提供政府组屋,其中93%的居民拥有组屋产权,仅7%低收入家庭向政府廉价租赁组屋。低收入公民还能获得资助,如建屋发展局的组屋翻新计划、店屋出售、全民拥股、公积金填补计划、教育储蓄基金计划、小家庭辅助计划等。政府制定了多种政策来"防止形成一个下层社会",此外,建屋发展局还通过住房手段把收入较低的人分散到各个选区居住,这就使他们获得帮助的可能性增大。

荔湾区的响应。荔湾区借鉴新加坡经验,出台了"125机制":一个"出发点"(把改善民生作为一切工作的出发点和落脚点);两个倾斜(资源分配和工作投入向社区倾斜、向困难群体倾斜);五个满意(让群众对生存状态感到满意,对学习、工作和生活环境感到满意,对干部作风和机关效能感到满意,对社会公平、和谐、稳定程度感到满意,对公民基本权利保障情况感到满意)。

为了实现以上目标,干部们要做到下列几点:

• 以解放思想为导向,营造开拓创新、锐意进取的良好氛围。着力解决不想闯、不敢闯、不善闯的问题。不断满足人民群众在教育、劳动就业、社会保障、医疗卫生、住房等方面的基本需求。

• 以创建学习型党组织为载体,打造善于推动发展、精于服务群众的党员干部队伍。不断提高广大党员干部驾驭全局、推动发展、服务群众的能力,增强用党的最新理论成果指导基层实践、解决基层问题、推动街道社区工作的本领。

• 以示范带动为抓手,以点带面推动各项惠民措施落到实处。每年扎扎实实办几件改善民生的实事好事并迅速在全区推广,实现以点带面共建幸福荔湾。

倾听民意

人民行动党的经验。人民行动党注重基层组织建设,相继成立了公民咨询委员会、民众联络所管理委员会和居民委员会,继而又成立了社区发展理事会,协调和领导本社区内原有的其他基层组织,从而有效地加强了同基层群众的联系。社区领袖要成为政府与民众之间的桥梁，不能像西方反对党那样，为了讨好选民、赢得选票而随意反对政府。人民行动党一方面让基层领袖有更大的权力和负起更多的责任；另一方面则提供更多资金给社区机构，为人民提供更完善的社区服务。荔湾区代表团还注意到人民行动党的工作方法和有关活动。

- 议员兼任选区党组织的领导工作，领导社区发展与建设，领导社区组织和基层机构。议员每周回自己选区访问选民的制度是人民行动党执政初期就建立的，也是该党联系群众的一个重要特征。

- 在议员与民众的见面中，民众可就日常生活的方方面面问题向议员提出诉求，议员能够当场回答和解决的问题就地解决，涉及政府各部门的由议员本人向这些部门反映，力求在最短时间内予以解决。

- 20 世纪 80 年代中期以后，人民行动党又建立了部长定期访问选区制度，更注重听取基层民众对人民行动党和政府的意见以改进政策。因为议员主要是在自己选区活动，而部长则不限于自己选区。由此可见，人民行动党在加强同基层民众联系上更加务实。

- 对于那些有悖法律和政策的问题，则由议员向民众做出具体解释，做好说服工作。对于那些有代表性而在现有政策框架内无法解决的问题，则提请国会和政府进行审议，以制定更有效、更能符合民众利益的政策法令。

荔湾区的响应。荔湾区坚持创新体制机制，不断提升城区发展活力，关键是要进一步健全完善党群联系的长效机制，通过解决涉及群众切身利益的热点、难点问题，不断增强民众的幸福感和归属感。这主要包括三方面：

一是扩大党内民主，变社区管理为共谋共管。继续以街道社区党组织建设为突破口，在扩大党员参与面、调动参与党内事务积极性、提高党组织活动实效性上想办法，推进基层党组织党务公开，拓宽党代表发挥作用的渠道，进一步探索推进社区党组织党内民主建设的新途径，切实增强基层党组织的创造力、凝聚力和战斗力。

二是创新党内服务，变党内服务为社会服务。大力推进"在职党员进社区""星级党员志愿者""双挂"等共建活动，加强街道社区综合服务中心建设。

三是密切联系群众，变群众上访为领导下访。人民行动党通过实行领导接待和走访人民的制度，有效地加强了党、政府与人民的联系。对此，荔湾区要结合所学经验，立足实际，不断出台完善类似制度，将工作重点转向基层。

坚持发挥社区工作者对基层发展的重要作用

人民行动党的经验。人民行动党一直都很注重自身建设，从而提高党在基层的"战斗力"。自身建设的重要一部分就是高度重视对公务员、社区工作者的培训。

新加坡着眼于建设一支高瞻远瞩、高效能干的公共服务队伍，分层次设置培训课程，包括员工引导培训、基本知识与技能培训、高级知识与技能培训、延续培训。政府要求每年的培训时间为100学时或12.5天，至少有60%所修科目须与工作有关（职责范围），其余40%可以进行其他知识与技能（普遍范围）的进修，普遍范围（与工作无直接关系但能帮助改进工作的一般技能）涉及服务管理、人员管理、资源管理、自我管理等方面。

荔湾区的响应。荔湾区必须以全新的视角来审视干部培训工作。要着力抓好基层党员干部培训。重点抓好街道社区（经济联社）书记"提升管理水平、建设幸福荔湾"的专题培训和基层干部的大轮训，严格监督管理，完善强有力的绩效考评机制，促使基层干部队伍增强服务意识、改进服务方式、优化服务质量。

另一方面，荔湾区还要努力在基层营造干事创业环境。继续坚持正确的用人导向，健全科学考核体系，让想干事、能干事、干成事的人有足够的空间施展拳脚。同时，以推动科学发展为目标，夯实组织基础，建立健全党建工作责任制、党建工作经费投入机制、党员教育管理等工作机制，形成抓党建促发展的良好氛围。

为人民服务——正在如火如荼地进行中！尽管我们研究了四个差异性非常大的地方，但是很明显，干部都积极响应号召，为人民服务，为群众把事情办好，并且由于风清气正，领导干部受到人民的尊重。在下一章中，我们将研究中组部如何继续指导党员干部"为人民服务",也进一步阐述时任新加坡教育部部长王瑞杰在 2012 年新加坡国庆群众大会上所说的"重新肯定、重新调校与重新审视"的过程。①

---

① 根据荔湾区组织部 2011 年 9 月 9 日的一份报告。参见网址:www.gzdj.gov.cn/guangzhoudangjian/dangjiangongzuo/shequdangjian/2012-11-01/1180.html。

第六章　党员干部的培养（二）：选拔任用

在这章我们将了解指导党政领导干部选拔任用工作条例，这些条例包括的五个环节也在不断地改进和完善。与自由民主选举相比，这种方法的透明度是更高的。我们还分别在中组部和陕西省委组织部考察观摩了具体的操作流程。我们还将分析研究甘肃省武威市一位名叫许建武的干部的提拔过程，这个例子是我们从网上的研究中选取的。从某种程度上来说，这可以证明中国共产党是有决心增强透明度和对人民的责任感的。

第一节　艰苦奋斗：选拔任用流程

一《党政领导干部选拔任用工作条例》

《党政领导干部选拔任用工作条例》指导从县处级到省部级的所有中国共产党干部的选拔任用工作。在浏览这些规定期间，我想强调政策的"贯彻执行"是最重要的。换言之，不论这些规定制定得如何详尽完善，只有通过各级领导正确地理解、诠释和执行，方可算得上好政策。

《党政领导干部选拔任用工作条例》共13章，74条①。《条例》规定了在选拔党政领导干部的过程中，应该选择谁，选择什么，何时选择，如何选择以及为什么选择。在此，我们将重点介绍《条例》中的几个要点。

---

① 此为2002年印发版，2014年印发的《条例》共13章，71条。为准确表达作者原意，下文中均以2002版为准。——译者注。

大背景很重要

我们亲身感受到大背景很重要。我将总则（第一条）全部摘录如下，因为本条完整展现了中国共产党的理念：

- 认真贯彻执行党的干部路线方针政策；
- 建立科学规范的党政领导干部选拔任用制度；
- 形成富有生机与活力、有利于优秀人才脱颖而出的选人用人机制；
- 推进干部队伍的革命化、年轻化、知识化、专业化；
- 建设一支高举马克思列宁主义、毛泽东思想、邓小平理论伟大旗帜，认真实践"三个代表"重要思想的高素质的党政领导干部队伍[①]保证党的基本路线的全面贯彻执行和建设有中国特色社会主义事业的顺利发展；
- 根据《中国共产党章程》和有关法律、法规，制定本条例。

有人可能会认为这是政治宣传，但我认为，强调一个人的动机和目的是正确的，即使是以一种比较冗长的方式。

大背景和"合适的"资格非常重要，是党政领导干部选拔任用的基本要求。他们在思想上必须要符合基本要求（坚持马克思列宁主义、毛泽东思想、邓小平理论等）。我们抛开云山雾罩的含糊其辞，来揭开这些规定的神秘面纱，进行具体阐释。在接下来的段落中，我们将重点阐述《条例》的主要特征。

最低工作年限

第七条明确列出了提拔至更高一级所需要具备的最低的工作年限。显然，除了"特别优秀的年轻干部"（随后将详细讨论），这些规定都是必须严格遵守的。

- 提任县（处）级领导职务的，应当具有五年以上工龄和两年以上基层工作经历。
- 提任县（处）级以上领导职务的，一般应当具有在下一级两个以上职

[①] 2014版为：建设一支高举中国特色社会主义伟大旗帜，以马克思列宁主义、毛泽东思想、邓小平理论、"三个代表"重要思想和科学发展观为指导，信念坚定、为民服务、勤政务实、敢于担当、清正廉洁的高素质党政领导干部队伍。——译者注。

位任职的经历。提任县（处）级以上领导职务，由副职提任正职的，应当在副职岗位工作两年以上。
- 由下级正职提任上级副职的，应当在下级正职岗位工作三年以上。
- 地（厅）、司（局）级以上领导干部一般应当具有大学本科以上文化程度。
- 应当经过党校、行政院校或者组织（人事）部门认可的其他培训机构五年内累计三个月以上的培训。

特别优秀的年轻干部或者工作特殊需要的，可以破格提拔。破格提拔程序另行规定，具体可详询各省委组织部或中组部。①

二 选拔流程

我决定详细说明一下选拔流程，因为自 2012 年中共十八大以来，中国共产党致力于构建一个公开透明的推荐和选拔体系，这项工作正是目前中组部的当务之急。《条例》第三章到第七章一共规定了选拔任用的五个环节（见后文图 6-1）。

第一个环节：民主推荐

民主推荐领导干部非常重要。领导班子换届，民主推荐由下列人员参加：
- 党委成员；
- 人大常委会、政府、政协的党组成员或者全体领导成员；
- 纪委领导成员；
- 人民法院、人民检察院、党委工作部门、政府工作部门、人民团体的主要领导成员；
- 下一级党委和政府的主要领导成员；
- 其他需要参加的人员。

推荐人大常委会、政府、政协领导成员人选，应当有民主党派、工商联

---
① 《党政领导干部选拔任用工作条例》，《人民日报》2014 年 1 月 16 日。

的主要领导成员和无党派人士中的代表人物参加。

我发现,在选拔流程中,7个关键的领导班子至关重要。具体见表6-1:

表6-1　7个起关键性作用的领导班子

政府领导成员	人大	政协
纪委	人民法院	人民检察院
地方党委书记	注:地方组织部门负责人也会起到比较重要的作用	

地方组织部门负责人通常负责处理这些事务。鉴于组织部的权力,他可以为一个谋求职位的人创造机会,也可以让其失去机会。

领导班子换届,民主推荐由上级党委组织部门主持,应当经过下列程序:

• 召开推荐会,公布推荐职务、任职条件、推荐范围,提供干部名册,提出有关要求;

• 填写推荐票,进行个别谈话;

• 对不同职务层次人员的推荐票分别统计,综合分析;

• 向上级党委汇报推荐情况。

第二个环节:考察:如何进行?

相关组织部门(如省、市或县组织部)会派遣一个由两到三人组成的考察组,对推荐的拟任人选进行为期一周的考察。依据干部选拔任用条件和不同领导职务的职责要求,全面考察其德、能、勤、绩、廉,注重考察工作的实绩。

考察期间,考察组首先会同考察对象的呈报单位或者同所在单位的党委(党组)主要领导成员进行沟通,了解考察对象的有关情况。根据考察对象的不同情况,通过适当方式在一定范围内发布干部考察预告,这说明考察并不是秘密进行的。考察期间要采取个别谈话、发放征求意见表、民主测评、实地考察、查阅资料、专项调查、同考察对象面谈等方法,广泛深入地了解情况。

这必须通过发布有关声明来进行,而不可以采取遮遮掩掩的态度。除了与领导班子谈话以外，所采用的方法还包括个别访谈、相关候选人的观点调查、群众舆论、实际实地考察、相关可用材料的研究以及具体情况的调查。同时必须征求人事部门、纪检机关、监察部门和党的组织部的意见。组织部必须根据综合意见做出决策，并且征求相关党领导的意见。考察党政领导职务拟任人选时，应当听取考察对象所在单位组织（人事）部门、纪检机关（监察部门）和机关党组织的意见。组织部门综合分析考察情况，同相关党委（党组）主要领导成员交换意见后做出决定。

经组织（人事）部门集体研究提出任用建议方案，向本级党委（党组）报告。有关拟任人选的个别谈话将由7个主要领导班子的领导人来征求：党委、政府、人大、政协、纪委、人民法院、人民检察院，以及考察对象所在单位领导、同事、下属及直属单位的领导都包含在内。

考察党政领导职务拟任人选，必须形成书面考察材料，建立考察文书档案。已经提拔任职的，考察材料归入本人档案。考察材料并非简单的个人简历。第二十六条明确规定，考察材料必须写实，全面、准确、清楚地反映考察对象的情况，包括下列内容：

- 德、能、勤、绩、廉方面的主要表现和主要特长；
- 主要缺点和不足；
- 民主推荐、民主测评情况。

第三个环节：酝酿

这部分的规定条文比较简练，但是这个过程对于选拔同样很重要。这就好比是一个中场休息，上级领导对问题进行商谈，或者在私下与更多的领导进行秘密探讨。《条例》规定，酝酿应当根据党政领导职位和拟任人选的不同情况，分别在党委（党组）、人大常委会、政府、政协等有关领导成员中进行。工作部门领导成员人选，应当征求上级分管领导成员的意见。非中共党员拟任人选，应当征求党委统战部门、民主党派、工商联主要领导成员、和无党派人士中代表人物的意见。

延伸阅读（一）

酝酿的含义（酝酿：审议、谋划或者培育）

字面意思：酿酒工序的一部分，在此过程中，酵母会进行一段时间的发酵。

引申含义：表示事情如何逐渐趋于成熟，如她在心中慢慢"酝酿"这个计划。

党委常委会讨论或审议提拔干部时，会使用到这个词。酝酿的过程可以进行更多的沟通、倾听和加深理解。这个过程对于选拔任用适当的干部十分重要。这还有助于确保选拔任用有序透明。

实际应用

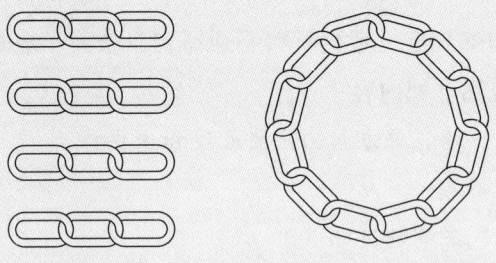

酝酿效应

如果你不能立即解决某一问题，就把它留在第二天解决。暂时将这个问题放在一边，几小时、几天抑或是几周，然后再回过头来解决，反而可能会找到更好的解决办法，这就是"酝酿效应"。在酝酿过程中，你会在潜意识中琢磨这个问题，并从多个不同的角度看待问题。

项链问题（见上图）：

- 打开一个环要花 2 元；
- 封合一个环要花 3 元；
- 从左侧的状态变成右侧的状态，总花费不能超过 15 元。

实验对照组

实验中被测试的3组用了半小时解决了问题,其中第一组中有55%的人解决了问题;

第二组要求在半小时内解决问题但中间插入半小时做其他事情,有64%的人解决了问题;

第三组要求在半小时内解决问题,中间则插入4个小时做其他事情,有85%的人解决了问题。

这个故事说明,我们在使用一种方法处理问题时候,经常会陷入僵局(思维定式)。稍事休息后,我们更有可能尝试另一种方法。例如,头脑风暴法可以让人避免陷入思维定式,利用"天马行空"的思维去解决问题。尽管大多数想法可能到最后不一定有效,但却促进了新思路的产生(西尔维拉于1971年进行的实验)。①

第四个环节:讨论决定

第三十二条到第三十五条阐述了在讨论决定的过程中几个关键的问题:

• 市(地)、县(市)党委、政府领导班子正职的拟任人选和推荐人选,由上级党委常委会提名,党的委员会全体会议审议,进行无记名投票表决;党的委员会全体会议闭会期间,由党委常委会做出决定,决定前应当征求全体委员会成员的意见。

• 党委(党组)讨论决定干部任免事项,必须有三分之二以上的成员到会,并保证与会成员有足够的时间听取情况介绍、充分发表意见。党委(党组)有关干部任免的决定,需要进行复议的,应当经党委(党组)超过半数成员同意后方可进行。

• 党委(党组)讨论决定干部任免事项,进行表决时,以党委(党组)应到会成员超过半数同意形成决定。

---

① 来源:www.hudong.com/wiki/酝酿效应。

第五个环节：任职

规定如下：

- 提拔担任地（厅）、司（局）级以下领导职务的，除特殊岗位和在换届考察时已进行过公示的人选外，在党委（党组）讨论决定后、下发任职通知前，应当在一定范围内进行公示。公示期一般为七至十五天。公示结果不影响任职的，则办理任职手续。

- 提拔担任下列非选举产生的地（厅）、司（局）级以下领导职务的，试用期为一年：

  （1）党委、人大常委会、政府、政协工作部门的副职和内设机构的领导职务；

  （2）纪委内设机构的领导职务；

  （3）人民法院、人民检察院内设机构的非国家权力机关依法任命的领导职务。

  试用期满后，经考核胜任现职的，正式任职；不胜任的，免去试任职务，一般按试任前职级安排工作。

- 党政机关部分专业性较强的领导职务实行聘任制。聘任制领导职务的每一个聘任期不超过五年，可以连续聘任。

交流和回避

《条例》不鼓励党员干部长时间担任同一职位，因为中国共产党认为，通过交流，干部的领导能力会得到提高。规定强调，交流的重点是县级以上地方党委、政府的领导成员，纪委、人民法院、人民检察院和党委、政府部分工作部门的主要领导成员。地方党委、政府领导成员在同一职位上任职满10年的，必须交流。民族区域自治地方另行规定。

党政领导干部任职回避的亲属关系为：夫妻关系、直系血亲关系、三代以内旁系血亲以及近姻亲关系。有上列亲属关系的，不得在同一机关担任双方直接隶属于同一领导人员的职务或者有直接上下级领导关系的职务，也不得在其中一方担任领导职务的机关从事组织（人事）、纪检（监察）、审计、财务工作。

担任县（市）委书记、县（市）长职务以及县（市）纪检机关、组织部门、人民法院、人民检察院和公安部门（七个重要领导岗位之一）主要领导职务的，一般不得在本人成长地任职。民族自治县另行规定。①

免职、辞职和降职

《条例》还规定了免职的条件，包括达到退休年龄界限，在年度考核中民主测评不称职票超过三分之一，因工作需要或者其他原因。还有一条列举了个人不得提出辞职的情形，如在涉及国家安全、重要机密等特殊职位任职且不满解密期限的；重要公务尚未处理完毕，须由本人继续处理的；或者有其他特殊原因的。

引咎辞职、责令辞职、降职的干部，在新的岗位工作一年以上，实绩突出，符合提拔任用条件的，可以按照有关规定，重新担任或者提拔担任领导职务。②

三　位于北京的中组部

组织工作的重要部门

我在中国各党校和各级组织部门的考察中，均感受到这些机构的公开和透明，这令我感到惊喜甚至有些出乎意料。

> **延伸阅读（三）**
>
> ### 中组部的机构设置
>
> 很多人对组织部门的机构设置充满兴趣，我在此进行简单介绍：作为人事工作人员，我大胆地猜测，中组部的组织工作和干部管理部门在

---

① 参见《党政领导干部选拔任用工作条例》第 10 章。
② 参见《党政领导干部选拔任用工作条例》第 11 章。

岗位安排和人员提拔方面，与普通人事部门有一定的相似之处。

内设机构

办公厅、党建研究室、组织局、干部监督局、干部教育局、干部调配局（一局）、党政与外事干部局（二局）、经济与科技教育干部局（三局）、中央与国家机关干部局（四局）、企业干部局（五局）、老干部局、人才工作局、人事局、直属机关管理局、机关党委。

直属单位

机关服务中心

党建读物出版社

党员教育中心

党建研究所

中组部的主要职能如下：

组织建设

主要负责在党的基层组织建设、党员教育管理、党员发展、党费管理、党的工作制度、党内生活制度等方面进行指导、组织、管理，提出意见建议等。

干部工作

主要负责领导班子和干部队伍建设（公务员队伍建设）的宏观管理，包括管理体制、政策法规、干部人事制度改革等方面的规划、研究、指导等，对中央管理单位的领导班子换届、调整、任免等提出建议。

人才工作

主要负责全国人才工作和人才队伍建设宏观管理、政策法规研究制定，指导协调专项人才工作以及海外高层次人才引进工作，开展联系高级专家工作。

干部教育培训

主要负责全国干部教育培训工作的整体规划、宏观指导、协调服务、督促检查、制度规范，指导分级分类开展干部教育培训以及干部教育培训国际合作交流等。

干部监督

主要负责对领导班子和领导干部、党政领导干部选拔任用工作及有关法规贯彻执行情况进行监督。

老干部工作

主要负责离退休干部工作政策的制定和宏观指导，包括落实离退休干部的政治待遇和生活待遇，发挥离退休干部的作用等。

组织部是党的主要部门之一。其部门还包括宣传部和统战部等。

就干部管理而言，中组部主要是考察省部级及以上级别，并选拔厅局级领导干部（提拔或作为后备干部）。最近几年，中组部还将注意力放在了约2700名县委书记的选拔和任用上。

领导干部的选拔任用过程中，组织部发挥了重要作用（见本节末的图6-1）。目前，已经有一部分领导干部都是通过前文提到的五个环节进行选拔任用。依我看来，通过这种方式来选拔任用地厅级及以下级别的领导干部，只是一个时间的问题。

在中组部的会谈中，在座的领导干部向我强调干部选拔任用过程的公开性、竞争性和任人唯贤，体现了民主。他们尽最大可能地确保选拔的公开，并将考察对象公示，听取群众意见。

有关民主选拔的过程，我列举了下列比较有代表性的例子：

- 中共十六大和十七大代表；
- 中共十七大政治局委员候选人；
- 在地方层面，2004年的江苏省统计局的局长和江苏省发展与改革委员会的副主任。

还有一个例子，即中国外交部采用差额选举的方法，在44名高级外交官员当中，选举3人担任副部长，15人担任大使。

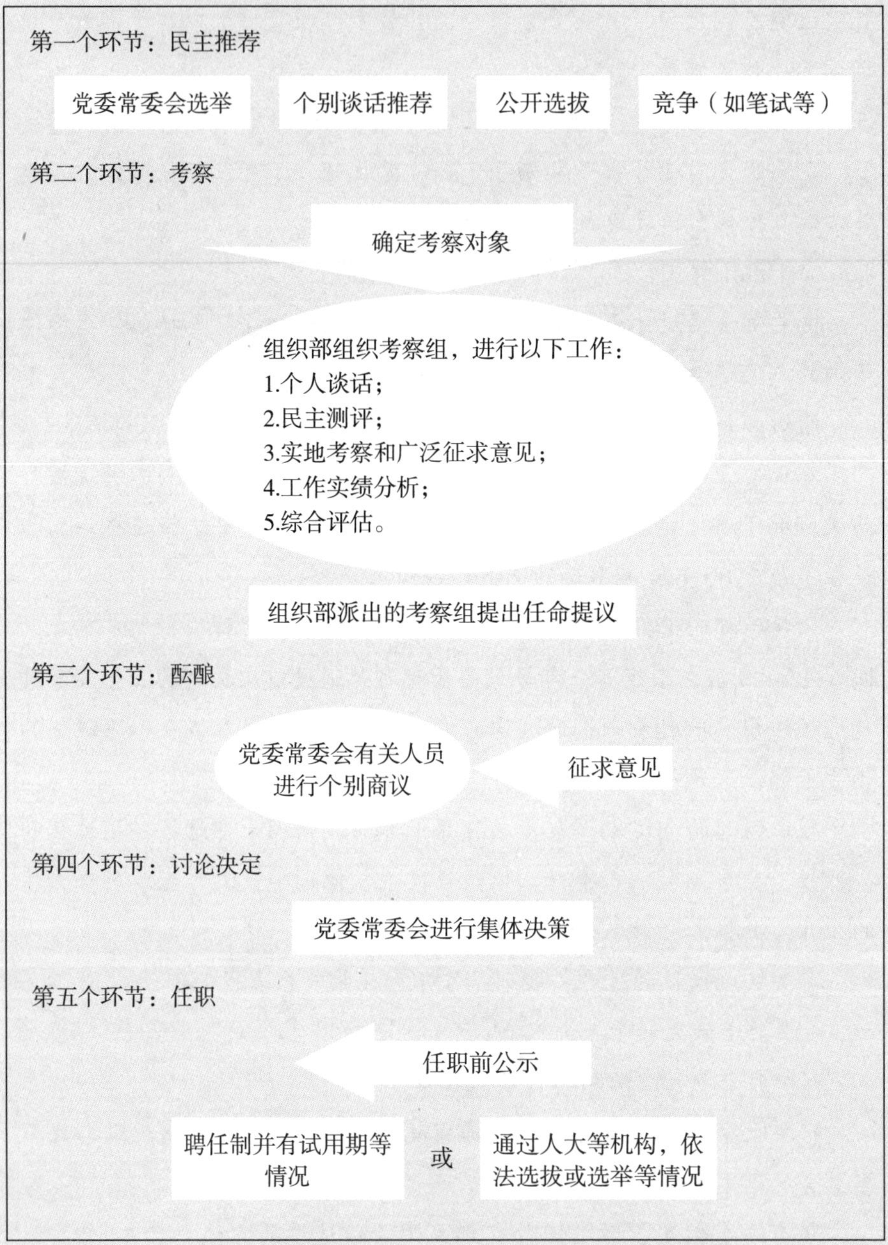

```
第一个环节：民主推荐

    [党委常委会选举]  [个别谈话推荐]  [公开选拔]  [竞争（如笔试等）]

第二个环节：考察

                    确定考察对象 ▼

         组织部组织考察组，进行以下工作：
         1. 个人谈话；
         2. 民主测评；
         3. 实地考察和广泛征求意见；
         4. 工作实绩分析；
         5. 综合评估。

                    组织部派出的考察组提出任命提议

第三个环节：酝酿

              党委常委会有关人员   ◀ 征求意见
              进行个别商议

第四个环节：讨论决定

              党委常委会进行集体决策

第五个环节：任职

                    ◀ 任职前公示

         [聘任制并有试用期等      或    [通过人大等机构，依
          情况]                         法选拔或选举等情况]
```

图6-1 干部选拔任用流程

资料来源：基于中组部关于干部选拔任用手册。

陕西省委组织部

我有幸在西安拜会了中共陕西省委组织部副部长冯力军。她向我简要介绍了陕西省的情况，并解释说陕西省委组织部的工作职能与中组部类似，不同之处就在于自身规模和所管理干部的级别。

- 主要负责管理副厅局级及以上干部；
- 陕西省委组织部共有 20 多个部门，在编人员仅 140 名；
- 市委组织部则负责管理下一级别（县处级及以下）的干部。

组织部的日常工作包括干部监督、选拔、任用、委任等，并通过省委党校储备干部培训班等手段对县处级干部进行人才管理。

冯力军还简要介绍了她的工作，包含长期和短期计划。日常工作涉及各种党员干部工作，主要是核实、评估和考核。她强调，需要定期对党员干部进行绩效评估和考核。

工作开展的重心主要是面向领导班子成员（如党委书记、副书记、市长以及副市长）。

领导班子每 5 年会进行一次"轮岗"，每两年半进行一次工作业绩考评。与中组部一样，她也强调选拔过程的公开透明，并表示党委常委会的投票结果也是公开的。

人才管理方面，组织部会针对某些级别的岗位圈定后备人选。这和新加坡的"未来领袖计划"类似，都是为了发掘有潜力的领导人才。这些后备干部都有着光明前程，组织部也鼓励他们参加挂职（例如，每周两到三天到另一个基层单位兼职工作）。这可以磨炼他们为人民服务的技能。

通过与中组部、陕西省委组织部、大连市委组织部和浦东干部学院等单位的有关工作人员进行交流，我们总结了下列有关组织部门工作的三个方面：

干部的监督和选拔。组织部门人员负责对选拔的干部进行考察和评估。他们负责组织笔试、面试并撰写内部报告。

干部培训。当前乃至未来的工作重点都非常明确。中国共产党希望树立风清气正公平公开的形象，确保执政根基的牢固。延安干部学院和井冈山学院对学员在思想上的强化是这种"更新"过程的一部分。更重要的是，共产党充分意识到，党员需要掌握最新技能技巧，从而更好地履职尽责。

人才管理。每一个干部的头脑中都有这样的概念。几乎每一个组织或单位都会开展储备干部相关工作，并将储备干部送至党校参加培训。

第二节　实事求是（一）：甘肃省某市宣传系统领导的选拔

武威古称凉州。公元前121年，西汉名将卫青、霍去病击败匈奴，汉武帝为彰显大汉帝国军队的"武功军威"而将此地命名为武威。

该市现在有200万人口，面积3.3万平方公里。下辖4个县、93个乡镇和1125个村委会，汉族、藏族、回族和蒙古族等民族在此生活。

现在我们来研究一下该市文化广播影视新闻出版局局长公开选拔的例子。在通过网络进行研究期间，我发现了一个2012年5月18日发布的招聘公告[①]。

市文化广播影视新闻出版局领导职位人选3名：

　　市文化广播影视新闻出版局局长1名（县处级）；

　　副局长2名（副县处级）。

市广播电视台领导职位人选4名：

　　市广播电视台台长1名（县处级）；

　　副台长3名（副县处级）。

资格要求：

- 中国共产党党员、品行优秀。
- 具有大学本科以上学历。
- 报考正县级领导职位的，必须是现任正县级干部或在副县级职位任职2年以上干部。
- 报考副县级领导职位的，必须是现任副县级干部或在正科级职位任职3年以上干部。

---

① 这个通知可在 www.ww.gansu.gov.cn 和 www.wwdj.gov.cn（武威党建网）网址查到。

- 正县级职位年龄不超过 50 周岁（1962 年 5 月 31 日以后出生）。
- 副县级职位年龄不超过 45 周岁（1967 年 5 月 31 日以后出生）。
- 报考武威市广播电视台台长、副台长职位的，必须具有广播影视新闻类相关专业或 2 年以上相关工作经历。
- 近三年年度考核等次在称职（合格）以上。

公开选拔（选聘）的程序步骤：

（1）发布公告；

（2）报名与资格初审；

（3）笔试和资格复审；

（4）面试；

（5）考察（考核）；

（6）市委研究决定；

（7）公示任职。

报名时间为 2012 年 5 月 18 日至 5 月 23 日 24:00，也可登录该市府网（www.ww.gansu.gov.cn）、党建网（www.wwdj.gov.cn）按要求下载填写相关资料，通过传真或电子邮件传至该市公开选拔（选聘）工作办公室。

选拔流程遵循《党政领导干部选拔任用工作条例》，并在网上公布。关键日期如下：

- 5 月 23 日：报名截至日期；
- 5 月 24 日：报名人数公布；
- 5 月 27 日：笔试；
- 5 月 30 日：公布笔试结果和进入面试人员；
- 6 月 3 日：公布面试结果；
- 6 月 4—27 日：考察和讨论；
- 6 月 28 日：宣布任命。

整个流程为期两个月，全程接受群众监督。我搜集统计了如下关键数据（见表 6-2）。

表 6-2 公开选拔过程的关键数据（单位：人）

项目	文化广播影视新闻出版局局长	文化广播影视新闻出版局副局长	电视台台长	电视台副台长	日期
符合报名条件人数（共计402人）	116	257	9	20	5月24日
笔试人数	100	231	9	18	5月27日
面试人数	7	17	6	16	5月30日
进入面试人数	3	6	3	9	6月3日
选拔人数	1	2	1	3	6月28日

该市共收到上千条在线意见留言和120个有关岗位的电话咨询。6月4日，在该市第18中学进行了面试。

面试采用结构化面试，共分两个考场，每个考场有15名考官，他们来自省属机关、高等院校、市属机关领导班子、市人大、市政协等。

为了最大程度地避免利益冲突，面试题目考官之外的专家拟定，现场进行打分，打分结果去掉两个最高分，去掉两个最低分，然后取平均分。

45位应聘人员竞争7个岗位，比例约为6∶1。根据笔试和面试的结果（分值比例为40∶60），最终将有15人（比例为3∶1）进入考察范围。

第二天，该市的媒体刊登了下列公告：

该市公开选拔文化广播影视新闻出版局县级领导考察人员名单：

（1）文化广播影视新闻出版局局长岗位（3人）：许某某、某某某、某某某

（2）副局长岗位（6人）：（此处我已将名字省略）

（3）市广播电视台台长（3人）：（此处我已将名字省略）

（4）市广播电视台副台长（9人）：（此处我已将名字省略）

上述候选人将接受考察。2012年6月29日，该市的媒体又刊登了下列公告：

市人民代表大会常务委员会决定任免名单

（2012年6月28日某某市第三届人民代表大会常务委员会第四次会议通过）

任命决定：

许某某为某某市文化广播影视新闻出版局局长（其他人的任命在此处

省略）。

许某某是谁？

选拔和任用过程是比较公开透明的，所有的信息都可以从网络上查到，甚至在新加坡都可以监督整个流程。那么，许某某到底是谁呢？我在网上找到了几条有关他的消息。

第一条——2007 年 4 月。这条报道的内容主要关于该市市长在乡镇党委书记培训班的开课仪式上的讲话。这里有一条相关的信息，信息的内容是许某某发展农村经济带领群众致富的故事。许某某当时是天祝县打柴沟镇的党委书记。我们从该报道中只能了解这么多——许某某在 2007 年时，还在基层工作。[①]

第二条——2009 年 12 月。该市当时公开选拔部分县级领导职位人选工作进入最后一关：对公选出的 20 名县级领导干部进行任前集体谈话，所有公选干部都签订了廉洁从政承诺书。

11 月 9 日，该市发布了公开选拔 20 名县级领导职务的公告。3 天内，就有 580 名干部报名。

该报道概括了该市干部公选程序的 10 个环节：

报　名	580 人
资格审查	符合要求的人员方可参加笔试。
笔　试	委托中组部领导干部考试与测评中心进行笔试试题的命制。
面　试	委托长沙市公开选拔领导干部考试中心进行面试试题的命制。 面试环节，当场亮分、当场计分、当场宣布成绩，并由应试者现场签字确认。
群众评价	工作人员当场唱票、当场划票、当场计分、当场公布结果。
市委全委（扩大）会议差额推荐	专门成立 5 个计票小组，对推荐表进行现场分类，并当场唱票、当场划票、当场统计，各职位人选现场观看计票过程。
组织考察	参加民主测评的人数不得少于应参会人数的 80%，个别谈话人数不少于参加测评会人数的 50%。邀请市属新闻媒体记者全程参与监督。

---

① 《武威市乡镇党委书记培训班开班》，《武威日报》2007 年 4 月 30 日。

续表

差额酝酿	第一时间通过新闻媒体向全社会进行公开，接受社会各界监督。
市委常委会议差额票决	第一时间通过新闻媒体向全社会进行公开，接受社会各界监督。
任职前公示	在两个月内进行。

在公选中，许某某以优异的成绩脱颖而出，被选任为市财政局副局长。他表示："作为一名乡镇党委书记，对于这次公选，让我感触最深的是组织对干部的关心，组织的公正、公平。"①

第三条——2009年12月。《甘肃日报》刊登下列公告：

该市委组织部已经于2009年11月30日完成公选面试环节工作，候选人将按照8∶1的比例进入下一环节，接受群众评价。

选拔职位	进入群众评价环节人员基本情况		
	姓　名	工作单位及职务	面试成绩
市财政局副局长	权　某	武威市委政研室副调研员	86.89
	刘某某	武威市食品药品监督管理局党组成员、纪检组长	86.23
	杨某某	武威市财政局行政政法科科长	85.31
	韩某某	武威市委政法委政法队伍建设指导科科长	85.10
	许某某	天祝县打柴沟镇党委书记	84.89
	崔某某	民勤县东坝镇党委书记	84.49
	唐　某	武威市政协办公室秘书科科长	83.89
	董某某	天祝县供销联社主任	83.60

许的任命比较惹人注目。即便没看到他的履历，我们也可以发现他是从乡镇党委书记的任上选拔出来的。2009年12月，他成为武威市财政局的副局长。2012年7月，他成为文化广播影视新闻出版局局长。他的年龄还不满

---

① 马顺龙：《风清气正选人才——武威市公开选拔部分县级领导职位人选工作侧记》，《甘肃日报》2009年12月29日。

50 岁。所有这些信息都是我在新加坡通过互联网搜索到的。①

第三节 实事求是（二）：如何真实有效地考核干部？

一 定期考核

在大多数党组织或政府机构中，基本上都会进行年度考核。这与将在本书第十二章研究的机构年度考核等级评定不同。在第四章末尾部分，我们曾简要概述过这部分内容。作为一名国家干部，你的上司将为你打分，这个分数将会与你当年的绩效奖金直接挂钩。只有前15%才会获得"优秀"，其余的大多数人会得到"良好"。如果只获得"合格"，那么就意味着你勉强符合工作要求，你的年度绩效奖金将低于其他人（通常只能拿到一半的绩效奖金）。如果你没有拿到绩效奖金，你的等级很可能是"不合格"。如果你的绩效表现在未来的2年中还是没有提升，那么就会被要求离职。

上级组织部门会进行更加全面的考核评估。例如，省委组织部会评估县级领导班子（党政正职、副职、纪委主要领导等前文提到的七个重要领导岗位）的绩效。这种考核评估会进行两次，一次是在任期中间，在领导干部到任两到三年后，第二次则在其任期结束时。这种考核评估不仅包括工作绩效表现，而且还包含对整个领导班子的全面评估。考核评估类似于360度全方位反馈，再加上民意调查；考核评估的具体开展方法则是通过个人谈话和相关人员民意调查。

以大连市为例，该市共有约4万名公务员（不包括在国企）。厅局级约有170人，县处级及以上约有1200人。组织部的主要任务是管理这些干部，通过年度绩效考核对他们进行监督，并每五年组织一次换届。整个工作流程都在遵循《党政领导干部选拔任用条例》的情况下，结合当地实际情况进行开展的。

---

① 《武威市公开选拔部分县级领导职位人选进入群众评价环节人员名单公告》，《甘肃日报》2009年12月1日。

二 后备干部制度

与年度考核同样重要的是储备干部制度，在任何党组中这种制度都是有必要存在的（参见第三章"党组"）。毕竟，党组制定了主要政策方针，而机构的后继有人是最关键的。

后备干部一般按领导班子职数正职1∶2、副职1∶1的数量确定。其中，1∶2指的是在未来的3到5年中，每个正职岗位配备2名后备人选（会采取实行岗位轮换、选调到上级党政机关挂职等方式进行培养锻炼）；1∶1意味着让某人作为直接继任者充当副职。

在一些地方，选拔后备干部的方式包括公开选拔、推荐等方式，还可以通过专业人士、上级部门领导以及地方党委成员进行面试的方式进行。有时，可能还需要在候选人的同事、上司和下属中进行"民意测评"。

省委组织部主要管理副厅局级干部以及处级后备干部。处级后备干部将会到省委党校，接受后备干部相关的培训。市委组织部则主要管理下一个级别的干部。

三 干部提拔

评定方式有两种：第一种，中组部对于副省部级或者副军级以上的干部进行评定，这些干部的年龄通常在42岁到45岁之间，且当前为厅局级干部。中组部管理的后备干部是正厅局级。评定包括三个要素：

- 德；
- 才；
- 群众关系。

除了上述因素以外，还要考虑：

- 领导能力；
- 组织能力；
- 创新创造能力；
- 独立思考能力。

中组部进行三上三下考核，考核涉及的范围不仅包括考核对象的直接上下级，而是上下各三级。

如果被考核者拥有丰富的工作经验，这将是他的一项优势。中国共产党意识到，领导班子构成不应过于趋同，而是保持观点见解的多样性，同时还要确保班子每个成员的工作宗旨始终是为了党和人民。

第二种评定方式，在省级及以下级别进行评定或者提拔（例如，省对市、市对县等）。提名、由同事及广大党员进行评比考察等流程大部分是按相关要求和标准进行的。省级党委或者市级党委确定最后的名单。

四 品行是否重要？

首先，在选拔过程中，如果候选人要通过各种笔试和口试，他的个人素质很重要。其次，由于还要在同事、上下级范围进行全面的调查，所以候选人处理人际关系能力也要比较高。最后，同样重要的是，随着选拔流程的透明度不断增加（即便是仅限于党内），对候选人的群众认可度和个人名声要求也比较高。因此，如果一个人符合有关条件资格，并能受到群众的拥戴和接纳，我们可以认定他的品行没有问题。

在研究了干部培养的诸多流程后，我们将着眼于党校工作（第七章和第八章），并将在第九章研究 2011 年到 2012 年间共产党的自我更新工作——每五年进行一次的换届工作。[1]

---

[1] 本文根据我与陕西省委组织部、大连市委组织部、中国浦东干部学院、中国人民大学的有关代表人员的座谈写成，同时我还征询了新加坡国立大学李光耀公共政策学院的黄靖教授的意见。

第七章 党 校

选拔、培养和培训是人事工作的关键部分。中国共产党在延安时期就曾创建多所学校,自延安时代以来,培训一直发挥着重要的作用。实际上,改革开放30多年来,为了与时俱进,党校的职责几经重新定义和重组。20世纪中叶,中央组织部成立了"一校五院",我们将从这一点开始说起,并将探讨2008年颁布的新《中国共产党党校工作条例》。研究这个条例非常关键,因为中国作为泱泱大国,党的干部如何切实诠释并履行党的规章制度就显得十分重要。我们将考察在一些党校里发生的事情,不仅包括中央一级的党校,还包括西北地区一些地市的党校,以考察党校是否遵守这些规则。我们将在接下来的一章中详细探讨每所党校的实际情况。

第一节 党校是否为人民服务?

一 挑战和问题(一)

在研究过程中,我查阅到一篇新加坡国立大学东亚研究所的郭(音译)老师和单(音译)老师共同撰写的论文[①]。在这篇2009年的论文中,作者重点阐述了三大挑战,同时也表达了他们的想法,这些观点是:

---

① 郭老师和单老师的论文编号是新加坡国立大学东亚研究所第151号论文,《中国地方党校和中国干部教育培训:期望和现实》,2009年6月15日。

学员管理难题

作者解释了党校内部"不平等"的关系。学员们大多身居高位要职,不习惯于被别人指使,而党校的教职员工则寄望于学员给他们好评,以利于自己的升迁。总的来说,党校教职员工为了自己的利益热衷于与学员交朋友。因此,真正意义上的传道授业并不存在。

课程僵化

党校过去开设"老五门"课程目前已经过时了。学员很难将过去传统的、教条式的马克思主义原理与当前中国特色社会主义的具体实践联系起来。党校的教授们也不敢发表自己的想法。因此,讲课几乎无异于录像教学,而学员可能会精神溜号:私下里玩 iPad、发手机信息或者浏览博客。

官僚作风

比起其他教育培训机构,党校的官僚习气可能要更加重一些,因为地方党委书记往往是党校的校长。由于绝大多数党委书记不是学者出身,他们的管理党校的侧重点和方式带有更多的政治色彩。

请恕我不能赞同作者提出的上述三个挑战。为了证实我的观点,我将在本书的两个章节中来探讨这个话题。我们不仅将探讨党校是如何变化的,还要探讨当前的实际情况。

二 挑战和问题(二)

21 世纪初执政能力的提高

作为一个与时俱进、实事求是的政党,随着中国经济的发展,中国共产党很快就意识到变革的必要性。到 21 世纪初,中国共产党对党的执政能力进行了一项研究,并进行了改革。专家学者和一线人员编写了一些著作来作为准则,用以说明什么需要纠正,什么需要保留。很明显,中国共产党需要从革命党变成执政党。因此党校在提高党的执政能力方面扮演着重要的角色。

这一系列丛书名为《加强党的执政能力建设》①，这个名字十分贴切。丛书共五卷，涵盖的执政问题包括：

• 《中国共产党执政理论研究》（卷一），主要阐明了中国共产党执政的应当性、正当性和必要性。

• 《中国共产党执政能力研究》（卷二）和《中国共产党执政经验研究》（卷三）阐述了中国共产党理论上的正确性，并且历史已经证明共产党的杰出执政能力。

• 如果上述理由还不充分，那《中国古代治国理政经验研究》通过列举了中国历史上的主要实例，进一步阐述了中国共产党执政的必要性和共产党需要做的事情。

• 最后同样重要的《世界政党执政兴衰成败借鉴研究》则介绍了世界其他国家（包括新加坡）政党执政方式。

除了宣传以外，关键的一点是，中国共产党致力于某种观点而做出的努力。如果我是中国共产党的干部，当我回顾中国共产党过去所取得的伟大成就时，我肯定会以成为党员而感到无比光荣和自豪；而对当前中国发生的一些事件，则会感到忧心。

2005年前后的干部教育状况

21世纪初，中国共产党遇到了几个重大问题。一些党校办学方向不明确，并陷入了与高等院校竞争谁颁发的学位证书更多的怪圈。忠诚教育被当成一种宣传，已经跟不上最新的工业发展和社会准则的变化。对于党校来说，教授党员干部最新的执政技能和技巧似乎也显得不再那么重要。

2001年5月召开的全国干部教育培训工作会议②上宣布大规模的党员干部"文化补习"历史使命已终结。党员干部培训需要"改革"和"创新"。但培训的具体实施办法和目标仍不确定③。

---

① 非常感谢中国人民大学的周素贞教授，她不但为我提供了这五本书，而且还与我分享了她有关"党的执政"方面的研究成果。

② 部分基于林蓉女士的描述，以及与她的对话（2012年6月），林蓉是井冈山干部学院的工作人员。

③ 作者成书时具体实施办法和目标未确定。——译者注。

会上，曾庆红同志强调，干部教育需要坚持以下几个方面：

• 不断发展，与时俱进（例如，随着中国的发展，党员干部教育也需要不断改进，使党员干部能够跟上时代的步伐）。

• 应对在党员干部培训领域所面临的挑战，这包括党员干部对培训重视程度不够的问题（比如，培训流于形式，而没有取得太多实际成效等）。

2005年，中国浦东干部学院、中国井冈山干部学院、中国延安干部学院建成并正式开学。次年，中国大连高级经理学院亦正式揭牌成立。在国家层面，干部教育培训形成了"一校五院"的布局，即位于首都北京的中央党校和国家行政学院，在浦江之滨、井冈山麓、延河之畔的三所干部学院，以及大连高级经理学院。

2005年的公务员制度改革

2005年，《国家公务员暂行条例》正式改为《公务员法》。这表明了中国共产党带领全党和公务员向着"正确"方向前进的决心。2005年的《公务员法》包括几个要点：

• 首先，1993年8月国务院颁布的《国家公务员暂行条例》规定，公务员仅限于国家行政机关的工作人员。中国共产党机关、人大机关、政协机关和各民主党派机关的工作人员都是参照管理。2005年的《公务员法》扩大了公务员的范围，规定：公务员是指依法履行公职、纳入国家行政编制、由国家财政负担工资福利的工作人员。符合这三个条件的工作人员都将纳入公务员范围。这极大地便利了对党员干部和官员的管理，简化了官员任命过程，保持了机关干部队伍的整体性。

• 其次，《公务员法》是基于中国十多年的干部人事制度改革经验制定而成的。竞争上岗、公开选拔、任前公示等都经过了试点，并取得了成功。因此，将这些成功经验纳入《公务员法》是朝着正确方向迈出的重要一步。

• 最后，《公务员法》按照中共十六大关于完善干部职务和职级相结合的制度要求，改革完善现行的职务级别制度，使职务和级别的关系更加合理。例如，一个县委书记被任命为18级干部，即使他接下来的10年里一直担任县委书记，职务未能得到提拔，但他的职级仍然可以晋升到12级。这有利于官员的培训、提拔和晋升。官员在被任命到更高职位时，自然也会期待职级的晋升。

三　2012年4月与中组部干部教育局的会谈

在调研期间，我有幸拜会了中组部副部长王尔乘。他表示，中国与新加坡之间长期保持友好合作关系。

我还会见了干部教育局副局长王新堂，并与他探讨了干部教育工作。王新堂提到，干部教育局现有39人，尚有3个岗位空缺。他还表示，未来5年将对所有党员干部进行培训。该局的主要工作是计划并指导每年对重要岗位领导干部的培训，如正厅（或副部）级以上干部的培训。每年有3次培训，每次培训的时间在10天以上，每次参与培训的干部为900人。

近年来，为了加强对县委书记的管理、监管和培训，对县委书记的培训也纳入中组部的统筹范围之内。每个县委书记要管理至少100万人。

教学内容

干部教育的内容包括两方面：

- 党性教育——培养领导干部联系群众的技能。井冈山干部学院和延安干部学院侧重于这方面的教育。
- 能力培养——提升领导干部的行政管理技能。确保干部有应对和解决问题的能力，比如城市化（平衡城乡的发展）、信息时代（浦东干部学院的模拟新闻发布会）和全球化等带来的问题。

中组部组织编辑出版了相关教学资料，共三套、10本书，最近一本是2011年出版的关于科学发展的案例研究（参见第八章）。

教学方法

中组部采用的教学方法和模式分为四种类型：

（1）课堂学习：去年中组部共花费6000万元用于为省部级及以上领导干部进行讲座式授课。

（2）模块选择：中组部通过与13所高校合作，让干部在闲暇时间自行选择学习模块和课程。这种差异化和个性化的学习方法更符合个人学习需求和组织培养需要，也得到了党员干部们的积极响应。

（3）在线学习：中国目前有25个组织部门设立了专门供党员干部学习的

门户网站。中组部也正在设法将它们整合成一个平台，供党员干部相互交流和学习探讨。

（4）海外学习：这是党员干部们最喜欢的一种形式。党员干部们会被派往国外进行一段较长时间的浸入式学习（通常为两周），这种方式让他们有机会亲临实地了解另一个完全不同的世界。

党校工作条例

根据《干部教育培训工作条例》，县处级及以上的干部在任职期间应当每5年接受一次为期三个月的脱产培训。县处级以下的干部，每年必须接受不少于12天的培训。干部因故未按规定参加教育培训或者未达到教育培训要求的，应当及时补训。

负责干部培训工作的王新堂表示：

"过去在大家的印象中，只有那些有时间的干部才会去参加培训课程。现在，大家都竞相参加培训，因为这是对干部优秀工作表现的一种认可，并且组织部门只会选拔那些有发展潜力的干部参加培训。例如，某次培训有100名干部报名，但最终只选拔25人参加。"

显然，干部们的心态正在发生重大的转变。[①]

第二节　艰苦奋斗：如何更好地为人民服务？

一　解读两个《条例》

中国共产党的活动是公开透明的，共产党希望公众了解的事情都可以在网上找到。2008年出版的《中国共产党党校工作条例》[②]也不例外。因此，我们现在有机会深入探讨中国共产党党校的办学宗旨和考量。

---

① 2012年4月23日（星期一）下午2点半，我在中国北京的中组部与王新堂会面。
② 可以在新华网上查到：http://news.xinhuanet.com/10275191.htm newscenter/2008-10/29/。

本节将通过研究1995年和2008年颁布的两个《条例》[①]之间的差别，解释并对比党校是如何改进工作方法的。1995年，《中国共产党党校工作暂行条例》颁布，我们不对其逐一详述，只研究1995年《条例》与当前实行的2008年《条例》的不同，进而探讨中国共产党未来工作重点的改变以及希望党校工作如何改进。

值得注意的是，1995年的《条例》是暂行条例，旨在促进党校的发展。

规定1：突出党校的作用

这条规定是一个总则，旨在强化党在党校体系中的地位。值得注意的有两点：第一，进一步完善中国共产党党校教育体系；第二，推进党校工作的科学化、规范化、制度化。这些不仅是宣传口号，更要实实在在地贯彻执行。通过分析党校教育体系，可以看出，不论是在各省之间，还是在党内外、党校内外意见并不完全一致。因此，规范干部教育体系很有必要。"科学化"指的是，党校的发展要依据党的规定，而不是按照地方党委书记的个人喜好。

规定2：谁来领导

本条规定明确了党校的职责、党内地位及其主要目的。有两点值得注意：第一，党校的性质和地位。增加规定党校是"培训轮训党员领导干部的主渠道"，明确反映了中国共产党强化党校培训的决心。本条与党中央在2000年和2006年[②]颁布的另外两个文件相符。第二，党校也是中国共产党进行社会科学研究的机构。这是党校的重要特征之一，因为党校是党的政策摇篮，类似于西方的智库。将这一条纳入《条例》也凸显了对党校研究作用的重视。

规定3：三个"坚持"

这条规定对于我们的研究至关重要，因为它涉及党校的校风和党内的学

---

① 基于《重庆党校报》2009年1月15日的一篇文章。作者为中央党校办公厅副巡兼地方办主任谢煜桐博士。

② 2000年6月5日，中共中央颁布《中共中央关于面向21世纪加强和改进党校工作的决定》；2006年1月，中共中央颁布《干部教育培训工作条例（试行）》。

风。1995年的试行条例中并没有对此进行专门规定,然而,中国共产党意识到,党校若要完成其肩负的使命,就必须坚持正确的文化导向。三个"坚持"分别是:

- 坚持"理论联系实际"——回顾"实事求是"以及井冈山时期和延安时期的各种经验,就不难理解第一个"坚持"的原因。习近平在2008年7月的全国干部教育培训工作会议上强调了这一点。习近平强调,良好的学风是教育培训质量的保证。要教育引导广大干部在学习培训中坚持理论联系实际。做到理论与实际、学习与运用、言论与行动相统一。2006年1月的《干部教育培训工作条例(试行)》也强调了"联系实际,学以致用"。
- 坚持"与时俱进,开拓创新"——为适应当前经济发展的步伐,党校吹响了改革创新的号角。党校工作需要汲取新的营养,改进培训方式,提高教学质量和更新学习资源,促进干部培训工作在研究、制度和管理方面的创新。实现这一切的重点就在于解放思想。人们认为,只有在经历学习、遗忘所学、再学习的过程后,才能达到解放思想的境界。
- 坚持从严治校、从严施教、从严管理——要知道,党校不是普通的学校,而是共产党的重要部门。因此,必须严格遵守各项规定。这与新加坡教育部的机制大致相同;在新加坡,实习教师一旦开始在国立教育学院接受培训,就被认为是公务员。此外,党校不是普通高校,既不是攻读工商管理硕士的途径,也不是单纯的研究机构。

规定4:两个方面

这条规定从两方面描述了教育的方向:(1)强调了要围绕党和国家工作的"大局"。要为改革开放和社会主义现代化建设服务,为党建设新的伟大工程服务。(2)增加了"实事求是、与时俱进、艰苦奋斗、执政为民"的办学要求。要通过党校教育培训,使广大干部始终坚持实事求是的思想路线,弘扬与时俱进的创新精神,继承艰苦奋斗的优良传统,实践执政为民的根本宗旨。

党校设置体制

这条规则确定了个人和组织的角色。国家级、省级、市级的各级党组织可以设立党校。还可根据实际情况,设立县(市)委党校。党委对党校的领导主要包括：

（1）传达中央和上级党委的重要决定，把党校工作纳入党委整体工作部署和党的建设总体安排中来，定期研究解决党校改革和发展的重要问题，并进行督促检查；

（2）制定各级党员领导干部参加党校培训轮训的政策，把干部的培训和使用结合起来；

（3）配备、考核党校领导班子；

（4）建立健全党政负责同志到党校讲课、作报告和同学员座谈的制度；

（5）发挥党校在党委和政府决策中的思想库作用；

（6）协调有关部门支持党校工作，为党校提供必备的办学条件；

（7）定期召开党校工作会议，交流经验，部署工作。

有几点需要注意。第一，党校工作应该是相应级别党委工作的一部分。这显然是对党校工作意义的一种提升。第二，配备和考核党校领导班子是地方党委义不容辞的责任。第三，党校作为党的智囊团，是联系政策制定实施与理论研究的纽带。中国共产党意识到党校在这方面发挥的重要作用，因为党校有足够的学术能力来评估政策问题，然而，党校又与普通高校不同，因为普通高校可能更加崇尚学术自由。

客观来说，这是对规定进行了积极的分类。更为关键的是在实际运作时正确遵守、准确阐释并切实执行这些规定。

谁来担任党校校长？

《党校工作条例》规定，党校实行校务委员会领导体制。校委会工作由校长或主持日常工作的副校长主持。党校校长一般由同级党委书记或副书记兼任。主持日常工作的副校长可按同级党委部门正职领导干部选配并作为同级党委成员提名人选。

此外，上下级党校间也有联系。新《条例》就包括了上级党校对下级党校的"业务指导"内容。从国家层面的"一校五院"，到省级、市级乃至县级党校，这是一个具有战略性的体系。为了确保其系统性，上级党校需要监管下级党校的教学安排、学习体系和课程设计等。此外，新《条例》还规定，中央党校和省委党校应密切关注课程内容和师资质量。从本质上来说，2008

年的《条例》是经过不断实践制定而成的，确保了党校工作成为干部绩效管理工作的一部分。

班次学历

各级党校培训分工如下：

- 中央党校主要轮训省部级党员领导干部、正厅局级党员领导干部和县（市）委书记。
- 省、自治区、直辖市委党校主要轮训副厅局级党员领导干部、正县处级党员领导干部和乡（镇）党委书记。
- 市（地）委党校主要轮训副县处级党员领导干部和正乡科级党员领导干部。
- 县（市）委党校主要轮训副乡科级党员领导干部和基层党员干部。

我们从表 7-1 中可以看到这种分工：

表 7-1　各级党校侧重培训的干部

级　别	名　称	侧重培养的干部	备　注
国家级	中央党校	省级 市级 县委书记	34 个省 400 多个市 2800 个县
省　级	省级党校	副厅局级 正县处级	数量因省而异
市　级	XXX 市级党校	副县处级 正乡科级	数量因市而异
县　级	YYY 县级党校	副乡科级	一般没有分校

党校的班次主要包括进修班、培训班、专题研讨班和师资培训班等。

后备干部培训按照下列条件开展：

- 中央党校主要培训厅局级中青年党员领导干部中的省部级后备干部。
- 省、自治区、直辖市委党校主要培训县处级党员领导干部中的厅局级后备干部。

- 市（地）委党校主要培训乡科级党员领导干部中的县处级后备干部。

我们可以看到，这是一个串联系统，某一级党校，要对下面两个级别的储备干部进行监督和培训。这与传统的军事原理相似，以师长为例，即便他在师一级进行指挥，但他需要进行师以下的两个级别的计划，即他要在指挥师级运行时，需要了解营一级关键人员的安排。

将县党委书记纳入培训轮训

将县党委书记纳入中央党校的培训轮训范围中是一个重大的发展。这符合2000年《中共中央关于面向21世纪加强和改进党校工作的决定》[①]，《决定》指出县（市）一级在党的组织结构和国家政权结构中处于直接面向城乡基层的重要地位，是党的路线方针政策能否真正贯彻落实到基层的一个关键环节。因此，要保证县委书记能够受到更高质量的教育，让他们能够充分了解党的价值观和理念，以便他们在（培训结束）回到县里后能够"实事求是"（与县委书记的会谈可参见第八章）。

教学工作

《工作条例》还对教学工作进行了指导。首先，分为培训和轮训两类班次。它们之间的主要区别如下：

- 培训班的教学按照任职需要，系统安排理论学习、能力训练和内政外交国防等其他相关知识的学习。
- 轮训班的教学以运用所学理论研究重大现实问题、指导工作实践为主。
- 专题研讨班的教学主要围绕中央的重大战略部署和地方党委的中心工作确定相关专题，进行集中研讨。

此外，还有两点需要注意：

---

① 2000年6月5日，中共中央颁布的《中共中央关于面向21世纪加强和改进党校工作的决定》。

- 党性教育是党校的必修课——党校要加强党性教育,学习马克思主义基本理论。更重要的是,要提高党员领导干部的道德品行和精神境界。
- 党校要努力创新教学方式——党校必须大力推行研究式教学,综合运用讲授式、案例式、模拟式、体验式等教学方法。充分调动教员和学员两个方面的积极性,做到教学相长、学学相长。

科学研究

最后,《工作条例》还强调了研究工作中的两个主要方面:
- 科学研究是党校教育的基础——党校科研工作,要密切关注国内外形势的发展变化,加强对中国特色社会主义重大现实问题的研究,深化对马克思主义基本理论特别是中国特色社会主义理论体系的研究,为社会主义经济建设、政治建设、文化建设、社会建设和党的建设服务。
- 加强与其他研究机构的合作——党校科研工作要加强与政府部门、高等学校、科研院所及国(境)外学术界的合作和交流,建立开放的科研体制和以科研项目为枢纽的科研管理体制。

第三节 实事求是:党校的作用

一 如今的中央党校

关于中央党校,我想从 2012 年 4 月我与部分中央党校工作人员的会面谈起:

王成志——中共中央党校教务部副主任。

郑权——中共中央党校科研部副主任、中央党校教授。

施红——中共中央党校经济学部教授、2011 年中国连氏学者。

王成志认为,中央党校的主要目标是统一党员干部思想,使其与党的思想理论(马克思主义思想理论)保持一致。中央党校成立于 1933 年,现在每年培训两批,共 3000 名干部。

中央党校教育培训包括两类:进修(全职官员)和培训(后备干部)。

进修的学习时长为两个月，会从一些时下热门的话题中选取 10 个进行授课，这些话题涵盖世界经济、相关战略、领导力、社会建设等。培训的时长为一年，按照一套结构化的方案，学习包括经济和文化在内的五大主要课题。

独特之处

中央党校教育的独特之处在于，它要求学员在学期初对教务部提出两个问题，即"两个带来"。一个问题应该是理论性的，另一个问题是现实工作中可能会遇到的挑战。在培训期间，中央党校的教授和老师讲授这些问题，并针对这些问题进行探讨（参见第八章）。此外，还有体验式学习，其中包括将党员干部送往延安或井冈山学习了解中国共产党的发展历程。

理论联系实际

中央党校方面也承认，干部教育过程中，最大的挑战就是如何将无形的意识形态和理论知识灌输给领导干部。因此，他们尝试采用下列方法，将所教授的理论尽量与干部遇到的实际情况相结合，使他们更容易接受：

- 师资力量：300—400 名讲师，其中很多是客座讲师，他们拥有丰富的公务员经验。中央党校还鼓励讲师们暂停党校工作，去担任其他关键职务（挂职），也鼓励他们参加海外交流活动。
- 案例研究：讨论战略问题，阐述理论，历史缘由和全球发展趋势，以保证课程的吸引力及与学员的相关性。
- 意识形态：加强对马克思主义基本原理的理解，以便使所有党员干部形成鲜明的政治观。

课程多样化

除了进行党的思想教育以外，中央党校还开设了中国文化研究、历史、书法、音乐和电影鉴赏等课程。这些课程可以通过互联网或电视进行授课。每个班级还有专门开设的个性化课程。

教职员工和学员

中央党校共有三个部门供学员培训学习。进修部主要负责省级、厅局级干部以及县委书记的轮训。培训部主要负责培训中青年后备干部以及少数民族干部(如新疆、西藏、内蒙古等)。研究生院主要负责培养马克思主义理论博士、硕士研究生以及党校系统师资。在每一个长达 6 个月的学期中,在校学员约 1600 名。截至 2009 年 7 月底,共有 2500 名学员获得硕士学位和博士学位,此外还有 600 名在读研究所学员。

中央党校约有 1100 名员工,其中拥有硕士学位和博士学位的副教授 148 名,权威专家、学者和中青年级研究人员 164 名。

科研部

郑权简要介绍了科研部的情况。她认为,教学是中央党校的核心任务,而科研则是基础。在各级党校,有 9 个部门[①]侧重前文提到的两大领域的工作。中央党校的理论与信息智囊团相结合,成就了一所拥有丰富知识储备的党校。

郑权表示,中央党校的主要优势在于将理论与实际联系起来,进而为全国性的问题提供解决方案。

然而,员工和党员干部参与科研的积极性仍有待加强。中央党校加强与外界的合作与学习可能会取得更好的效果。最后,郑权重申了中央党校应当放眼世界,不断学习好的方法理念、提升办学水平。她的直率坦诚让当天下午的讨论洋溢着欢快的气氛。

海外培训

自 2002 年起,中国就开始派遣政府官员出国学习。例如,每年会选派约 60 名政府官员赴哈佛大学肯尼迪政府学院进行为期 2 个月的公共管理课程学习。

除此之外,1999—2000 年,北京有超过 400 多名中层官员参加海外培训;

---

① 这 9 个部门分别是:马克思主义理论、哲学、经济学、科学社会主义、政法、中共党史、党的建设、文史等八个教研部和国际战略研究所。

1999—2003年，广东省共选派300名官员赴美国和加拿大学习；自2001年起，广西壮族自治区每年都会选派55名官员赴发达国家进行为期15个月的学习。[1]

党校评估

王成志表示，党校对干部的考核评估非常重要，因为党校的教授和讲师会从后备干部培训班（6到12个月）中甄选表现优异的干部、具有领导气质的新任职干部以及那些见解独到的人。

在每项课程中，在每个关键模块学习结束后，都会有对标准化的课程小结（通常都在一页以内）。课程结业时，学员必须完成一篇1500字以上的论文或者案例研究，内容要侧重于工作中现有或潜在的问题。后备干部课程的考核周期较长，干部对所选的研究课题进行口头答辩也将作为考核的一部分[2]。

目前已经成为各所党校"标配"的选修课则可以提供另一种评估考核角度。干部所选课程的相关性和领域通常会反映着其自身性格。例如，选择了有关"如何开展群众工作？"模块的干部很可能与选择"如何进行战略思考？"模块的干部存在着较大的差异。

延伸阅读（一）

中央党校的改变

我不但有幸参观了中央党校，还很荣幸地和县委书记共济一堂，一起聆听了"改革开放30年"的讲座。这个讲座让我受到了以下启发：

李光耀的作用

邓小平同志曾分别于20世纪20年代和1958年两次到访新加坡，并在1978年与李光耀进行会晤。李光耀告诉邓小平，新加坡人很多都

---

[1] 30年时间里，中国中央党校培训了50000名领导干部。参见www.chinaview.cn。

[2] 访问网址http://www.sdx.sh.cn/sdxportal/jxjh/26369.htm。可以了解上海市委党校举办的为期3个月的后备干部培训班这个例子。

是 19 世纪后期从中国南方逃难到新加坡的人的后裔。与新加坡相比，中国人口基数大、人才资源丰富，因此中国势必会得以迅速发展。据称，李光耀还就外国投资的问题与邓小平分享了一些经验：

"……允许外国直接投资，这样一来，他们赚 1 美元，我们就可以赚取 10 美分。如果我们不允许外资进入，那我创造不出任何经济发展，而且我的人民也无法解决温饱。"

1978 年，中国经济仍然薄弱，改革势在必行。

20 世纪 90 年代南方讲话

1992 年，时年已经 88 岁高龄的邓小平在争取经济改革的合法化方面发挥了关键的作用。自 1989 年后，改革的道路一直不平坦。党内许多人想重走老路。邓小平认为，他应该制止这种苗头，因此他参观了南方的经济发达地区。这便是著名的 1992 年邓小平南方讲话，此次南方讲话，他调研了广东省多个地区的经济发展情况。南方讲话将中国的经济发展定调为全面建设有中国特色社会主义。接下来的事情大家也都知道了[①]。

马克思主义的中国应用

在与中央党校教授们的会谈中，我亲眼观察了中国共产党的适应性。他们进行的类比是非常有意思的，具体如下：

- 在马克思的时代，火车或蒸汽机尚未问世。因此，一名忠诚的共产主义干部就不应该乘火车吗？
- 在列宁的时代，乘飞机旅行不如今天这样普及（至少在 20 世纪初期的布尔什维克革命期间），因此，真正的列宁主义者是否应该乘飞机呢？
- 还有一个最贴切的类比：在毛泽东时代或者邓小平时代，互联网并不存在，那么我们都不能使用网络——因为这并不是正确的共产主义行为，真的是这样吗？

---

① 在 1997 年 9 月 15 日的中共党代会上，仍然有一些人心存疑虑。但时任中共中央总书记江泽民拥护邓小平理论，将邓小平理论写入《中国共产党章程》。

> 在我看来，要传达的信息是明确的。毛泽东"实事求是"的优良传统传承到了下一代。因此，共产党的未来是充满希望的。我有幸与授课的谢春涛教授共进午餐。他著有《历史的轨迹：中国共产党为什么能？》一书。[①]

二 浦东干部学院：名气最大

浦东干部学院由于地处上海，地理位置优越，因此是在所有党校中名气最大的一所，对此我不再加以赘述。该校主要侧重三方面：

经济发展——干部们到上海不仅可以参观上海的发展情况，而且还可以实地考察，学习上海的经验，对他们自己执政的城镇情况进行改造和提升。上海拥有大量投资，丰富的就业机会和高质量的生活。很长一段时间以来，经济发展一直都是干部们的首要任务，因此他们学习如何加强经济发展的愿望很强烈。

国际交流——浦东是展示中国软实力的一个窗口。无论是发达国家，还是发展中国家，都纷纷派代表到上海考察，来了解中国是如何在付出最小代价的同时，仅在短短一代人的时间内就实现了经济的腾飞。他们都十分渴望效仿上海的发展模式。

现代化设施和教学方法——除了课堂讲授之外，浦东干部学院的课程都是贴近实际的。该校以多样性的教学手段为豪，如角色扮演教学、模拟新闻发布会场景、组织研讨会以及实地考察开发区和企业等。研究人员也紧跟中国的发展步伐。例如，上海5年前采用的说服农民出让土地的方法现在仍然是放之四海而皆准的。

三 大连高级经理学院：后起之秀

大连高级经理学院被纳入"一校五院"布局，并将中央党校视为"前辈"：

[①] 基于2012年4月24日（星期二）下午2点半到4点在中国北京中央党校与王成志会面时所做的笔记。

中国大连高级经理学院的前身是中国工业科技管理大连培训中心和在此基础上挂牌的国家经贸委大连经理学院。1979年，邓小平应时任美国总统卡特之邀访问美国，中美两国政府签订了《中华人民共和国国家科学技术委员会和美利坚合众国商务部科技管理和科技情报合作议定书》。成立中国工业科技管理大连培训中心是该议定书中的一个子项目，这是中国第一个开展行政管理教育的培训机构。因此，从历史的角度来看，大连高级经理学院是中国首个可以学习和引入西方管理理念、理论和经验的机构。中国工业科技管理大连培训中心是中国最早提供工商管理学硕士项目的机构，也是高级管理人员培训项目的先行者。如今，大连高级经理学院甚至可媲美斯坦福大学的课程，进而可以深入了解管理方面的最新趋势。

四　延安和井冈山：精神家园

回顾第一章和第二章所讲的内容，延安和井冈山分别是中国革命的发祥地和根据地。因此，党中央精心选择了这两个地方，用以开展干部党性教育。在下一章，你会发现，寻访历史遗迹不但会让人感怀过往，还可以有感同身受的体验。例如，在井冈山的10天课程中，会有一个体验部分，学员们穿上红军的军装，沿着崎岖蜿蜒的小路负重行军数公里。在延安宝塔山下，学员们重温入党宣誓仪式，宣誓要忠诚于党的事业，为期3天的党性教育课程也就此告一段落。正因如此，干部们在离校时，神圣的使命感和责任感都会再次油然升起，他们誓将这种共产党员优秀品质世代传承下去。

延伸阅读（二）

陕西省委党校——稳中求变

在前往延安的路上，我还参观了陕西省委党校，以便进行对比。关于陕西省委党校的详细信息，可以在 www.shxdx.com 上找到。

陕西省委党校历史沿革有两个源流，一是1934年中共陕北特委在清涧县开办的干部训练班，1935年定名为陕北特委党校，后又于1956年更名为中共中央第二中级党校；另一源流是1937年中共陕西省委在关中地区开办的干训班，1950年与陕甘宁边区分区党校和三原分区干校合并成立的中共陕西省委党校，1956年改名为中共陕西省委初级党校。1959年两校合并，名为中共陕西省委党校，1963年改名为中共中央西北局党校，"文化大革命"期间停办，1978年恢复后改为今名。

尽管几经变迁，陕西省委党校仍然是一所比较典型的党校。作为省委党校，该校主要侧重于省内厅局级干部的培训。在西安约1000名干部中，有20至40名将随时可能会参加短期课程。对于副厅局级干部而言，这里是人尽皆知的后备干部培训基地，每批培训人数约100名，课程时长6个月。

党校的课程主要是"老五门"：

马克思主义哲学；

经济学；

科学社会主义；

中国特色社会主义；

党史、党建。

学校共有教职员工480人，目前尚未满编，因为该校编制为540人（190个公务员编制和350名普通教职员工）。师资方面，该校共有140名教师、102名副教授、28名教授，其中博士30名。研究方面，共有10个院系。与陕西省内的118所党校和省内另外2044个党员培训联络处保持着密切联系。

哪些方面正在改变?

- 该校支持视频会议。
- 在31个省级党校中，该校是14个可授予硕士学位的党校之一。学校有3个硕士学位专业和30门学位课程供学员选择。
- 该校还负责培训西藏自治区的干部，每年约有20名西藏干部来此参加了为期两个月的培训。这里的课程对西藏干部的帮助很大，令他们醍醐灌顶。

- 该校提供自学课程——学校紧跟时代发展最新趋势，鼓励干部报名参加自身感兴趣的课程，从而提高工作能力。
- 它与西安的大学以及一些海外机构有着十分密切的合作。

五　教职岗位基本只接受博士

在本章的最后一节，我们将考察党校的师资配备，并研究其学术支持作用。我们将分析2009—2012年间，5所党校的招聘公告。

笔试

显然，这与前文葆市选拔许某某担任该市文化广播影视新闻出版局局长的方法如出一辙。在最终选定某人之前，候选人要参加笔试、面试和综合评估考核。虽然在细节上可能有所差别，但整个过程大体上一致。因此，对于应聘四川党校的候选人而言，首先要参加笔试，笔试内容的30%是关于基本的公共服务知识，70%是关于专业领域的知识考察（参见表7-4）。考试时间为120分钟。面试人数与录用人数的比例为5:1，意味着每录用1人，则有5位候选人进入面试环节。

面试

党校通过试讲的方法对候选人进行面试，这种方法比较合乎逻辑、符合实际。过程分为三部分：备课、试讲和面试。最终结果由笔试和面试的总成绩决定，笔试分数和面试分数占总分的比例分别为60%和40%。之后，将会对被选中的候选人进行有关调查和考察评估。

体检和背景调查

专门的评估小组将对候选人进行背景调查，每录用1人，则会对3个候选人进行调查以及综合评估。综合评估进程表会进行公开，公开的内容包括相关单位或个人等。还有可能进行民意调查，征求群众的意见。

公示

综合评估完成后两周内，将会张榜公示拟任用的候选人。公示时间为7天，以便获得公众对候选人的反馈。公示的内容包括候选人的详细介绍、学历等。如果公示结果为负面，并经调查后确认属实，则会取消对该候选人的任用。如果候选人公示后无异议，则将被任用，试用期为1年。

以下是我从互联网上获取到的招聘公告（见表7-2至表7-6）：

表7-2　成都市委党校招聘信息

学校	中共成都市委党校
岗位	9个教研岗位
专业	政治学、社会学、经济学（侧重于世界经济、国际贸易学）、公共管理、党建、心理学、新闻传播学
要求	博士研究生或副高以上专业技术职称人员；博士研究生不超过40周岁，副高职称人员　不超过42周岁
日期	2012年5月25日

表7-3　广西区委党校招聘信息

学校	中共广西区委党校
岗位	8个教学岗位 2个研究及培训岗位
专业	1. 教授或博士：文学、历史学、哲学、社会学、中共党史、党建、公共管理学、领导科学 2. 硕士及以上：人口学、社会学、经济学、公共管理学、新闻学、传播学
要求	硕士要求35岁以下 博士原则上要求45岁以下 教授原则上要求50岁以下
日期	2012年5月31日

---

① 据我了解，学者或专家有着不同的职称序列和任职头衔。大致分为高级职称、中级职称和初级职称。每一级职称又细分几个等级。

表 7-4　四川省委党校招聘信息

学校	中共四川省委党校
岗位	1 名中共党史和党建专家 1 名法律专家
专业	如上所述
要求	硕士要求 35 岁以下，并能够胜任教学和科研任务 博士或副高以上职称要求 40 岁以下
日期	2012 年 8 月 18 日

表 7-5　杭州市委党校招聘信息

学校	中共杭州市委党校
岗位	5 个教研岗位，党史党建教研部、经济学教研部、工商管理教研部、文化学教研部、学报编辑部等部门
专业	政治学、经济学、工商管理学、哲学、社会学、公共管理学、心理学等
要求	博士研究生，35 周岁以下（1976 年 1 月 1 日后出生） 有副高职称的硕士以上研究生，45 周岁以下
日期	2010 年 12 月 20 日

表 7-6　义乌市委党校招聘信息

学校	中共义乌市委党校
岗位	2 名事业编制教学工作人员
专业	经济学、法学、政治学、中国语言文学、公共管理类专业
要求	1. 硕士研究生及以上学历，博士研究生学历的专业要求可适当放宽 2. 具有大学全日制本科以上学历并具有中学一级教师或讲师以上职称的在职教师 3. 学术要求：在公开刊物发表本专业学术论文 1 篇以上 4. 年龄 45 周岁以下（1966 年 1 月 1 日以后出生） 5. 现户口所在地为义乌或生源所在地为义乌
日期	2011 年 1 月 17 日

综上所述，我们得出三方面的结论：

- 候选人要年轻，最好在 45 岁以下；
- 候选人要有硕士以上学历，并在公开刊物上发表过一些文章；
- 候选人的专业最好是实用性的领域：经济学、公共管理、法学、心理学、政治学和历史学。

下一章，我们将研究党校课程的差异、教学方法的创新，以及学员对于这种创新的反应。

第八章　党校的引领作用

故事绝非像少数西方研究者[①]笔下所描述的那样,我所见到的党校都呈现出一幅生机盎然、大有可为的景象。当前的中国共产党党校从三个方面展现了其自身独有的特色:政策执行者的熔炉,现代化教学方法和精神熏陶。我将逐项解释这三方面的具体特点,并且提供网上或者实际生活中可见的典型事例。今天的党校不再是过去某些学者笔下所描述的枯燥乏味、索然无趣的地方,而是学者、政策执行者和决策者汇聚一堂的地方。如今,它是各种思想理念、实用性知识和追求知识的聚集地,这个特点也将党校和其他高校区分开来。我们将从位于北京的中央党校展开,然后再研究上海市委党校[②]。我们采访了一位曾四度到中央党校学习的县委书记。关于教学方法,我们侧重研究了上海市委党校的课程,并参观了中国大连高级经理学院。在精神熏陶方面,如今的井冈山和延安两所干部学院充分发挥他们的光荣历史特点。我引用了曾经到井冈山党校进行培训的一个中央党校管理人员小组的例子来证明我的观点。

第一节　为人民服务:执政人才聚集一堂

一　"两个带来":中央党校

能够到北京参加中央党校学习的培训者无疑是极少数人。只有那些有可

[①]　例如,2012年3月6日的《外交政策》杂志发表的文章,作者丹·莱文,网址:http://www.foreignpolicy.com/articles/2012/03/06/china s topparty school。再如,参考艾米莉·特兰的文章《从高级官员到顶级公务员》,2003年4月1日,网址:http://www.cefc.com.hk/pccpa.php?aid=1848。

[②]　上海市委党校与上海行政学院一体化办学,下文中若必要处,则不做区分,统称为上海市委党校。——译者注。

能担任省级领导干部的人才有机会到中央党校接受培训,但是他们的学习过程往往在到达中央党校之前就已经开始了。中央党校鼓励学员准备两个关键问题以备研讨:一个干部群众最关心的热点问题和一个最希望在党校解决的思想理论问题。他们将在上课的第一天与大家共同讨论。专家学者会将这些问题分类收集,并且会参考那些在工作中遇到过类似问题的学员们的陈述。这样做的关键是要搞清楚学员所关注问题的重要性,以及学员所面临的问题。随后,作为课程的一部分,学员将有机会面对面听取专家的意见,并与其他学员一起讨论这些问题。工作上的话题包括县级地区的经济发展、如何控制污染、构建坚实的群众基础,以及组建有效的社会安全网络等问题。

中国共产党最近出版了科学发展主题案例研究教材。这套教材共10册,为干部们解决各类不同问题提供了案例,案例的选取反映了不同主体、不同区域的情况,兼顾了典型性和代表性,具有积极意义。出版该教材的原因很明确:党员干部可以根据教材中的案例来对当地(村镇县市)进行管理。10册书主题分别如下:

延伸阅读(一)

科学发展主题案例研究教材:

(1)《自主创新》

(2)《城乡规划与管理》

(3)《社会主义新农村建设》

(4)《生态文明建设与可持续发展》

(5)《金融发展与风险防范》

(6)《民生保障与公共服务》

(7)《社会服务与管理》

(8)《基层民主建设》

(9)《突发事件应急管理》

(10)《公共事件中媒体运用和舆论应对》

其他党校也纷纷运用理论结合实践的授课方式,例如,大连市委党校进行了主题为"大力推进城市文化建设"的课程研讨。学员不仅限于文艺相关领域干部，还有来自大连市行政管理部门如财政局和人力资源局的干部。课程旨在让学员更好地感知大连如何在城市生活的各个方面充分利用城市独特的历史和文化，打造文化特色，促进文化艺术繁荣。通过党校的聚合，可以促进城市文化建设，丰富市民文化艺术生活。①

二 理论联系实际：上海行政学院

在上海行政学院，授课教师对学员进行公务员职业道德培训。通过这种方式，理论和实际得到了很好的结合。

典型问题教学案例

上海行政学院在"公务员职业道德培训"的课程中，将时下流行的"官场小说"作为教学案例，供学员探讨。官场小说的内容一般都是以官员如何解决实际问题为内容。进课堂的"官场小说"其实有个正规的名称——典型问题教学案例。

引入课堂的小说是上海行政学院教授自己编写的，名为《"申报"带来的烦恼》，讲述重望市卫生局长王凡在向省里申报第二批医疗改革试点县市的过程中，纠结于是否要"跑步前进"。"小说"中，王凡无比纠结：若申报成功，能拿到优惠的政策和大笔的资金，这对重望市医疗卫生事业的发展意义重大；而此时张副市长直截了当给他这个"学院派"点明了"潜规则"："'运动'了不一定上，不'运动'肯定上不了！"

不擅此道的王凡于是硬着头皮"拜码头"、接待宴请。这期间，一个对申报结果有很大影响力的上级部门领导暗示：假如王凡肯让出一篇论文的署名权，重望市"或许能成功"。纠结很久，王凡最终还是让此人"失望"了。果然，有一定竞争实力的重望市名落孙山。

---

① 人民出版社2011年7月出版，由全国干部培训教材编审指导委员会组织编写。

学者们的观点如何？

这个模块的主要目的是让学员出现一定的"心理斗争",进而探讨可行性方案或者至少可以谈谈他们自己的看法。

2012年6月,我会见了上海行政学院副院长杨俊一,跟他进行了交流。他此前曾告诉记者,在复杂的社会现实中,公务员的职业道德常常会在利益冲击下"偏轨",由于缺乏现实感和针对性的教材,教学方法已很难产生效用。因此,如果党校继续沿用与现实社会有些脱节的课程材料,则教学很可能是徒劳无益的。这种"官场小说"模块是选取最近几年包括上海在内的各地政府行政过程中引发关注的典型事件或人物改编成的,既有正面的,也有负面的,但是更重要的是,这些案例可以暴露"潜规则",并可以在课堂上公开讨论。

案例撰写人沈士光教授说,这个教学案例以某县级市参加申报的真实故事为原型改编的,它涉及公权与私权的纠葛,以及不同政绩观的冲突;这其中提到的"潜规则",公务员都不陌生,把握不牢、处理不好,就可能损害党和政府的公信力,公务员的职业道德也会偏轨。把现实问题改编成案例,要保证有真切的"烫手感"。

然而,对于党校而言,把"潜规则"改编成案例,是不是有点"冒进"?全程参与教学改革策划的曾峻教授回答说:

"只讲正面、避谈负面,公务员职业道德教育的课堂讨论很容易变成学员们轻飘飘的表扬和自我表扬。现实中存在各种会把人引入歧途的东西,而有些公务员走上歪路,既因为自我修养不足,也因某些制度有待完善。"

"干部教育和一般教育最大的不同是,要解决的问题在利益日益多元的现实中不断演变着。我们有解决问题的原则,却不能提供解决问题的具体答案。更重要的是,把公务员面对的各种疑难杂症摆到桌面上讨论,让学员说出真实的想法,才能正本清源。"

曾峻补充说,学员们乐意讲真话,是因为有现实感和针对性的案例"刺激"出了他们的"内需",促使他们为自己躲不开的困惑寻求答案。干部教育的课堂就应当成为干部探讨现实问题的"实验室"——可以证明,也可以证伪。

学员们反响如何？

这堂培训示范课，花费了整整半天的时间进行讨论。身为公务员的学员们敢不敢说真话，是检验案例教学效果的一把标尺。学校组织了 54 位学员参加这堂课，有来自部分委办局和区县的处级干部，还有来自区县行政学院的骨干教师。

跟这篇"小说"一起在课堂上亮出的是一连串尖锐提问："王凡非常重视此次申报工作，如何看待他的动机？重望市没能进入试点，原因在哪里？王凡的矛盾和纠结，本质是什么？如何化解？"对学员们而言，这些都是值得探讨的犀利问题。学员们的反应如下：

学员 1："按照传统观念，到行政学院学习是一件严肃的事情，表态要'讲政治'，发言也要'按顺序'。"来自闸北区纪委的董剑表示，他没想到，当学员们被分成 4 组展开圆桌讨论时，大家都很坦诚，氛围很宽松。"小说"中的王凡并没有被大家简单地看成一个"潜规则受害者"，有关公务员"德"与"能"的讨论热烈地展开。

学员 2："王凡书生气十足，工作起来没有主见、没有套路，这不行！"这位学员认为，公务员首先得能"干成事"。

学员 3：另一位学员也持与学员 2 同样的观点："一个学者型干部被放在了错误的位置上，造成了他自身的角色冲突，这对组织和他个人都不是好事。"

学员 4："我的观点完全相反，一味唯上，公务员队伍的职业道德如何维护？"金山区行政学院的刘娥苹质疑案例中的很多说法，"什么叫'要么不做，要做就做到位'？什么叫'到位'？"

学员 5：杨浦区行政学院教师戴焰认为，"行政学院的课堂理应成为解疑释惑的地方，有问题就说问题，没什么好顾虑的。"

学员 6：来自青浦区卫生局的学员符仁美表示，这类矛盾他也曾亲历，"看完案例，忍不住想把自己在工作中的困难和心得讲出来。"[①]

[①]《公务员职业道德培训教授自编"官场小说"》，东方网–文汇报，2012 年 6 月 23 日。参见 http://news.sina.com.cn/o72012-06-23/064624642518.shtml。

三　县委书记到中央党校学习

我们之前提到，中共中央高度重视和关注县委书记的工作。中国有句古话叫作"郡县治，天下安"，这也是中国共产党始终坚持长抓的重要工作。县级政权是离基层最近的政权。两千多年来，县政一直是中国政权架构中最重要的单元。因此，历朝历代都遵循着这一古训紧抓县政，治理国家。

中国共产党作为唯一执政党，自然也不例外。实际上，在过去的10年中，县委书记受到了前所未有的重视，县政更是被视为重中之重。中央高度重视加强县委书记队伍的建设，并下发《关于加强县委书记队伍建设的若干规定》[①]，明确新任县委书记要到中央党校等国家级干部教育培训机构接受任职培训。

时任湛江市委常委、雷州市委书记的李昌梧曾先后4次到中央接受轮训。李昌梧出身基层，在县委书记的职位上已经工作了许多年。下文摘录了《广州日报》对他的采访，在采访中，他介绍了自己在雷州的工作经验，并谈了降低犯罪率以及"省管县"改革后他面临的各种挑战等问题。

问：你到中央党校培训过4次，你能详细谈谈吗？你4次参加中央党校培训，能介绍一下你参加培训的情况吗？

答：第一次是在2002年8月，培训了半年时间，那是中央第一次对全国的县委书记进行集中培训。中央党校专门设立了县委书记班，重点培养有前途的、短期内能进步的县委书记，分设了5个小班，总共200多人。当时我担任湛江市麻章区委书记，作为广东省的7位代表之一，参加了这一次培训。

当时我还参加了中央党校在职研究生的入学考试。那时候我想，既然来了中央党校，就得好好读些书。我考的是国际政治专业，条件很艰苦，早晚都读书，连走路的时候都在背书。考试很严格，有哨兵看着，连上厕所都有人跟着。值得庆幸的是，我通过了考试。通过入学考试后，我就回来了，一边读在职研究生，一边工作。

2006年，县委书记们又到中央党校，参加主题为"新农村建设"的培训。那时我已经在雷州担任市委书记两年了。

[①] 参见 http://news.ifeng.com/mainland/200905/0518 17 1163244.shtml 和 http://www.frdiw.gov.cn/main list.asp?id=2608&aclass id=2&bclass id=4。

2007年12月,全国的县委书记又一次集中培训,那是规模最大的一次,主题是"学习十七大精神"。

2010年3月初,全国县委书记任职培训班在中央党校开班,390名2008年11月后任职的县委书记参加了这期培训。我(李昌梧)再次参加。

问:2002年第一次培训主要学习什么课程?

答:主要是理论学习,马列主义、毛泽东思想和邓小平理论,目的是提高县委书记的理论水平。当时胡锦涛同志是中央党校校长,他给我们作了动员报告,还和我们聊天。平时由中央党校的老师授课;每到大课,就有中央领导、部级领导来给我们讲课,每个月都有两到三次这样的大课。半天讲课,半天讨论学习,还时不时来次考试,我们紧张得不得了,我们分成了好多个组,一组十几个人。大家来自不同的地方,有不同的见解,喜欢讲讲本地的特色和老百姓的生活习惯,聊聊各地的风俗和民情。

问:你如何看待县委书记这个角色?

答:我出身军营,退役后在商界历练多年,有过治理企业的经验,并成功使一家濒临破产的糖厂扭亏为盈。1993年,我从厂长的位子上被直接提拔为徐闻县县长;1999年8月,担任湛江市麻章区区委书记。

县委书记不能同一个处级干部相提并论,一个县少则几十万人,多则上百万人。古语云,"郡县治,天下安",中组部看到了这个问题,就把县委书记放到了地方党组织的重要位置。

县委书记的每句话、每个行动、每个思维都可能影响到很多人。县委书记有博大的胸怀,看问题、用干部无私无畏,就能使这个地方民风好、干部风气好。如果一味谋私,这个地方就是死路一条,风气就会乱,问题就会变多变大。

问:你认为县委书记需要具备什么素质呢?

李昌梧:县级政权是离基层最近的一级地方政权。我认为,作为县一级的领导,需要提高担大任、促发展的能力,要敢于作为。

李昌梧讲述了他在雷州时的情况,3年间,他抓了1000多人,每年抓获犯罪分子300多人,黑恶势力一露头就打,社会治安明显好转。他刚来上任的时候,这里有路霸、狗霸、虾霸、鸭霸、车霸、戏霸、蔗霸、螺霸等一系列的"霸",这些"霸"现在几乎全部被打击、控制和取缔了。

问:(如何看待)县委书记已成腐败的"重灾区"?

答：作为一个县的"一把手"，县委书记掌握着很大的权力，其行为是否廉洁，对当地风气有着重要的示范效应。有人说，当前县委书记已经成为"腐败的高危岗位"。县委书记的权力大还是小？这得看你是一心为公还是出于私心。如果当干部只是想"捞"，就不只是县委书记这个角色容易成为腐败的"重灾区"。这取决于这个县委书记本人的素质，而不在于这个职位。身为县委书记，把钱看淡，把权力看淡，把关系看淡，做事情扎扎实实，"送不要，请不吃"，我相信肯定不会出问题。

问：你如何看待省管县、市管县或县（市）改区？

答：当前中国的行政架构，是"中央—省—市—县"四级体制。广东目前正在推进"省管县"战略。实行"省管县"模式，涵盖人事、财政、计划、项目审批等各个方面。

推进省管县体制改革，有利于减少县域经济发展中的审批环节，提高效率，使政策传导机制迅速到位，降低"行政成本"，省级政府对县级政府的责任得到进一步的强化，为加快县域经济发展，创造了条件。

某种意义上，对地市级政府来说，事权变小了，但对生产力的发展是"松绑"了，让县市级经济成为一个相对独立的城市经济体，推动县域经济良性发展。对县级政府来说，放下来的权力就是生产力，减少了环节，简化了手续，加快了速度，提高了效率。①

第二节 艰苦奋斗：党校的现代化教学方式

尽管很多人仍旧认为中国的课堂是以老师为中心的填鸭式教学，但是这种情况正在逐渐改变。许多党校自豪地宣布，他们的教学方式不仅局限于专题讲授，还包含现场教学、情景模拟和小组讨论。下面我就分享一下我在一些党校参观时的所闻所见。我们首先来对上海党校的两项课程进行分析。

---

① 《390名县委书记到中央党校集中受训》，《广州日报》2010年3月19日。

一　处级领导职务公务员任职培训班

教学指导思想和总体培训目标是：
- 增强理论素养；
- 提高执行党的路线方针政策的能力；
- 进一步增强责任感和事业心；
- 提高公共管理和公共服务能力；
- 进一步增强职业道德意识和公仆意识；
- 提高为人民服务的能力；
- 培养处级干部应当具备的各项综合能力。

教学内容分析，四个单元

此次培训班教学时间为2011年3月1日至4月2日，共5周，24个学习日。教学内容划分为四个单元，我已经将其制成时间表来进行说明（参见后文的附件一）。

- "中国特色社会主义"单元为3个学习日（占学习日总天数的12.5%）。本单元的目的是，通过学习中国特色社会主义理论，其核心价值体系以及国际社会如何看待"中国模式"，来提高学员的理解能力，明辨是非的能力，强化他们的共产主义信仰。
- "服务型政府建设"单元为8个学习日（33.3%）。本单元涵盖了一些热门话题，如服务型政府，法治、公共管理、提升服务能力，社会组织培养，基层执政和管理。通过培训，使学员掌握执政的重点与难点，强化法制意识，提高依法行政本领，提高服务意识和水平。
- "处级公务员能力训练与提升"单元为9个学习日（37.5%）。本单元突出领导力基础、决策力、执行力、应急力等处级公务员的核心能力建设，运用各类现代培训方式，发挥项目组的团队优势，调动学员参与的积极性，努力提升学员的多种任职能力。
- "党性分析和学习总结"单元为4个学习日（16.7%）。本单元主要侧重于那些可能缺乏基层经验的年轻干部。重点强化公仆意识和引导公众舆情。目的是针对不同干部提出不同的改进方式，并通过深入思考分析，提高个人对党的忠诚度、提升个人文化水平。

各部分内容所占比重非常值得研究。其中，政治理论和党性学习部分占据总课时的三分之一（7个学习日），而公务员文化和管理能力则占据了绝大部分时间，为17个学习日。从中，我们可以看到党校中的一些方面已经开始改变。

除了上述内容以外，还将有三个选修单元和一个阅读交流讨论，鼓励所有学员学习政治知识，提高他们的学习积极性。

教学方法

此次培训采用了5种教学方法，包括：

教学方法	次　数
专题讲授	16
现场教学	5
案例教学	3
小组讨论	2
情景模拟	3

课堂讲授式采用"2+0.5"模式，即教师授课2小时、讨论互动0.5小时。还安排学员论坛2次，讨论共同关心的话题。

师资。此次培训班共53人次承担教学任务，其中校内教师46人次，校外教师7人次，这些校外教师均来自城市行政一线部门。

作业。要求学员根据课程内容，详细分析一个案例，作为课程作业。最后还将评定成绩，并将成绩记入档案，供未来提拔和任用时参考。

学习资料。共7本书，包括《中国特色社会主义理论体系》《国情备忘录》《中国共产党历史》《公共管理新论》《公共管理案例分析》《上海市公务员法律知识读本》《春风化雨——上海群众工作案例集锦》。①

---

① 具体如下：
（1）秦刚：《中国特色社会主义理论体系》，中共中央党校出版社2009年版；
（2）中央电视台《国情备忘录》项目组：《国情备忘录》，万卷出版公司2010年版；
（3）中共中央党史研究室：《中国共产党历史》（第二卷），中共党史出版社2011年1月版；
（4）曾峻：《公共管理新论：体系、价值与工具》，人民出版社2008年版；
（5）陈奇星、陈尤文主编：《公共管理案例分析》，上海人民出版社2009年版；
（6）陈保中：《上海市公务员法律知识读本》，法律出版社2008年版；
（7）王瑜、吕贵：《春风化雨——上海群众工作案例集锦》，中共中央党校出版社2010年12月版。

二 中青年干部培训班[①]

我相信这是很多人都感兴趣的一个话题,都想一窥究竟,因为几乎每个中国共产党干部在谈到干部培训时,都会说起中青年干部培训的话题。这种机会确实很难得,因为这是年轻干部第一次被纳入党校教育课程。我们将重点关注这些课程所预期达到的几大方面。

概 述

表 8-1 第 41 期中青年干部培训班课程教学计划和课程结构

教学内容		教学比例	专题讲授 2+0.5	现代培训			选修课		学员研讨会		
				案例教学	现场教学	情景模拟	研究	报告	学员自学	学员论坛	专题研究
理论教育		40%	20	0	4	0	3	3	0	1	0
知识教育		30%	5	1	2	4	1	1	4	0	16
党性教育		30%	6	2	11	0	1	2	0	1	0
合计(天)			60	31		24		11		22		
专题讲授与其他教学方式的比例		4:6	35%	27%			13%		25%		
师资结构	校内教师	70%	27	14			5		0		
	校外教师	30%	5	6			6		0		

说明:除自学和小组讨论外,所有的单元都是基于"2+0.5"模式。

此次培训班教学时间共 14 周,71 个学习日,整个学习过程分为三个阶段:入学教育(3 个学习日)、理论与实践学习(62 个学习日)、考试考核与思想小结(6 个学习日)。

教学内容主要包括三方面:

[①] 参见《上海行政学院 2011 年第一期上海市机关处级领导职务公务员任职培训班教学计划》。

- 理论教育（42%）——主要是学习马克思主义和中国特色的社会主义。
- 知识教育（32%）——目的是把科学发展观的要求转化为把握时代特征、国际政治经济形势以及科学决策、应对复杂局面的素质和能力，以及转化为有利于上海改革、发展和治理的能力。
- 党性教育（26%）——通过学习党史以及党的价值观，进一步加强包括理想信念、宗旨意识、作风建设和党性修养等。

教学方式

如表8-2所示：

表8-2 教学方法的构成

专题授课	现代培训	研讨会	选修课
"2+0.5"模式	案例教学 现场教学 情景模拟	自我教育* 学员论坛 课专题研究	选择模块 在线学习 任务报告
31遍	57遍		
35%	65%		

*主题包括：当前世界和国内重大问题、上海市的重大项目和人文学科以及文化知识。

值得注意的是，讲台式的专题授课已经压缩到仅占据全部课程的三分之一。学员们现在在课堂上玩iPad、发短信或发微博等情况也随之减少了。然而，更为重要的是，党性教育融入了课程当中。我想要强调的是，党校在教学计划中明确将党性教育纳入必修课程中，也纳入之后所有的学习单元中。教学课程主要包括以下内容（有关详情参见后文附件二）。

第一单元 马克思主义经典著作研读（14个学习日）。学员研读马克思主义经典著作，强化对马克思主义基本理论、基本精神的理解和领会；提高运用马克思主义立场、观点、方法分析问题、解决问题的能力；树立正确的世界观、人生观和价值观。从党性教育的角度来看，本单元将坚定马克思主义信仰、共产主义远大理想、中国特色社会主义共同理想不动摇。

第二单元 中国特色社会主义理论与实践（12个学习日）。本单元的目的是系统地理解马克思主义基本原理与中国实际相结合的历史进程和理论成果；牢固把握毛泽东思想、邓小平理论、"三个代表"重要思想的含义，以及科学发展观的实际应用。并将这些理论的理解与"十二五"规划相联系，深入理解科学发展观对于经济、政治、社会、文化、社会治理以及党建工作的新要求。在自学和导读的基础上，教学方式还包含到上海的一些主要地区进行现场参观调研。这些实地调研有助于深化学员对科学发展观的学习和理解。

第三单元 上海改革发展与执政能力建设（20个学习日）。本单元的目标如下：

- 了解上海改革、发展的现状，并且了解"十二五"规划的要求；
- 深入研究上海经济社会发展过程中产生的问题；
- 通过促进创新和加强党建，提升执政能力。

课程通过专家讨论、专题研究和学员自学，着重研究分析上海的主要发展和社会挑战。这部分课程涉及学员自学，学员将从下表中的八门课程中选修四门（参见表8-3）。

表8-3 课程选择

案例研究	角色扮演的学习过程
提高战略思维能力	危机管理与处置
提高依法行政能力	媒体沟通
讲课与指导课程	
提高干部心理调适能力	谈判的艺术
新时期和群众打交道的能力	公共政策方面的风险管理

第四单元 党史党建与党性分析（16个学习日）。本单元的目的是使学员了解国际形势、国情、党情并认识到党所面临的挑战。同时，学员通过学习党史，进一步继承发扬党的优良传统。课程涵盖对党史、党建和党性的分析等，通过专题讲座和革命传统教育来进一步巩固学员的党性修养，加强反腐意识。

学员考核

学员在校期间须撰写数篇学习体会文章：

- 每个单元学习结束后，学员须撰写一篇学习体会文章，反映本人在本单元的收获以及如何在工作中具体应用所学知识，每篇文章字数在1500字左右。每个学员还要撰写一份案例研究报告。以上成绩占总成绩的50%。
- 学习结束前，进行考试考核，要求学员完成一篇论文写作。
- 进行论文答辩，成绩占总成绩的50%。

学员管理

教学计划对学员在党校学习的具体要求如下：自学为基础，党校通过系统的专业性讲座、高质量讨论、经典案例分析和实地考察调研，培养一种积极的学习氛围。教学计划鼓励学员努力学习，勤奋钻研并且在讨论中提出"新的"问题。学员们应当遵守严格的党的纪律，营造良好的组织生活氛围（保持中青年干部的正面积极形象）。

其他事项

为了满足学员在校期间对教学内容的个性化需要，学校还提供以下形式的教学：

- 选修课。主要安排在周四下午，时间为1.5—2.0小时，学员可在班主任指导下网上选学。一般为每月两次，为保证选修课教学秩序，学员选择某门课程后不得随意放弃或变更。学员可以访问相关网址，利用学员信息注册登录进行选修。
- 科学发展讲坛。邀请领导干部或专家学者分析当前网络热门话题。主要安排在周五下午，时间为2个小时左右。[①]

三 大连高级经理学院：案例研究中心

如前所述，大连高级经理学院因在中国首创的案例研究教学而闻名。如今，它依然延续着这一传统。在我看来，现在的大连高级经理学院拥有最为先进的教学方法和现代化的设施（参见后文的附件三）。

---

① 参见《中共上海市委党校2011年第一期中青年干部培训班教学计划》。

对于一名工商管理硕士专业的学员而言，对下列 5 个关键领域不会感到陌生：

- 国企转型；
- 跨国管理；
- 创新能力提升；
- 风险管理和危机应对；
- 领导能力提升。

课程分为三大领域：管理技能类课程（如谈判与决策、领导力、突发事件应对等）、综合管理类课程（如战略管理、市场营销、供应链管理）以及管理素养类课程（如管理视野、国学与管理、宏观经济学等）。这些课程根据国有企业、公共服务部门或者公用事业机构的不同情况，可以有针对性地个性化组合。

师资力量

与其他党校不同，大连高级经理学院并没有大量的在职教职人员，但却拥有一个由 700 多人组成的兼职教师"库"。学院认为，"不必拥有，但求有效"。所以，这个教师"库"包括党政官员、政府智囊团的学者、大学教授和讲师，以及企业家等。

大连高级经理学院效仿硅谷之于斯坦福大学以及 128 公路之于波士顿的模式，也在努力与当地企业和工业区建立联系。这些公司包括大连证券交易所、造船厂、港口管理局、发电站，以及 IBM 和埃森哲（当时已在大连成立分公司）等软件巨头。经济发展的领域不仅局限于高科技或者生态城市等方面，而且包括经济技术开发区和港口经济开发区，这些区域均位于大连市辖区以内或临近大连。

中国管理案例共享中心

中国管理案例共享中心位于大连理工大学。我有机会得以前往参观了这个中国工商管理教育的宝库。干部们来此学习西方管理技能，必然都会利用这些资源进行案例研究。这个中心是中美两国协议的一个"侧枝"，但它已经深植中国，生根发芽。

目前，中心案例库中有授权案例2600余篇。此外，中心还是中国可以授权案例的权威机构，这些案例会被国内外商学院采用。中心培训进行案例开发与案例教学的教师，还创办了《管理案例研究与评论》（双月刊）期刊。自2010年开始每年举办一届"中国管理案例共享国际论坛"[①]。中心每年举办一届"全国百篇优秀管理案例"评选，评选出的"百篇优秀管理案例"会面向全球发行。

中国当代的"斯坦福"？

我必须要承认的是，此次研究目的之一就是探索党校课程是如何开设的。我惊喜地发现，大连高级经理学院已经与全球最新的工商管理理念接轨。大多数课程都是研讨会性质的，每节课最多有60名学员参加。老师可以就某个问题即兴展开，同时也鼓励学员进行热烈讨论。学院还专门设置了用于小组讨论的教室。更重要的是，学院还开设了两个咖啡馆（这是大多数党校没有的）。咖啡馆是商学院的一大特征，"学员们"可以在教室以外的地方自由地交换意见。

大连高级经理学院副院长董大海这样说：

我们不是大学，因为我们不颁发学位；也不是商学院，因为我们不是营利性质的；不是培训机构，因为我们不仅仅提供技能。我们是培养未来干部的中心！

第三节 实事求是（一）：发扬延安精神

一 瞻仰革命圣地宝塔山

我有幸与中国延安干部学院常务副校长陈燕楠教授会面，他向我简要介绍了如何发扬延安精神和进行党性教育。要追寻历史，延安肯定是理想的地点。

---

① 自2015年开始更名为"中国管理案例学术年会"。——译者注

红军来到延安贫苦百姓当中，并在此进行了13年的治理，我认为他们治理得非常好。延安对中国的影响是难以估量的，是任何人都无法想象的。共产党当年开创性的革命精神，以及为中国人民的利益而服务的热情是值得称道的。延安之行帮助我更加充分地理解了中国共产党为什么能在1949年取得胜利。共产党在延安时期做得非常好：是无私的政党，是为人民着想的政党，是与人民紧密相连的党。共产党为延安百姓提供生活所需：食物、衣服和基本的手工业品（如火柴、纸和电器等）。共产党干部在艰苦情况下，领导大部分未受过教育或只受过很少教育的农民。

　　干部如何确保人民会服从他们的领导呢？他们深知，为人民服务，首先就要保障能为人民提供足够的粮食、住宿和基本生活用品。蒋介石领导的国民党军队曾试图打垮共产党，然而，却遭到了全中国人民团结一致的奋起抵抗。

　　这一点再次体现了毛泽东思想的伟大之处：在延安后期，毛泽东最终决定从延安转移，是为了保留实力，进而彻底打败蒋介石的国民党部队。如果到1948年年底时中国共产党仍然继续留在延安，那么新中国可能就不会那么快地建立。毛泽东决定撤离，也让党员干部和人民群众对中国共产党的信心得以存续。国民党军队以胜利者的姿态进入延安，但到了1948年4月又不得不撤离。因此，就要将共产党在延安时期各方面值得学习的事迹做成教学案例，但如何才能做好呢？

　　中国延安干部学院通过三步来实现。第一步，要将所有干部的思想统一到毛泽东思想上来。干部们对延安精神都有着自己的见解，但是每个人的理解程度各不相同。因此，就需要对他们进行全面的思想教育。这方面的教育是通过学员自学和老师讲授结合来进行的，并且要求将延安时期情况的学习开展得生动有趣。尽管采用专题讲座式的授课方式，但我可以想象这些故事是多么得生动有趣（参见后文中的"南泥湾经验"）。这些课程与延安这片土地日夜相守，白天呼吸着延安的空气，夜晚沉睡在延安的大地，将延安的故事娓娓道来。

　　五一劳动节前一天，我在教工食堂遇到了王涛教授，他负责讲授南泥湾经验。听说我要参观南泥湾，他热情主动地为我提供帮助。能够获得这样一位老师的帮助，我可以了解很多知识，对此我感到十分高兴。我的这位私人指导老师,熟谙南泥湾知识,与当年的南泥湾战士的不同之处就在于他没有穿上红军军装在田间劳动。王涛的专业是清朝历史研究,但他现在是一位南泥湾专家。下面是一个关于南泥湾的故事,这个故事可以用来激励部队将士的士气:

"要提前说明的是,南泥湾现在仍旧是中国西北地区唯一能够找到水稻田的地方。第359旅的战士来自江西和中国南方的其他省份(如福建和广东等),他们经历长征后来到延安。他们想念家乡,想吃南方香糯的稻米。因此,他们决定种植家乡的粮食品种。"

此外,还有对毛泽东在延安时期重要理论思想的自学模块。所有学员都要读毛泽东在延安时期的著作,并且进行深入思考。

除了学员自学和教师教授,学员还会进行参观和反思。参观现场会有讲解人员进行解说和介绍,但这并不仅仅是单纯的旅游。例如,有专门用于起草党的指示的房间;还有一个起居室,毛泽东曾坐在那里,接见延安当时唯一的一位外国女记者艾格尼丝·史沫特莱①。史沫特莱是外界了解红色中国的唯一消息来源。那些口口相传的故事,时至今日,还在这片土地上不断地回响。

参观革命圣地、感受延安精神并不是终点,参观的学员应当不断思考当时的中国共产党干部的所做所想。历时两天对10个地方进行了参观后,学员们会对20世纪40年代的延安有更为深刻的了解。随后,学员间会彼此交流,互相学习。他们还会互相督促,并且进行集体宣誓。

参观的主要地方包括:
- 中共中央党校延安旧址,即今天的中央党校的前身;
- 延安革命纪念馆;
- 中共七大会址;
- 毛泽东曾居住过的枣园革命旧址(以及延安时期他曾经居住的其他三个地方);
- 凤凰山革命旧址,这是中共中央到达延安后的第一个驻地。

---

① 艾格尼丝·史沫特莱(1892年2月23日—1950年5月6日)是一位美国记者、作家,她的最著名的作品是半自传小说《大地的女儿》。

参观这些历史遗址的目的是让学员产生一种自豪感。培训到了这个阶段，学员重读了毛泽东的著作，参观和体验了毛泽东曾经居住的地方。两天的参观结束后，到了第三天，学员会从心底感到，自己因成为一名共产党员而骄傲。这时，培训课程也将在宝塔山画上句号（这是第三步）。

这座宝塔是延安的标志和象征，它历经日本帝国主义和国民党的空袭，经受了历史的洗礼和时代的考验，仍屹立不倒。一群群怀揣抱负、渴望改变中国现状的青年男女来到延安。他们在来延安的路上，这座宝塔是他们能看到的延安的第一个标志。从数公里以外远远望见这座宝塔，他们就知道，自己已经踏上了延安这片革命的土地。

"在宝塔山上，在党旗下，宝塔象征着中国共产党的崇高理想。在此，我向中国共产党重申我崇高的效忠与诚敬。我的内心感到充实和宁静……"

二　延安干部学院的教材编写

延安是接受精神洗礼的地方。延安干部学院的建筑风格非常现代化，完全不同于其他党校。学院看起来就像是教授先进的管理课程的商学院。目的就是给广大党员干部留下深刻的印象，培养他们的自豪感。学院的一些标志性的特征还包括酒店风格的接待和礼宾服务，大厅里还有ATM机等。总之，学院为学员创造了一切的便利条件，学员仅仅需要学习和思考。

如果把进行思想教育比作是品一杯茶，那么延安干部学院的教材就是这一片片的茶叶。接下来，就让我们来探究一下这一片片茶叶是如何制成的。在教材编写过程中，学院多次召开各类课程教材论证会和教材编写委员会审定会，广泛听取各方面专家学者对教材的修改意见。

其中的一些讨论是在中组部干部教育局的领导下进行的。例如，2004年6月和8月，中组部干教局在北京组织专家先后两次对学院党史党建类教材进行论证。2005年4月，中组部干教局组织中央党校、中央文献研究室、中央党史研究室、北京大学等单位10多位专家来到学院，对各类教材进行集中审读，提出了许多宝贵的指导性修改意见。

在教学过程中，通过在各类班次教学中的试用，广泛听取、收集任课教师和学员的意见。学院对主干课程教材和备选课程教材不断进行认真细致地

修改,并根据教学需求先后五次印刷,已达正式出版要求。其中的一些教材如下:

延伸阅读(二)

延安出版社

主要教材

- 《党中央在延安十三年》
- 《党在延安时期局部执政的历史经验》
- 《新民主主义理论与马克思主义的中国化》
- 《延安整风与党的建设伟大工程》
- 《弘扬延安精神、实践"三个代表"》
- 《今日延安与西部大开发》

备选课程教材

- 《备选课程教材(党史党建类)》
- 《备选课程教材(基本国情类)》
- 《现场体验课教材(讲解词)》
- 《案例教材》

辅助教材

- 《延安时期党的重要领导人著作选编》
- 《现场体验课教学点简介》
- 《社会主义新农村建设资料选编》
- 《延安时期大事记》

三 南泥湾经验

本节内容是基于延安干部学院网站上的幻灯片写就,将介绍多年以来南泥湾教学模式是如何设计和执行的。

南泥湾综合教学基地依托南泥湾大生产展览馆等9个革命旧址旧居和北京知青林150余亩生产劳动规划用地，运用现场讲授、现场点评和参观体验等活动实施革命传统教育，以多样化的生产劳动活动，体验艰苦奋斗精神，增强革命激情；依托南泥湾镇14个自然村，以农村基层党建、"三农"问题与村情民情调研、新农村建设等为主题实施基本国情教育。

基地有多媒体教室2间，研讨室4间，宿舍60间，可同期容纳100人的吃、住、生产劳动和教学活动教学基地，基地有现场体验教学点7个：南泥湾大生产展览馆、毛泽东旧居、烈士纪念碑、九龙泉、中直干休所、359旅旅部、延安炮兵学校旧址；另外，基地还有生产劳动规划用地150余亩，包括农作、林果、林草三个生产类型，保证学员各季节、各类型生产劳动不断线。

教学目的

南泥湾综合教学点以"自力更生、艰苦奋斗"的南泥湾精神为主线，把革命传统教育和国情教育相结合，融课堂讲授、现场体验、社会实践于一体，使学员通过参观革命旧址旧居、参加生产劳动等现场体验活动，感受当年359旅开发南泥湾的英勇气概，体验和理解自力更生、艰苦奋斗精神内涵，并通过深入农村，了解"三农"，开展基层党建调研等实践活动，感受今日南泥湾人民在社会主义新农村建设中的精神风貌。

课程设置与教学形式

延安精神及其时代价值。专家将向学员讲述60多年前延安曾经发生的事件。通过将历史事件与当前形势联系起来，辅之以课堂讨论，学院希望能够加深学员对延安精神的理解。

现场案例课。通过参观和听取现场讲解，学员们重温当年大生产的历程，理解自力更生、艰苦奋斗的南泥湾精神。此外，学员们还将参观毛泽东1943年视察南泥湾时居住过的地方。

现场体验课。参观南泥湾大生产展览馆（包括三个展厅，分别为"20世纪40年代之前""20世纪40年代"和"20世纪40年代之后"）、毛泽东旧居，以及其他地方，加深对南泥湾时代的了解。利用一天的时间，到当地村庄参观，实地调查农村工作，这正是效仿毛泽东在延安时期的做法。最终，集体进行生产劳动体验，因时因地制宜，安排生产劳动类型，如刨挖土豆、掰玉米等。①

第四节　实事求是（二）：发扬井冈山精神

我们将以略微不同的方式来讲述井冈山精神。我们将了解唱红歌活动，参观当年毛泽东写就著名的《井冈山的斗争》《中国的红色政权为什么能够存在？》所居住的地方，如果你有足够的精力，还可以重走朱毛红军挑粮小道，沿着当年毛泽东和朱德曾经走过的小道，亲自体验一下挑着20公斤以上重的粮食步行3公里。

一　在井冈山唱红歌

延安和井冈山两所干部学院的课程设计中经常包括唱红歌。现在即便是在党校里，这些歌曲也不常听到，但这些歌曲却是将党员干部们聚集在一起的方式，也是传播红色价值观的机会。

我参加过一次非常令人愉快的唱红歌活动。虽然我以前没听过那些歌曲，却被老师和学员们的热情所深深打动。红歌唱完，也标志着为期10天的培训的第一天的结束。尽管学员间互不认识，但是同志间的情谊却是温暖的、令人振奋的。一曲红歌就这样拉近了彼此的距离，我无法想象到下一次课程结束时，如果再唱一遍红歌，他们的关系会有多么紧密。

整个活动一共唱了6首红歌，中间还穿插讲述了一些井冈山当地的浪漫故事。值得注意的是，一位93岁高龄的老妇人仍在等着她的丈夫归来。她的丈夫在21岁时离家参加革命，当时只留给她一面镜子作为信物。这些年来，老人一直留着这面镜子，坚守在原先住的小木屋中。她一直坚信革命成功后，她的丈夫一定会回家来（然而他永远也无法回来了，因为他已经在

---

① 参见 http://www.celay.org.cn/index.php?id=25。

1948年解放战争中牺牲了）。

其间，还有一位学院教师操着当地方言为学员们进行讲解。一个半小时的活动很快就结束了。第二天，学员们要穿上红军军装，挑上粮食，重走朱毛红军挑粮小道。

二 参观茅坪的八角楼

井冈山斗争时期，茅坪是井冈山革命根据地，党、政、军领导机关所在地和湘赣边界工农武装割据斗争的指挥中心。同时，红军的后方留守处、医院、被服厂、修械所等后勤机构也设立于此。在这里召开了湘赣边界党的第一次、第二次代表大会。

八角楼毛泽东旧居

井冈山斗争时期，毛泽东经常在茅坪八角楼居住和办公，领导湘赣边界工农武装割据的伟大斗争。因为楼房里有一个八角形的天窗，所以当地群众都习惯把这栋房子叫作八角楼。

毛泽东在这里写下了《中国的红色政权为什么能够存在？》和《井冈山的斗争》两篇光辉著作（参见第一章）。参观八角楼时，我似乎可以在脑海中想象这样的画面：年轻时代的毛泽东在这里昏暗的烛光下，写下了闪耀着他的思想的火花并奠定中国革命基调的文章。历史赋予这里更为丰富的含义。

朱德在八角楼的住房

据记载，井冈山斗争时期，朱德也经常在这里居住和办公，与毛泽东一道领导和指挥井冈山的伟大斗争。他们经常在一起商讨创建和巩固井冈山革命根据地的根本大计，研究部署作战方案，制定正确的方针和政策，并指导红军干部战士深入地方开展土地革命运动。朱德还亲自上前线，指挥了七溪岭、五斗江、坳头坳等战斗，领导边界军民粉碎敌人的多次军事进攻。[1]

---

[1] 肖居孝：《茅坪八角楼》，中国井冈山干部学院网，2009年8月20日，http://www.celaj.gov.cn/a/yuanwangzhanshuju/jiaoxueziyuan/xianchangjiaoxue/2007/0312/4259.html。

三 走在朱毛挑粮小道

朱毛挑粮小道位于井冈山西北面黄洋界下面，原名五里横排，是当年红军从宁冈挑粮上山路线的一小段。路为羊肠小道，崎岖不平。当年的朱德军长年过四十，坚持亲自挑粮，士兵们担心他，便将他挑粮的竹扁担藏了起来。朱德非常生气，他又找到一条扁担，并写上"朱德扁担，不准乱拿！"由此留下了"朱德的扁担"的美谈。在朱毛亲自带头下，红军靠着肩挑背驮把30多万斤粮食运上了井冈山，解决了给养问题。

据说，在挑粮途中有一荷树，为红军挑粮歇脚之处。在荷树下毛泽东问："站在荷树下能看多远？"战士答能看到湖南，也能看到江西。毛泽东说："对，我们革命者就是要站得高看得远，站在井冈山，不仅要看到江西和湖南，还要看到全中国，全世界。"

亲身体验了动手劳动，在宝塔山下再度宣誓以及在井冈山唱红歌，我完成了坚定共产主义信念之旅的体验。

延伸阅读（三）

中央党校进入井冈山——难得启程的精神之旅

2012年5月9—12日，中央党校25名行政管理人员赴井冈山干部学院进行了为期4天的集中培训。出发前，中央党校机关党委常务副书记、机关纪委书记李庆华要求培训班的同志要倍加珍惜和充分利用这次学习机会，加强党性修养。

开班式上，井冈山干部学院副院长周金堂对大家的到来表示热烈欢迎，他向大家介绍了中国井冈山干部学院的基本情况以及井冈山在中国革命史中的重要地位。他指出，井冈山精神是马克思主义基本原理与中国革命具体实践相结合的精神，是马克思主义中国化的精神。井冈山精神的灵魂是坚定信念，核心是敢闯新路，根本是依靠群众。他还向参训人员授予了队旗。

井冈山干部学院为这次培训精心设计了课程,既有课堂教学,又有现场教学、实地参观、观看录像、学唱革命歌曲等,内容丰富多彩,方式灵活生动。

大家瞻仰了井冈山革命烈士陵园,向长眠在那里的革命烈士敬献花圈。参观了井冈山革命博物馆、茨坪革命旧址群、茅坪八角楼、小井红军医院等现场教学点,各位老师饱含深情地讲述了老一辈无产阶级革命家和革命先烈建立革命根据地的斗争经过和艰苦生活。在课堂教学中,通过学院老师的讲解,同志们对井冈山精神及其时代价值有了更深入的认识。①

附件一

课程表:2011年第一期上海市机关处级领导职务公务员任职培训班

第一单元　中国特色社会主义

日期	星期	时间	教学内容
3.1	二	上午	开学典礼
		下午	市领导致辞
3.2	三	上午	教学计划说明 公共管理案例的撰写与分析
		下午	中国特色社会主义以及一些理论问题
3.3	四	上午	建立社会主义核心价值观体系
		下午	自学:书单1—2
3.4	五	上午	国际视野下的中国模式分析
		下午	小组讨论:关于中国特色社会主义,有什么错误的印象和思想困惑?如何解决这些问题?

---

① 文章来自中央党校网站,参见 http://www.ccps.gov.cn/。

第二单元　上海服务模式政府开发

日期	星期	时间	教学内容
3.7	一	上午	上海政府职能转变与行政体制创新
		下午	自学：书单4—6
3.8	二	上午	基层政府公共服务能力提升
		下午	案例教学：上海社会疏导和管理
		晚上	学员论坛1
3.9	三	上午	上海基层行政执法的问题与对策
		下午	参观信访中心
3.10	四	上午	讨论：上海信访工作及法制建设（研讨式教学方法）
		下午	自学
3.11	五	上午	自学："神木模式"相关资料
		下午	完成并提交报告
3.14	一	上午	讨论：上海能否实行"神木模式"？
		下午	讨论：上海建设服务型政府，差距在哪里？差距的原因是什么以及如何缩短差距
3.15 到 3.16（周二到周三）			现场教学：浙江服务型政府建设以及上海可借鉴的经验

第三单元　领导能力训练与提升

日期	星期	时间	内容
			领导者决策力
3.17	四	上午	学员决策案例交流与评析
		下午	自学
3.18	五	上午	案例教学：提高决策能力
		下午	完成并提交报告
3.21	一	上午	提高决策的能力小结
			领导者执行力
3.21	一	下午	提高执行能力

续上表

日期	星期	时间	内容
3.22	二	上午	提高执行能力
		下午	拓展训练
		晚上	学员论坛2（多个课程混合）
3.23	三	上午	领导的艺术
		下午	读书交流研讨会
领导者应急力			
3.24	四	上午	讲座：提高应急管理能力
		下午	自学
3.25	五	上午	情景模拟练习：提高应急管理能力
		下午	完成并提交报告
3.28	一	上午	重大决策社会稳定风险评估
		下午	讲座：提高媒体沟通能力
3.29	二	上午	角色扮演：提高媒体沟通能力
		下午	讨论：处级公务员应具备哪些素质和能力，结合实际谈谈自己的认识和体会

第四单元 党性分析和学习总结

日期	星期	时间	内容
3.30	三	上午	党的性质及分析
		下午	党的群众的工作优秀事迹
3.31	四	上午	强化服务意识，培养公仆精神
		下午	党性分析准备
4.1	五	上午	党性分析
		下午	党性分析
4.2	六	上午	撰写学习总结
		下午	结业式

附件二

中青年干部培训班四个单元的具体情况

第一单元　马克思主义经典著作研读（14 个学习日）

本单元的教学目的是按照教学计划要求，研读马克思主义经典著作，强化对马克思主义基本理论、基本精神的理解和领会；提高运用马克思主义立场、观点、方法分析问题、解决问题的能力；树立正确的世界观、人生观和价值观。在学员自学原著的基础上，运用专题辅导、课堂研讨等形式，使学员完整准确地理解马克思主义基本原理，科学把握马克思主义世界观，充分认识马克思主义的生命力。从党性教育的角度来看，本单元可以让学员坚定马克思主义信仰、共产主义远大理想、中国特色社会主义共同理想不动摇。要研读的经典著作如下表所示：

序　号	经典著作
1	《马克思主义基本原理》
2	马克思：《1844 年经济学哲学手稿》
3	《路德维希·费尔巴哈与德国古典哲学的终结》
4	马克思：《政治经济学批判导论》
5	马克思：《资本论》和《共产党宣言》
6	《列宁最后的书信和文章》
7	毛泽东：《矛盾论和实践论》
8	毛泽东：《论十大关系》和《关于正确处理人民内部矛盾的问题》
9	《马克思的科学世界观及其生命力》

小组讨论的主题是：

如何运用马克思主义立场、观点、方法分析解决实际问题？

毛泽东领导的第一代领导集体在社会主义发展方面进行了哪些积极探索？

你得到了什么启发？

第二单元　中国特色社会主义理论与实践（12 个学习日）

本单元的教学目的是系统地理解马克思主义如何适应中国国情，牢牢把握毛泽东思想、邓小平理论、"三个代表"重要思想以及科学发展观的实际应用。结合"十二五"规划，贯彻科学发展观对于经济、政治、社会、文化、管理以及党的建设的新的要求。教学方式不仅包括自学和专题辅导，还包含对上海的主要地点的参观体验。这些参观和现场教学有助于深化对学员们对于科学发展观的理解。学习重点是探讨马克思主义基本原理与中国实际相结合的历史进程和理论成果；理论联系实际，深入学习贯彻科学发展观。内容包括：

模块一　中国特色社会主义的基本问题
《邓小平文选》
《江泽民文选》
《科学发展观学习读本》
讨论：科学发展观
模块二　用科学发展观看"十二五"规划
科学发展观与"十二五"经济体制改革
科学发展观与"十二五"政治建设
江浙地区经济社会发展的实践
科学发展观与"十二五"文化发展
科学发展观与"十二五"社会治理
学员论坛：当前社会意识形态走向

讨论的问题是：

• 中国特色的社会主义形成的历史和现实背景是什么？

• 在"十二五"规划的大背景下，讨论科学发展观将如何指导和解决经济社会发展遇到的"瓶颈"和困难。

第三单元　上海改革发展与执政能力建设（20个学习日）

本单元的目标如下：

• 要了解上海改革发展现状，理解"十二五"规划的要求。

• 深入研究上海经济社会发展的常见问题。

• 通过创新和党建提升执政能力。

课程内容包括与专家进行探讨、专题研究、学员自学，重点关注上海社会发展面临的主要问题，提升学员的领导能力、分析能力以及执政能力。党性教育侧重于培养学员把握改革发展大局，解放思想，开拓创新，提高执政为民的能力。本单元的内容包括三个模块。模块一和模块二如下：

模块一 "十二五"时期上海的经济社会发展
自学材料1、2、3
上海发展与"十二五"规划
"十二五"时期经济发展"瓶颈"与政策创新
参加信访接待（1天）
"十二五"时期社保改革的挑战
"十二五"时期政府角色转换及公共管理改革
参观上海社会发展及社会管理改革成果
模块二 专题研究（2.5个学习日）

模块三比较有意思，是关于如何提高干部的领导能力的。学员从八门课程中选择四门进行自学。八个选项分别是：

案例教学	情景模拟
提高战略思维能力	提高应急管理能力
提高依法行政能力	提高媒体沟通能力
专题讲座	
提高心理调适能力	谈判的艺术
新时期群众工作	重大决策社会稳定风险评估

讨论的问题是：

- 立足自身岗位，谈谈上海社会经济发展过程中的挑战。
- 民主、法治以及科学治理，对中青年干部提出了哪些新要求？
- 当前干部培养中，还存在哪些不足？如何改进？

第四单元 党史党建与党性分析（16个学习日）

本单元的目的是使学员了解国际形势、国情、党情并认识到党所面临的挑战。同时，学员通过学习党史，进一步继承发扬党的优良传统。通过党性分析，努力将每个学员打造成政治过硬、文化向上、道德正直忠诚的党的干部。课程涵盖对党史、党建和党性的分析等，通过专题讲座和革命传统教育来进一步巩固学员的党性修养，加强反腐败意识。

本单元的内容包括：

模块一　党　史
学习党史的方法
自学材料
中国共产党 90 年风雨历程和经验教训
为革命传统教育做准备
革命传统教育：赴井冈山和延安参观
组织生活 4：革命传统教育的新理解
模块二　党　建
关注民主和党内民主建设
当前上海党建所面临的问题和挑战
学员论坛：党建的探索与实践
模块三　党性分析
党性分析实践
强化党的目标 加强党性修养
案例教学：发扬优良传统 强化公共服务意识
现场参观：强化清廉意识和反腐意识
组织生活 5：党性分析
党性分析：批评与交流

讨论的问题包括：

- 中国共产党拥有哪些宝贵的历史经验和优良传统？
- 在新的历史环境下，如何继承和发扬这些历史经验和优良传统？
- 国际形势不断变幻，国民意识以及党面临的情况也不断变化，党建工作和群众工作如何才能跟上时代潮流不脱节？

中青年干部培训班的学习材料

第一单元　马克思主义经典著作研读

（1）赵曜等：《马克思列宁主义基本问题》，中共中央党校出版社 2001 年。

（2）中央党校教务部编：《〈马列著作选编〉内容提要和注释》，中共中央党校出版社 2002 年。

（3）中共上海市委党校：《马克思主义著作选编》，内部印刷 2005 年。

（4）金春明等：《毛泽东思想基本问题》，中央党校出版社 2001 年。

（5）《毛泽东选集》1—4 卷，人民出版社 1991 年。重点阅读篇目：《实践论》（1937 年 7 月）、《矛盾论》（1937 年 8 月）、《新民主主义论》（1940 年 1 月）、《论十大关系》（1956 年 4 月 25 日）、《关于正确处理人民内部矛盾的问题》（1957 年 2 月 27 日）。

第二单元　中国特色社会主义理论与实践

（1）《邓小平文选》1—3 卷，人民出版社 1994 年。

重点阅读篇目：

《解放思想，实事求是，团结一致向前看》（1978 年 12 月 13 日）；

《坚持四项基本原则》（1979 年 3 月 30 日）；

《社会主义也可以搞市场经济》（1979 年 11 月 26 日）；

《对起草〈关于建国以来党的若干历史问题的决议〉的意见》（1980 年 3 月—1981 年 6 月）；

《党和国家领导制度的改革》（1980 年 8 月 18 日）；

《建设有中国特色的社会主义》（1984 年 6 月 30 日）；

《一切从社会主义初级阶段的实际出发》（1987 年 8 月 29 日）；

《在武昌、深圳、珠海、上海等地的谈话要点》（1992 年 1 月 18 日—2 月 21 日）。

（2）《江泽民文选》1—3 卷，人民出版社 2006 年。

重点阅读篇目：

《用正确的思想方法分析形势》（1989 年 3 月 20 日）；

《关于在我国建立社会主义市场经济体制》（1992 年 6 月 9 日）；

《没有调查就没有决策权》（1993 年 7 月 5 日）；

《正确处理社会主义现代化建设中的若干重大关系》（1995 年 9 月 28 日）；

《讲学习，讲政治，讲正气》（1995 年 11 月 8 日）；

《领导干部要增强政治鉴别力和政治敏锐性》（1998 年 4 月 12 日）；

《根据本国国情确定建设社会主义的道路》（1998 年 7 月 21 日）；

《论加强和改进学习》（1999 年 1 月 11 日）；

《在新的历史条件下更好地做到"三个代表"》（2000 年 2 月 25 日）；

《科学对待马克思主义》（2001年8月31日）；

《领导干部要牢固树立正确的权力观》（2002年1月25日）。

（3）中宣部：《科学发展观学习读本》，学习出版社2008年。

（4）胡锦涛：《在纪念党的十一届三中全会召开30周年大会上的讲话》（2008年12月18日），《人民日报》2008年12月19日。

（5）秦刚主编：《中国特色社会主义理论体系》，中共中央党校出版社2009年。

（6）《中共中央关于国民经济与社会发展第十二个五年规划的建议》（2010年10月，十七届五中全会通过）、《中华人民共和国国民经济和社会发展第十二个五年规划纲要》（2011年3月，全国人大通过）。

备注：第（1）、（2）、（4）、（6）项所列学习资料请学员自备或自行查阅。

第三单元　上海改革发展与执政能力建设

（1）《上海市国民经济和社会发展第十二个五年规划纲要》，2011年1月；

（2）王志平主编：《上海：迈向国际经济中心城市》，上海人民出版社2007年；

（3）陈向明、周振华：《上海崛起：一座全球大都市中的国家战略与地方变革》，上海人民出版社2009年；

（4）〔美〕伯恩斯著：《领袖》，常健等译，中国人民大学出版社2007年。

备注：第（1）项所列学习资料请学员自备或自行查阅。

第四单元　党史党建与党性分析

（1）中纪委：《新时期领导干部反腐倡廉教程》，中央党校出版社2007年；

（2）张忆军等：《科学发展观视野下的党性教育案例评析》，上海三联书店2009年；

（3）王瑜、吕贵：《春风化雨——上海群众工作案例集锦》，中共中央党校出版社2010年12月；

（4）中共中央党史研究室：《中国共产党历史》第二卷，中共党史出版社2011年1月。

第九章 2011—2012 年的换届工作

我们详细探究了中国的党校,但这仅仅是个开始。在本章,我们将研究一下各省新一届选举出来的领导班子,他们将在接下来的一届任期(5 年中)为人民服务。我们还将研究中国共产党在各级选举中,朝着更加公开、透明、廉洁的方向所做出的努力。接下来,我们将考察中组部出台的新规定,所有党员和党组织都必须严格遵守该规定。这也可以说是一种"艰苦奋斗"。除了"四个方法"[①],我们还将研究共产党反腐败工作所进行的各种努力,以及当前具体执行反腐败工作任务的机构。这种全方位立体式反腐败工作可以被视为"实事求是"的一部分。在巡视部分,我们将首先参观中纪委,随后还将拜访中央监察部和最高检,此外,我们还有幸巡察了各省的反腐败工作情况,并近距离了解了检察官们是如何办案的。

第一节 为人民服务:新领导团队

2011—2012 年换届,中国省级领导班子将由人民选出来的省委书记、副书记以及省委常委组成。我们将首先研究他们各自的档案资料,并将他们与 2006 年的情况做比较,看看能否得出结论。这是一个新的为人民服务的团队。

[①] 党员干部们亲切地将这四项监督制度称为"四个《办法》"。称其为"办法"并不十分贴切,因为所谓"办法"隐含着人们达到理想目标所需采取的途径和方式,而这些《办法》中的规定并不是所有党员干部都十分愿意去做的。

数　字

从 2011 年 6 月至 2012 年 7 月，省、市、县、乡（镇）四级地方党委进行换届选举。我们的分析将聚焦新的省级换届选举，因为这是决定一个地方领导干部能否进入中南海的关键一步。

基于人民网的数据[①]，我们对新当选的地方领导人进行了初步分析。在最新一轮选举中，共选出 95 名地方党委书记和副书记，而 2006 年则选出了 166 人[②]。这一点意义重大，因为一段时间以来，中国共产党提倡甚至要求，地方上应当仅设 1 名党委书记，不超过 3 名副书记。其中 1 名党委副书记将同时兼任政府负责人，另外 2 名副书记则负责纪检、组织和宣传事务。中国共产党认为，这样的安排将最大限度地提高效率和增强官员的责任心。现在每个省只会任命 2—3 名副书记，而在 2006—2007 年，往往会任命 3—5 名副书记。

年　龄

从新任命的省部级领导干部的情况来看，任命年龄发生了较大的变化。主要限制如下：
- 省委书记和省长年满 65 岁后不再任命；
- 省委书记和省长的候选人不能超过 63 岁；
- 省委副书记和其他省委常委委员在分别达到 63 岁和 60 岁后，将不再任命；
- 省委副书记和省委常委的候选人的年龄应分别不超过 61 岁和 58 岁。

目前，有 5 位省委书记在 65 岁以上，2 位省委副书记在 63 岁以上，6 位省委常委在 60 岁以上。2006 年时，有 2 位省委书记在 65 岁以上，9 位省委副书记在 63 岁以上，14 位省委常委在 60 岁以上。相比之下，这是一个好

[①] 摘自人民网，参见 cpc.people.com.cn/GB/64162/123659/7398342.html。薛文浩（音）进行了大量的研究工作，薛文浩是我们负责外籍人才招聘的人事工作小组的组员。他对中国事务也有着浓厚的兴趣。

[②] 李成：《四代领导人的递嬗：目标与结果》，胡佛研究所《中国领导箴言》季刊第 18 期，www.hoover.org/publications/china-leadership-monitor/article/7043。

的迹象。65 岁以上的省委书记人数增加到 5 位，可能也并不是由于中国共产党的内部权力斗争。相反，在过渡时期，任命经验丰富的老同志，有助于保持党的持续性和稳定性。

再来看年轻干部，每个省必须有至少 3 名年龄在 50 岁以下的省委常委，这其中还包括 1 名年龄在 45 岁左右的。总的来看，年龄在 45 岁以下的省委常委有 1 名，年龄在 45—49 岁之间的有 51 名。

通过对省委书记和副书记的研究，我们发现，省委书记中，年龄在 60—64 岁之间的约占三分之一（11 人），他们可能在下一届任命前就会退休；年龄在 55—59 岁之间的约占三分之一（12 人），这些人是党的持续性和稳定性的保障。至于副书记方面，则更加令人欣慰：年龄在 55—59 岁之间的约占三分之二（47 人），而年龄在 51—55 岁之间的共 16 人（约五分之一）。这很好地表明了中国共产党在接班人培养方面的远见卓识。

常委的情况就更加可观了。我们发现，至少有 154 人（占常委总人数的一半以上）都在 55 岁以下，他们可能会参加下一届的换届选举。在 2016—2017 年的换届期间，剩下的 55 岁以上的可能会为年轻干部让路。

学　历

所有省委书记和副书记均为大学毕业。实际上，超过三分之二的省委书记至少拥有一个硕士学位，其中有 4 人拥有博士学位。在 64 名省委副书记中，56 人至少拥有一个硕士学位，其中 17 人为博士。这有助于中国共产党的发展，因为现代化的管理艺术不仅要求干部熟悉基层工作，还需要决策和执行能力。

我们在研究省委常委时发现，拥有硕士学位或博士学位似乎是最低要求，因为 80% 的省委常委都拥有硕士以上学历。也许这是由于中国历来尊师重道传统。现在，中国最优秀和最有前途的个人要想获得提拔或成功，拥有硕士或者博士学历是一个很重要的前提。在经过了知识的武装后，人们可以更好地应对生活中的挑战。党员干部拥有了丰富的知识和坚定的信仰，中国共产党才能走得更远。

性　别

有一位省委书记（福建省的孙春兰）和三位副书记（重庆、安徽、上海）是女性。省委常委中有33位女性，约占总数的5%。

经　验（工作年限）

作为人事工作者，我们常常感兴趣的是，一个人要在党内脱颖而出的话，需要花费多长时间。通过分析新一届省委常委名单，我们发现，一个人必须忠诚地为党的事业服务至少25年，方才有可能获得被提名为省委常委的机会。当前的省委常委中只有28人（少于5%）工作年限不足25年；其中，只有4位工作年限不足19年，其他人的工作年限都不少于20年。如果想成为省委副书记，则至少应当拥有30年的工作经验（70%的省委副书记都是如此）；要想成为省委书记，则至少要有35年的工作经验（75%的省委书记是这样的）。

籍　贯

传统上，中国人推崇知识，因此比较仰慕那些出状元的地方。通过对新一届当选的省委书记、副书记及其他常委进行分析，我们发现籍贯为河北、河南、湖北、山东和浙江的干部人数占前5位。省委常委中，有117人（占省委常委总数的三分之一以上）的籍贯为上述5个省。在省委书记和副书记方面，尽管辽宁籍省委书记和副书记共有8人，但籍贯为上述5省的领导干部占比优势通常同样比较明显，其中浙江籍和山东籍的省委书记共18人，副书记13人。

理想年龄

政府官员正在趋于年轻化、知识化以及更具管理经验，这是可喜的变化。第三章的表3-9可以清楚地表明，一个人要想仕途上获得成功，那么首先最好是拥有博士学位的男性。他应该在党政部门工作，他的党内职务级别也在逐步提升。首先，这个人最好从村官队伍中脱颖而出，然后进入县政府或区政府。之后，他应当努力在35岁之前成为县委书记或者副书记，这样才能有足够的时间晋升到厅局级。接下来至关重要的一步是在50岁之前成为省委常委以便在党内获得一些年龄优势。当然，他也可以在各部委或机关任职，并努力晋升到厅局级，然后再到省里同级任职并崭露头角，再就是等待机会进入省委常委班子。

表9-1　各级领导干部选拔任用的理想年龄

职级	行政级别	代表性职务	军队中的同等级别	理想年龄
1	国家级	总理	中央军委主席	
2—4	国家级副职	国务院副总理 国务委员	中央军委副主席、军委委员	60岁以上
4—8	省部级	省长（34人） 国务院各部委部长（28人）	军区参谋长	55—59岁
6—10	省部级副职	副省长 部副部长 国家级局长（16人）	军级	50—54岁
8—13	厅局级	国务院各部委司长 省厅厅长、省政府办公厅主任 市长（333人）	师级	45—49岁
10—15	厅局级副职	各部委副司长 省厅厅长、省政府办公厅副主任 副市长	副师级	40—44岁
12—18	县处级	各部委处长 省厅处长 县长（2859人） 市局局长	团级	35—39岁
14—20	县处级副职	各部委副处长 省厅副处长 市局副局长 副县长	副团级	30—34岁
16—22	乡科级	乡（镇）长（40826人） 市局科长 县局局长	营级	25—29岁

续表 9-1

如果你的年龄低于 25 岁，你必须：
获得硕士学位或博士学位；
担任两年村官的经历或通过国家公务员招考并晋升为副科级领导；
你的工资级别也将是最低级别（17—27 级，这是最低一级）；
可选择的工作包括：副乡长、市局副科长、县局副职、副县级或者副营级

第二节　艰苦奋斗：新规定

一　竞争性选拔任用流程方面的规定

比中国共产党代表大会更重要的是省、市、县、乡四级的换届。中组部印发了一系列新规定，确保各级换届工作。在本节中，我们将关注中国共产党如何开展 5 年一次的换届工作。还将研究发布实施的新规定，中组部希望达到的目标以及全国各级党组织的反响。

为了进一步强化 2007 年印发的《党政领导干部选拔任用工作条例》（前文第六章中提及），中共中央制定了四项监督制度（四个《办法》）。中国共产党在选拔干部过程中为加强党内民主、公开和透明而不懈努力，四个《办法》就是其中的一部分。

时任中国国家主席胡锦涛在十七届中央纪委五次全会上指出：（中国共产党）要认真执行和不断完善各项监督制度，积极探索加强监督的有效途径和方式方法，加大监督制度创新力度。

为此，中组部组织力量开展了深入调查研究，从 2007 年起正式会同中央纪委研究起草《党政领导干部选拔任用工作责任追究办法（试行）》，经广泛征求意见、反复修改，先后报经中央党建工作领导小组会议、中央政治局常委会议审议同意，于 2010 年 3 月印发。

中组部同步研究起草了其他三个《办法》，报经中央党建工作领导小组审议同意，于两天后印发。

四个《办法》包括：

- 《党政领导干部选拔任用工作责任追究办法（试行）》[①]（或简称为《责任追究办法》）；
- 《党政领导干部选拔任用工作有关事项报告办法（试行）》（简称《有关事项报告办法》）；

以及可以明确划分责任和干部上报让工作更加透明化的：

- 《"一报告两评议"办法》；
- 《离任检查办法》。

四个《办法》紧密配合，向广大党员和人民群众发出了明确信号：党要进一步加大公开、透明和公平公正力度。这些政策目前都已经颁布试行。

办法一：《责任追究办法》

《责任追究办法》的目的（共20条规定）是防止在干部选拔任用工作中权力被滥用，并明确地说明了哪些行为会受到追究。《责任追究办法》主要侧重于干部选拔任用工作中5大类对象及其责任，并且列出了应当追究责任的39种主要情形，具体如下：

党委（党组）主要领导干部。追究其责任的情形主要包括：违反干部任免程序和规定，个人指定提拔、调整人选的；阻挠、制止纪检监察机关和组织人事部门对选人用人问题进行调查核实以及按照有关规定做出处理的；违反干部选拔任用工作规定，导致用人失察失误，造成恶劣影响的等。

组织人事部门。追究其责任的情形主要包括：不按照规定的基本条件、任职资格、方式、程序和范围进行民主推荐、民主测评的；对反映的线索清楚、内容具体的违反规定选拔任用干部问题不进行调查核实以及核实后不按照有关规定做出处理的；不按照规定向上级组织人事部门报告干部选拔任用工作有关事项的等。

干部考察组。追究其责任的情形主要包括：更改、伪造民主推荐、民主测评结果的；接受考察对象或者考察对象请托人的礼品、礼金、有价证券或者支付凭证等财物，参加考察对象或者考察对象请托人安排的消费活动，以及接受考察对象所在单位特殊接待的；隐瞒、歪曲、泄露考察情况的等。

[①] 大多数资料可在网址 cpc.people.com.cn/GB/67481/94156/217406/index.html 查到。

纪检监察机关。追究其责任的情形主要包括：不如实向组织人事部门回复掌握的有关拟任人选遵守党纪政纪情况的；不按照有关规定对干部选拔任用工作进行监督检查的；对发现的干部选拔任用工作中的违规违纪行为不进行调查处理的等。

其他有关领导干部和人员。追究其责任的情形主要包括：在个别谈话推荐和考察中故意提供虚假情况的；在民主推荐、民主测评、组织考察或者选举中搞拉票贿选等非组织活动的；泄露民主推荐、民主测评、考察、酝酿、讨论决定等有关情况的等。

《责任追究办法》还明确了责任追究的具体措施。情节较轻的，给予批评教育或者责令做出书面检查；情节较重或者群众反映强烈、造成恶劣影响的，给予组织处理。组织处理的方式包括调离岗位、引咎辞职、责令辞职、免职、降职等。同时还规定，受到调离岗位处理的，一年内不得提拔；引咎辞职和受到责令辞职、免职处理的，一年内不得重新担任与其原任职务相当的领导职务，两年内不得提拔；受到降职处理的，两年内不得提拔。上述处理会由纪检监察部门、上级机关或者组织人事部门开展。①

办法二：《有关事项报告办法》

《有关事项报告办法》规定了 12 种应当事先报告的事项，以有效地强化对选人用人行为的监督，防范用人上违规现象发生，并且推动干部选拔任用公平公正。报告事项分为两类：

一类是应当书面报告上一级组织人事部门，经批复同意后方可进行的事项，包括市、县、乡党政正职在同一岗位任期不到 3 年进行调整的；党委、政府及其工作部门个别特殊需要的领导成员人选，不经民主推荐，由组织推荐提名作为考察对象的等 5 种情况（不符合有关规定的情况）。

另一类是做出决定前应当征求上一级组织人事部门意见的事项，包括超过任职年龄或者规定任期需要继续留任的；除领导班子换届外，一批集中调整干部数量较大的（具体数量界限由各级组织人事部门根据实际确定）；领导干部因被问责受到组织处理或者纪律处分，影响期满拟重新任用的；领导

---

① 《党政领导干部选拔任用工作责任追究办法（试行）》，新华社，2010 年 3 月 31 日。

干部的近亲属在领导干部所在单位（系统）内提拔任用，或者在领导干部所在地区提拔担任下一级领导职务的等 7 种情况。

这类事项主要是通过报告的形式，加强对监督环节的管理。《办法》第 5 条中明确规定，上级组织（人事）部门依据有关规定审核报告事项，应当在 15 个工作日内予以答复。未经答复，不得提交党委（党组）会议讨论决定相关任用事项。这是一个明确的信号，因为上级党组织通常不会干涉下级党组织的工作。①

办法三：《"一报告两评议"办法》

《"一报告两评议"办法》共 12 条，阐述了在党内进行报告和民主评议的必要性。《办法》要求，地方党委常委会每年向全委会报告工作时，要专题报告年度干部选拔任用工作情况，报告包括：

- 选拔任用干部的总体情况；
- 贯彻执行党的干部路线方针政策的情况；
- 创新选人用人措施和办法，建立健全干部选拔任用和监督机制的情况；
- 整治用人上不正之风的情况（包括上年度评议整改措施落实情况）；
- 管理有关滥用权力或违规安排人员的情况等。

参加民主评议的人员包括全委会成员，本级人大、政府、政协领导班子成员，本级纪委常委会成员，本级人民法院、人民检察院、党委工作部门、政府工作部门、人民团体及本级党委、政府派出机构的主要领导成员，下一级党委和政府的主要领导成员以及其他需要参加的人员。

这不单单是听听报告就行了。如果只是听听报告，那么就很容易走过场。中组部要求参加这种全委会民主评议的人员进行两次民主评议。评议内容是有关于干部提拔和新选拔任用干部相关。评议表格由参加人员匿名填写，以便于充分发表建议。新选拔任用干部民主评议的对象包括近一年内选拔任用的下一级党委、政府正职领导干部，本级党委、政府工作部门正职领导干部，由本级党委管理的其他正职领导干部，破格提拔（含越级提拔）的由本级党

---

① 《党政领导干部选拔任用工作有关事项报告办法（试行）》，人民网—《人民日报》2010 年 4 月 1 日，参见 http://cpc.people.com.cn/GB/64093/64094/11271672.html。

委管理的领导干部以及其他提拔担任重要岗位领导职务的干部（具体评议对象由上级党委组织部门根据实际情况确定）。

《办法》还规定，"一报告两评议"结束后，上级党委组织部门应当及时反馈民主评议结果。根据民主评议结果，上级党委组织部门对民主评议满意度高、工作成绩突出的，要予以表扬；对民主评议满意度明显偏低、干部群众反映强烈的，经组织考核认定后，按照规定追究有关责任人员的责任，并督促进行整改。对民主评议满意度明显偏低、干部群众意见集中的干部，本级党委组织部门应当对其选拔任用情况做出说明，并进行相应的教育和处理。[①]

办法四：《离任检查办法》

我认为，在这四项监督制度中，《离任检查办法》的效果会好于预期。离任检查民主评议有非常显著的效果：如果干部群众对即将离任的市县党委书记履行干部选拔任用工作职责总体评价"满意""基本满意"两项比率合计不足三分之二，或者对其任职地区用人风气总体评价"好""较好"两项比率合计不足三分之二的，经组织考核认定，要对即将离任的市县党委书记采取相应的组织处理措施。其中拟提拔使用的，应当取消其提拔使用的资格。

市县党委书记即将离任时，由上级党委组织部门对其任职期间履行干部选拔任用工作职责的情况进行检查。重点检查下列内容：

- 任职期间贯彻执行党的干部路线方针政策的情况；
- 任职期间市县党委选拔任用的干部的情况；
- 任职期间加强干部监督管理工作的情况；
- 任职期间本地区用人风气的情况；
- 任职期间遵守组织人事纪律的情况特别是离任前有无突击提拔调整干部的情况；
- 任职期间加强干部监督管理工作的情况等。

此外，还将在一定范围内对即将离任的市县党委书记任职期间履行干部

[①] 《地方党委常委会向全委会报告干部选拔任用工作并接受民主评议办法（试行）》，人民网—《人民日报》2010年4月1日，参见 cpc.people.com.cn/GB/64093/64094/11271673.html。

选拔任用工作职责情况和市县党委近期新任用的干部进行民主评议;并通过个别访谈、召开座谈会、受理举报等方式听取干部群众意见等。参加民主评议的人员通常是领导班子成员。[1]

二 中组部：实现预期目标[2]

四个《办法》颁布时，中组部接受了一个新闻采访。记者询问了很多问题，其中比较值得注意的一个问题如下：

"如何保证四项监督制度能够不折不扣地得到落实，切实发挥应有的作用？"

我将答复总结如下：

首先，中央组织部针对每一项制度的要点和特点，分别研究提出了抓好贯彻实施的若干具体措施。比如，为抓好《责任追究办法》的贯彻实施，将推动各省（区、市）党委组织部尽快开通网上举报，健全完善全国组织系统信访举报、"12380"[3] 电话举报和网上举报"三位一体"的举报网络。

其次，认真执行立项督查制度，进一步完善和落实举报查核工作责任制，做到线索清楚、内容具体的举报必查，实名举报必查，查实一起、处理一起、追究一起。

再次，督促各地区、各单位制定和实行领导干部选拔任用工作实施办法，为实施责任追究提供依据。

最后，同样重要的是，要求各地区、各单位定期将实施责任追究情况特别是对"带病提拔"干部选拔任用过程"倒查"情况报告上一级组织人事部门，发现落实制度不到位的，将及时进行纠正和问责。

---

[1] 我们所指的地方主要领导包括：党委书记、副书记、地方人大、政府、政协以及当地法院、检察院和纪委主要领导。《市县党委书记履行干部选拔任用工作职责离任检查办法（试行）》，人民网——《人民日报》2010年4月1日，参见 cpc.people.com.cn/GB/64093/64094/11271671.html。

[2] 《中组部就干部选拔任用四项监督制度答问》，新华网2010年4月12日，参见 news.xinhuanet.com/politics/2010-04/12/c_1228730.htm。

[3] "12380"是一个全国性的举报电话和在线举报系统。参见 www.12380.gov.cn/。各省、市、县也都有相应的举报渠道。可登录 www.gd12380.cn 或 www.gd12380.cn/12380/jb/jbxz.do?action=save 进行举报。

中央党校和国家行政学院教授解读干部选拔任用四项监督制度并与网民在线交流。

为了提高透明度，两位专家接受人民网的网络电视采访，解读四项监督制度。这两位专家分别是国家行政学院科研部主任许耀桐教授和中央党校党建教研部高新民教授。我们选取了其中一些比较有争议性的观点。①

自主权和独立性

许耀桐指出，无论是执行主体还是监督主体，都应该要有一定的自主权，要有一定的独立性。他认为，如果没有一定的自主权和独立性的话，很难避免干扰和阻碍。他举了一个例子，比如说纪检部门，它在选人用人方面对党委、党组的主要领导负责人有监督的功能，但是如何避免受到影响掣肘呢？纪检部门是要受到同级党委的领导的，要去查人家，要去监督人家，要受人家的领导，独立性和自主性就存在这方面的问题。

在这方面，我们的监督主体在发挥监督作用的时候，能不能直接地向上级负责，直接由上级领导进行选人用人的监督，不涉及其他，这方面可以只受到上级领导直接的监督，对他们负责，这样会更有效一些。做出这样的规定，不影响党内民主基本制度和基本原则，真正使这些制度发挥作用，我们就是要在执行主体和监督主体更好的发挥作用上下功夫。刚才提到的，最重要的是给他们这方面的自主性和独立性以明确的保证，这样制度才可以得到更好的实施。

民主评议

许耀桐针对民主评议也发表了自己的见解。他认为要发挥这条规定的作用还要做好三方面的工作：

- 选人用人的工作尽量透明，让群众有知情权和话语权；
- 每一项干部人事任免工作之前要听一听群众的意见和反映；
- 对有争议的人和事尽可能地做沟通和解释。

---

① 在2010年4月30日上午，人民网邀请中央党校和国家行政学院教授解读四个《办法》，与网民在线交流。参见 theory.people.com.cn/GB/11516754.html。

权力制约

高新民强调,《有关事项报告办法》规定了需要上级组织部门批复的情况,这些限制和规定很有积极意义。这项规则还适用于上级组织部门,因为《办法》规定,15个工作日内明确答复,除非发生极为特殊的情况。此外,高新民认为,这是个"厉害"的条例。她解释说,传统意义上,党委书记是一把手,权力很大。这种制约既是对主要领导的制约,也是对上级组织部门的制约。

党内民主发展方向

高新民认为,十七大、十七届四中全会讲得很清楚。

一是党内民主发展的路径就是自上而下、渐进式改革。四个《办法》就起到了这种作用。

二是尊重党员主体地位。高新民解释说,政党内部的民主并不是村民自治也不是作为一个组织内部的民主,还要体现党员主体地位。党员主体地位的体现不是制定一个权力保障条例就可以体现出来,它依赖于多方面的制度创新。比如知情权的实现,依赖于党务公开制度。选举权的实现依赖于选举制度的改革,是多方面的制度创新。

三是完善党代表大会制度和党内选举制度。高新民表示,这是四中全会明确讲的,选举制度跟用人紧密相连,有一些选举类的岗位必须选举,扩大人民的参与,才能有效地遏制"跑官要官买官卖官"。但是对任命类干部是另外一种措施,可以有民主的参与,还有组织的考察和提名问题。

四是民主决策。高新民指出,民主权利很大层面就体现在党员群众能否参与到决策过程中来。更为重要的是,能否在决策过程中体现广大党员和群众的意志。她总结道,四个《办法》对实现上述几个方面有积极意义。

三 各地党组织反响积极

各省、市、县的各级党组织对于这些制度反响热烈,并且我们也对他们的反响进行了描述(参见后文附件一)。

第三节 实事求是（一）：反腐工作

一 5个严禁、17个不准

除了上文所提到的四个《办法》以外，2011年1月，为保证全国省、市、县、乡四级党委换届工作平稳、健康、有序开展，中央纪委、中央组织部近日联合印发《关于严肃换届纪律保证换届风清气正的通知》，明确提出"5个严禁、17个不准"的纪律要求。5个严禁分别是严禁拉票贿选、严禁买官卖官、严禁跑官要官、严禁违规用人、严禁干扰换届。具体详见表9-2：

表9-2 5个严禁、17个不准

	严禁拉票贿选
1	不准在民主推荐、民主测评、组织考察和选举中，通过宴请、打电话、发短信、当面拜访等形式拉票
2	不准贿赂代表
3	不准参与或者帮助他人拉票贿选
	严禁买官卖官
4	不准以谋取个人职务晋升、提高职级待遇等为目的，贿赂他人
5	不准利用职务上的便利，以为他人谋取职务晋升等索取、收受贿赂
	严禁跑官要官
6	不准采取拉关系、走门子或者要挟等不正当手段，谋取职务或者职级待遇
7	不准封官许愿，或者为他人提拔调动说情、打招呼
	严禁违规用人
8	不准违反规定程序选拔任用干部
9	不准突击提拔调整干部
10	不准任人唯亲，指定提拔调整人选
11	不准违反规定超职数配备领导干部，或者违反规定提高干部的职级待遇
12	不准利用职务便利私自干预下级或者原任职地区、单位的干部选拔任用工作

续表 9-2

13	不准私自泄露民主推荐、民主测评、考察、酝酿、讨论决定干部等有关情况
严禁干扰换届	
14	不准以威胁、欺骗等手段妨害代表自行使选举权、被选举权和表决权
15	不准编造、传播谣言，诬告陷害或者侮辱诽谤他人
16	不准在换届选举期间私自向代表赠送纪念品和散发各种宣传材料
17	不准阻挠对违反换届纪律问题的调查和处理

《通知》还规定了相应的惩处措施。基本上，一旦发现有任何违规行为，选举和任命结果一律无效。此外，相关人员还将受到相应党纪处分，包括通报批评辞职、免职、降职或者依法罢免（四个《办法》中也有提及）。更重要的是，由于其间可能涉及金钱问题，相关责任人员还将被移送司法机关处理。对于情节轻微，尚不构成犯罪及组织处理的，将给予批评教育。

二　强化执行工作

《通知》还强调，在执行《通知》要求的过程中，需要强化的四个方面：
（1）严肃教育，引导党员干部自觉遵守换届纪律。

• 加强思想教育。要紧密联系党员干部的思想实际，深入细致地做好换届期间的思想政治工作，教育党员干部特别是各级领导干部牢固树立正确的世界观、权力观、事业观等。

• 加强纪律教育。要组织各级领导班子成员专题学习干部选拔任用和换届选举工作的政策法规，特别是"5个严禁、17个不准和5个一律"的纪律要求。组织研讨会，让干部各抒己见，互相学习。

• 加强警示教育。要对近年来在用人上查处的不正之风的典型案例进行深入剖析，作为警示材料，与换届工作有关的文件和纪律规定一并印发党员干部学习；对换届期间查处的违反组织人事纪律的案例，要充分发挥其治本教育功能，及时以身边的反面典型警示党员干部，从中吸取教训，做到引以为戒。

（2）严格监督，把换届工作全过程置于有效监督之下。

• 强化关键环节监督。开展民主推荐时，要组织参加推荐人员对严肃换届纪律情况进行问卷调查，了解对换届纪律规定的知晓情况，及时发现违反换届纪律的问题。发布考察对象公示通知时，要将考察对象是否有违反换届纪律行为列为一项举报内容。进行考察时，要认真了解考察对象遵守换届纪律情况。换届选举时，要对换届风气进行民主测评。

• 严格执行有关监督制度。换届工作中，凡涉及市县党委书记职务变动的，都要按照规定认真开展履行干部选拔任用工作职责离任检查，并把检查结果作为评价使用的重要依据；凡是干部选拔任用工作有关事项报告制度要求报告的事项，必须如实报告，进行严格把关；凡是考察对象，都要向考察组如实报告个人有关事项。

• 加强换届风气监督检查。换届工作过程中，各级纪检机关和组织部门要派出督查组，采取有效方式，对执行换届工作政策法规和纪律情况进行巡回监督检查。省级领导班子换届选举期间，中央纪委、中央组织部将派驻督导组对换届选举工作进行现场督促指导。要充分发挥巡视监督作用，把换届工作特别是换届风气作为巡视的重点内容。

（3）严厉查处，狠刹换届中的歪风邪气。

• 畅通群众举报渠道。健全电话、信访和网络"三位一体"的举报平台，及时受理反映违反换届纪律的问题。组织部门要建立"12380"举报换届问题专人值守制度，对反映违反换届纪律的突出问题和考察人选问题的举报限时办理。运用"12371"手机信息系统，发挥基层党员干部对换届风气的监督作用。

• 坚决查处违纪行为。各级纪检机关和组织部门对受理的违反换届纪律问题，要从快从严查处，决不姑息。该部分需要强调的是，需要建立一个制度，通过该制度，可以确保所有的案件都能得到查处。

• 积极做好换届舆情应对工作。建立换届工作舆情突发事件应急处置机制，制订网络舆情应对预案，加强舆情实时监控，对媒体特别是互联网反映的违反换届纪律的问题，迅速采取应对措施，经查问题属实的迅速处理并适时公布处理结果，与事实不符的迅速公布真相予以澄清；对别有用心散布谣言的会同有关机关迅速依法处理，以树立正确的舆论导向，形成良好的舆论氛围。

（4）严密组织，加强对严肃换届纪律工作的领导。

• 地方各级党委对严肃换届纪律工作要高度重视，摆上重要议事日程，贯穿到制订换届工作方案、考虑换届人事安排、组织换届选举之中，做到与换届工作一同谋划、一并落实。

• 要强化换届风气考核。在换届选举期间和开展组织工作满意度民意调查时,要分别请代表和干部群众对换届风气进行民主测评。要把换届风气作为党风廉政建设责任制考核的一项重要内容。对换届风气好的,要予以表扬;对换届风气不好的,要按照规定追究党委和有关部门主要领导人员的责任。

• 各级纪检机关和组织部门要在党委的领导下,密切配合,在严肃换届纪律上坚持重要问题共同研究、重要工作共同部署,做到齐抓共管、形成合力。纪检机关要认真履行党内监督专门机关的重要职责,严肃执纪,为换届顺利进行提供纪律保证。

• 组织部门要切实发挥干部管理方面的职能作用,加强组织协调,把严肃换届纪律的要求落实到各级换届选举工作的全过程。要切实通过加强换届监督、严肃换届纪律,决不让投机钻营者有机可乘,决不让铤而走险者侥幸得逞,决不让触犯法纪者逃脱惩处,保证换届工作有序、健康、平稳开展,努力提高选人用人公信度。①

第四节　实事求是(二):中纪委、监察部和最高检

一　中组部规定的5个严禁、17个不准

中国共产党下定了实事求是的决心,又是否有足够的"力量"来具体执行呢?在此,我们将简要介绍在中国共产党内3个专门从事反腐败工作的机构,分别是中纪委、监察部和最高检。

二　中纪委

中纪委全面负责维护党风、党纪和开展反腐败工作。中纪委共有127名

---

① 《中央纪委中组部严明换届纪律5个严禁　17个不准》,《人民日报》2011年1月22日,参见 cpc.people.com.cn/GB/67481/94156/217406/index.html(中共中央纪律检查委员会　中共中央组织部2010年12月2日联合印发)。

委员，这些委员是在 5 年一届的中国共产党代表大会上选举产生的。中纪委具有多重任务，具体如下：

- 维护党的章程和其他党内法规，协助党的委员会加强党风建设，检查党的路线方针政策和决议的执行情况；
- 对党员进行遵守纪律的教育，做出关于维护党纪的决定；
- 检查和处理党的组织和党员违反《党章》和其他党内法规的比较重要或复杂的案件，决定或取消对这些案件中党员的处分；
- 受理党员的控告和申诉等；
- 根据工作需要，它可向中央一级党和国家机关派驻党的纪律检查组或纪律检查。

《党章》（2007 年修改版）第八章"党的纪律检查机构"中有三个与中纪委相关的部分：

在第 43 条中，需要注意的一点是，纪委是为数不多的接受双重领导的部门之一，不仅是开展工作方面，还包括选举常务委员会和书记、副书记的过程中。而在其他领域，中国共产党没有进行这样的管理。

第 44 条则规定了党的各级纪律检查委员会的主要任务。在此，我们要强调的是，任何事情都不能超出纪检工作的职权范围。"各级纪律检查委员会发现同级党的委员会委员有违反党的纪律的行为，可以先进行初步核实，如果需要立案检查的，应当报同级党的委员会批准，涉及常务委员的，经报告同级党的委员会后报上一级纪律检查委员会批准。"

第 45 条明确了上级纪律检查委员会的角色。"上级纪律检查委员会有权检查下级纪律检查委员会的工作，并且有权批准和改变下级纪律检查委员会对于案件所做的决定。"

与监察部合署办公。自 1993 年 2 月以来，监察部与中纪委的机关合署办公，机构列入国务院序列，编制列入中共中央直属机构。国家预防腐败局列入国务院直属机构序列，在监察部加挂牌子。合署办公是指两个或两个以上的机构由于工作性质相近或联系密切，在同一处所办公，反映了党政机关相互协调组合交织的状况，目的是职能有机统一、精简效能、规范运转。在地方层面，地方纪委与监察局在工作上也密切配合。

监察部的主要权限包括：

- 检查权。是指对监察对象贯彻执行国家法律、法规和政策的情况,以及违反行政纪律的行为进行检查。
- 调查权。是指对监察对象违反国家法律、法规和政策的行为,以及违反行政纪律的行为进行调查。
- 建议权。是指监察机关可以对国家行政机关违反国家法律、法规和政策的行为,向有处理权的机关提出处理建议;可以对如何提高行政工作效能提出建议;对监察对象模范执行国家法律、法规、政策和遵守行政纪律的行为,对同监察对象的违纪违法行为进行坚决斗争,做出显著贡献的个人或单位,向有处理权的机关提出奖励的建议。
- 行政处分权。监察部根据检查、调查的结果,对拒不执行法律、法规或者违反法律、法规以及人民政府决定、命令的行为,对违反行政纪律的监察对象,可以向有关部门提出监察建议,予以纠正和处理;也可以做出监察决定,直接给予责任人警告、记过、记大过、降级、撤职、开除的行政处分。

监察部共有23个内设机构(作者成稿时),具体如下:

- 5个纪检监察室工作范围涉及经济、工业能源、交通、农业、文化、健康、科学、法律、媒体等行业;
- 4个纪检监察室工作范围按地区划分,分别联系东北、中南、西南和西北地区;
- 14个其他综合管理部门负责日常事务、决策、教育、法规建设、处理投诉和报告、人事和研究等;
- 该部还派驻了50个监察机构。

三 最高检

最高检是重要的机构设置,因为它综合了多个法律机构的职能。名义上,它是中国最高的法律监督机关。最高检检察长级别为省部长级及以上[①]。最高检对全国人大和全大常务委员会负责并报告工作。最高检检察长由全国人大选举产生,每届任期5年。

---

① 现为副国级。——译者注。

在新加坡，没有类似中国最高检察院的机构，但它由新加坡总检察长办公室、贪污调查局、商业事务局，以及一个预防教育局综合协同构成了检察体系。根据宪法和相关法律，中国最高检负责的工作主要为两方面：法律监督和特殊调查[1]。通过研究2011年最高检工作报告[2]，我们可以更清楚地了解其工作性质。

特别调查

这里的重点是双管齐下。第一，最高检侧重于调查职务犯罪案件[3]，如贪污案、贿赂案、渎职案以及非法逮捕、审问、调查等侵犯公民权利案等。第二，拥有对司法部门所处理的案件进行重新检查和审查的权力。相关的统计数据（据2011年最高检工作报告）如下：

打击重大经济犯罪方面：
- 依法批准逮捕走私、金融诈骗、非法集资、操纵股市、非法传销等严重经济犯罪嫌疑人40604人，提起公诉54891人；
- 推进治理商业贿赂工作，在资源开发、产权交易、政府采购等领域，立案侦查涉及国家工作人员的商业贿赂犯罪案件10542件；
- 深入开展打击侵犯知识产权和制售假冒伪劣商品专项行动，起诉侵犯知识产权犯罪嫌疑人6870人；
- 围绕促进可持续发展，起诉造成重大环境污染和严重破坏能源资源保护的犯罪嫌疑人17725人；
- 立案侦查涉嫌环境监管失职、违法发放林木采伐许可证等渎职犯罪的国家机关工作人员873人。

保障和改善民生方面：
- 依法批准逮捕生产销售假药劣药、有毒有害食品等犯罪嫌疑人2012人，提起公诉1562人；
- 立案侦查"瘦肉精""假牛肉"等食品安全事件中涉嫌渎职犯罪的国

---

[1] 参见english.peopledaily.com.cn/data/organs/procuratorate.html，也可见www.spp.gov.cn/site2006/official。
[2] 参见www.spp.gov.cn/site2006/2012-03-20/0001838388.html。
[3] 原文为白领犯罪，白领犯罪者大多拥有较高的社会和经济地位，通常利用职务进行犯罪。

家机关工作人员 202 人；

• 部署开展严肃查办危害民生民利渎职侵权犯罪专项工作，在征地拆迁、扶贫开发、社会保障、惠农资金管理使用、保障性安居工程等领域查办案件 4779 件；

• 依法同步介入矿难、火灾、爆炸等重特大事故调查，立案侦查严重失职渎职造成人民群众生命财产重大损失的国家机关工作人员 770 人。

查办腐败案件方面：

• 严肃查办贪污贿赂等职务犯罪。全年共立案侦查各类职务犯罪案件 32567 件 44506 人，其中贪污贿赂大案 18464 件；

• 涉嫌犯罪的县处级以上国家工作人员 2524 人（含厅局级 198 人、省部级 7 人）；

• 严肃查办利用执法权、司法权谋取私利、贪赃枉法案件，立案侦查涉嫌职务犯罪的行政执法人员 7366 人、司法工作人员 2395 人；

• 加大惩治行贿犯罪力度，对 4217 名行贿人依法追究刑事责任。加强反腐败国际司法合作，完善境内外追赃追逃机制，会同有关部门追缴赃款赃物共计约 78 亿元，抓获在逃职务犯罪嫌疑人 1631 人；

• 另外，还立案侦查渎职侵权犯罪案件，涉及 10585 人。

法律监督

具体包括：

• 对重大刑事犯罪案件依法审查批捕、提起公诉，领导地方各级人民检察院和专门人民检察院对刑事犯罪案件的审查批捕、起诉工作；

• 领导地方各级人民检察院和专门人民检察院开展民事、经济审判和行政诉讼活动的法律监督工作；

• 对地方各级人民检察院和监所派出检察院依法对执行机关执行刑罚的活动和监管活动是否合法实行监督；

• 对各级人民法院已经发生法律效力、确有错误的判决和裁定，依法向最高人民法院提起抗诉；

• 对地方各级人民检察院和专门人民检察院在行使检察权做出的决定进行审查，纠正错误决定；

- 对国家机关工作人员职务犯罪预防工作进行研究并提出职务犯罪的预防对策和检察建议；负责职务犯罪的法制宣传工作；负责全国检察机关对检察环节中其他社会治安综合治理工作的指导等。

重要的统计数据如下：
- 共依法批准逮捕各类刑事犯罪嫌疑人908756人；
- 提起公诉1201032人；
- 依法决定不批准逮捕151095人、不起诉39754人；
- 办理群众信访804873件次；
- 对近年来办理的31347件涉检信访案件进行评查，纠正存在错误或瑕疵的2333件；
- 对涉嫌犯罪的未成年人依法决定不批准逮捕13738人、不起诉3437人。

立案监督

- 对应当立案而不立案的，督促侦查机关立案19786件；
- 对不应当立案而立案的，督促撤案11867件。

检察官的角色

加强立案监督和侦查监督；加强审判监督：
- 对应当逮捕而未提请逮捕的，决定追加逮捕36976人；
- 对应当起诉而未移送起诉的，决定追加起诉31868人；
- 落实审查逮捕阶段讯问犯罪嫌疑人、听取律师意见制度，对侦查中的违法情况提出纠正意见39432件次；
- 对认为确有错误的刑事裁判提出抗诉5346件；
- 对刑事审判中的违法情况提出纠正意见8655件次；
- 对认为确有错误的民事行政裁判提出抗诉10332件。

预防教育

- 加强反渎职侵权公共宣传，开展以"加强渎职侵权检察工作、促进依法行政与公正司法"为主题的宣传活动；
- 举办惩治和预防渎职侵权犯罪大型展览全国巡展，216万名国家工作人员参观了展览；对国家工作人员进行反腐倡廉教育 3800 万人次；向有关单位提出预防建议 41864 件。

反贪污贿赂总局

值得一提的是，反贪污贿赂总局是设立在最高检内部的职能机关。该局承担的一些具体职责如下：

- 负责对全国检察机关办理贪污贿赂、挪用公款、巨额财产来源不明、隐瞒境外存款、私分国有资产、私分罚没财物等犯罪案件侦查、预审工作的指导；
- 参与重大贪污贿赂等犯罪案件的侦查；
- 直接立案侦查全国性重大贪污贿赂等犯罪案件；
- 组织、协调、指挥重特大贪污贿赂等犯罪案件的侦查；
- 负责重特大贪污贿赂等犯罪案件的侦查协作；
- 研究分析全国贪污贿赂等犯罪的特点、规律，提出惩治对策；
- 承办下级人民检察院反贪污贿赂工作中疑难问题的请示；
- 研究、制定贪污贿赂检察业务工作细则、规定。

人民检察院是最有力的反腐败"武器"之一。

第五节　实事求是（三）：基层检察室

我们现在近距离地了解一下检察院的实际工作是如何展开的。

一　贵州息烽县

面　积	人　口	人口密度	行政单位	人均国内生产总值
1035 平方公里	21 万人	205 人/平方公里	10 个乡镇 161 个村庄 7 个街道办事处	1.5 万元

流动检察室

息烽县检察院启动了"阳光检务车流动检察室"活动。从 2012 年 3 月开始,"阳光检务车"跑遍了县域内的各乡镇、社区、村居及基层单位,主要任务是进行巡回宣传和接访。在向群众进行宣传时,"阳光检务车"向群众宣传检察院的职责(中国老百姓可能并不熟悉这个概念),帮助群众理解检察院开展的各项检察业务。接访指的是现场受理群众法律咨询、举报、控告、申诉等业务。

据《人民日报》报道,记者跟着"阳光检务车"到基层跑了一天,并认真观察他们如何进行宣传工作。中午 12 时(集市热闹的时候)左右,"阳光检务车"停在乡集市中心街道附近,6 位检察员开始工作。群众迅速围了上来。

检察组的主要任务是宣传和开展基层检察工作。此外,他们还通过现场受理群众法律咨询、举报、控告、申诉等业务,向群众详细介绍检察院的工作。

流动检察室的宣传

"你们是哪个单位的?"一名村民问道。

"我们是县检察院的。"

"检察院是干什么的?"

"打击职务犯罪。"见村民露出一脸不解的神色,一位检察官重新解释道,"就是打击贪官的。"于是一场关于检察院是做些什么工作的对话在人群中展开。

"我要反映乡干部的问题""村里有年轻人领低保"……问题一个接着一个,两个小时下来,何启华没喝一口水,不停地记录、解释。"能答复的当场答复,还有问题的,可以拨打我们车身上的电话,24 小时有人接听。"一位检察官指向车子的方向,大伙顺着看过去,纷纷掏出手机记下号码。

检察官在忙,检务车也没闲着,车载 DVD 播放的视频资料吸引了村民的兴趣,大家纷纷坐上车,看起了电视。"这个看得懂,有声音,有画面,比字好认。"几位年纪大的村民做出评价。

"你们来为我们服务,谢谢你们!"

及时处置

时间过得很快,集市上的人也渐渐散去,在一片感谢声中,大家和窗外的村民挥手道别,车子驶向了回城的方向。返程路上并不轻松,一个临时会议在车上召开。分管"阳光检务车"事务的副检察长何启华把今天收集到的群众反映的线索和问题跟大家交换了意见,将处理办法分解到各个相关科室。

"控申科收集一下马屯村蔡道品反映的村里有年轻人领低保的问题,核实是否存在乡干部滥用职权","政工科下次多准备些宣传手册,今天还有村民想领取而没领到"……

检察官们回到检察院的时候,已经是下午6点多了。

二 海南省三亚市海棠湾

面 积	人 口	行政单位	人均国内生产总值
750.6平方公里	12.67万人	1个乡镇	3.5万元

我们再来看一下海棠湾人民检察院的故事,海棠湾检察室只有4个工作人员。采访者跟随检察室负责人李建民下乡走访了一天。

检察教育　预防犯罪

上午9点

李建民和同事来到海棠湾开发建设有限公司,见到总经理翟存林。李建民开门见山:"今天,咱们商量一下警示教育活动方案。"海棠湾是海南省的重点开发区,自2007年以来,完成投资200多亿元。公司负责政府投资项目建设,经手的钱多,风险也大。自从2008年开始与检察室联合成立预防职务犯罪办公室,各项工作依法依规,没有出现一例腐败案件。

他们谈论一系列活动,包括案件研讨会、"廉洁"政府责任文件的签署,以及设立预防犯罪展示中心。他们还商定中层以上干部必须出席这些活动。

"2011年,原海棠湾管委会主任、海棠湾镇镇长李某等人利用职务便利,骗取国家征地补偿款被查，开发公司没有一人涉案。"

"我对检察室的理解是：'防、打、化、建'，预防、严打职务犯罪；化解群众矛盾纠纷；提出检察建议，规范管理。"李建民说。

检察监督　督促办案

中午

李建民和马一凡走进路边一家小吃店。服务员端上菜，却迟迟不肯离开。"你们是检察院的，管摩托车被偷不？"服务员心直口快。

"检察机关负责监督办案。"马一凡说。

女服务员叫周秀，是椰林村人。今年3月，家中两辆新摩托车同时被盗，价值超过1万元。当时，民警到她家拍照、收集资料、做笔录，但一直到现在，摩托车还没找回来。"你把电话号码、地址留下，我们和藤桥派出所联系。如果没有立案，我们会督促公安机关马上立案；如果赃车已经追回，立刻归还你。"李建民说。下午2时30分，他们与公安人员会合。对方称，公安部门正在重拳打击摩托车盗窃，力争尽快破案。

下午2点半

"盗采河沙一案，人已经抓获，为什么不批捕？"李建民问。

"工程建设需要大量河沙，一些人顶风作案，超量、越界盗采河沙，破坏生态环境。"林旺派出所副所长陈一郎说，今年3月，公安机关突击行动，刑拘5名盗采者，可在报批捕时，案件定性的关键环节盗采数量尚未鉴定，只得取保候审。5月份，海南省国土资源厅专门召开专家论证会，推动鉴定工作。只要结论一出来，立刻采取行动。

检察调解　化解隔阂

下午3点

李建民来到林旺派出所，与民警研究防范一起斗殴事件。林旺派出所教导员吉明说，5月30日，林旺中学一名学生不堪忍受欺负，用水果刀捅伤两名同学。现在事件已经平息。

"这里以前出现过孩子打架，引发家长械斗的恶性事件，不能掉以轻心。"李建民提醒。

"派出所召集家长和校方签订了协议。肇事人的母亲赔礼道歉,并承担对方医疗费。受害者家长也承认,平时对孩子疏于管教,不该欺负同学。"吉明说。

李建民建议:"马上放暑假了,要防止受伤的学员报复,再次激化矛盾。请学校注意密切观察。"

下午 4 点半

李建民刚离开派出所,手机就响了。

"是洪李村的蔡莉。检察室帮她主持过公道。"接完电话,李建民对记者说。

原来,因修建东环铁路,蔡莉所在的村委会部分地段被征用。村干部认定蔡莉是"外嫁女",不肯拨付补偿款。她一气之下,将村委告上法庭,成功要回应得款项。正当蔡莉满心欢喜之时,不顺心的事接二连三地发生:选举期间自家没有选票,孩子没法在村里打疫苗,村集体办农村合作医疗没她名额,就连村里发放的慰问大米,也没她的份。为了讨个说法,蔡莉的丈夫频繁上访。

"在检察室的主持下,蔡莉终于和村干部坐在一张桌子前,化解了彼此的矛盾。"李建民说。

目前所取得的成绩

海棠湾镇检察室有效地保证了法律的实施,并且有效监督,避免职务犯罪。海棠湾检察室发现,龙海村委会在大宗集体投资项目的资金使用上存在监管漏洞,于是便向镇党委、政府提出检察建议:对各村组大宗集体资产的管理使用、建设项目的发包管理、上级划拨或接受社会捐赠的资金、物资使用等进行专项审计,及时公布审计结果。建议被及时采纳。

截至目前,检察室就征地拆迁现场采取视频记录等发出检察建议书6份,开展职务犯罪预防15次,参与评审及招投标监督20余次,开展项目进度检查12次,提交调查报告5份,初查职务犯罪案件12件,挽回经济损失1802.44万元。

三 江西省丰城市

面　积	人　口	行政单位	人均国内生产总值
2800 平方公里	13.7 万人	27 个乡镇 5 个街道办事处 526 个村委会	2.2 万元

丰城市人民检察院派驻河东检察室的辖区包括 15 个乡镇 266 个村（居）委会。从 2008 年开始，河东检察室将办公电话设置为具有电话录音功能的 24 小时服务民生电话热线，申请全天候网络 QQ 服务民生平台，并在辖区每个乡镇中心集镇配发了标有检察室热线电话号码的"检察信箱"，积极开展畅通村民诉求渠道工作。检察室先后在 15 个乡镇和一个企业社区建立了 16 个乡镇检察工作站，聘任了 281 名检察联络员和信息员，为各乡镇提供便民服务。张跃华是派驻河东检察室的检察官之一。

张跃华本应回江西省丰城市的家，与家人一起过周末，但是因为中午要赶到张巷镇为联络员讲课，就留在了位于洛市镇的河东检察室。

2012 年 6 月 10 日早上 6 时 40 分，洛市镇熊家村 107 号熊水华家中来了一位常客，张跃华 6 时半起床后，散步来到这里。养鸭专业户熊水华前年做了心脏搭桥手术，又因征地拆迁，补偿问题久拖未决，生活困难准备上访。老张知情后两次找镇、村干部协调，很快解决了补偿费用。检察室附近的多家农户都熟悉张跃华，进村入户倾听民声，成了张跃华每天的必修课。

转一圈回来吃完早餐，8 点钟张跃华打开门口的投诉箱，清理群众信件。他一天的日程如下：

时　间	活　动
上午 8 时半	打开电脑进入内网，查看院内信息和工作部署
上午 9 时	到洛市镇检察工作站，与站长和联络员沟通信息，了解重点民生工程推进情况
上午 10 时半	到洛市镇中学，了解法制宣传信息并与校长沟通预防未成年人犯罪的情况
上午 11 时半	赶到秀市镇敬老院进行回访
中午 12 时 15 分	与秀市镇镇长吃工作餐，商谈维护辖区稳定等事项
下午 2 时	张跃华赶到相邻的张巷镇，联络员例会正好开始

上半年总结完毕,为联络员上完辅导课,张跃华才有空喝口水。老张说,换届后,人员变动大,组织大家学习一些相关的法规和文件,才能更好地调解矛盾纠纷,保护村民的合法权益。

下午 3 时

张跃华和同事接着赶往白土镇司法所,了解服刑人员是否脱管、漏管以及社区矫正人员的安置帮教工作。

下午 4 时

张跃华赶到白土镇栗树村,直奔村民招金彪家。去年查办该村党支部书记挪用公款案发后,近百号人围住镇政府讨要说法。检察机关迅速介入,但面对当事人逃避、躲起来不见面,取证困难,检察官靠细致严谨的作风,平息了一场风波。办案过程中,张跃华在村里结交了一批朋友。

基层检察官张跃华说:

"坐在城里办不了农村的案子。"

"多跑点路,多听点信息,心中有数。"

"身在基层,心系群众,才能掌握真实情况,才能及时处理协调多方关系。"

"吹着空调,喝着热茶,看看材料,解决不了农村的实际问题。"

下午 5 时 55 分

回到丰城市区,老张笑着告诉记者,"今天可以早点睡觉,如果在单位住,大家饭后还会抽空研究案情,互相沟通信息。"

四 浙江省金华市

面　积	人　口	行政单位	人均国内生产总值
11023 平方公里	538.6 万人	2 个城区 4 个县级市 3 个县	4 万元

在响应四个《办法》的过程中,金华市开展了一系列教育和工作计划措施,以便全体党员尽快适应新《办法》。

教育工作

金华市通过多种举措来切实践行四个《办法》，如小组学习、案例研究以及签署承诺书等。通过市党员手机信息系统向全市 14 万党员干部发送提醒短信，将纪律宣传与节日祝福问候有效结合，使纪律宣传深入人心。各区县也积极创新宣传教育方式，义乌市召集民营企业家进行换届纪律教育，组织全体人大代表进行认真履职和遵守纪律集体宣誓；武义县将严肃换届纪律内容在方言节目中播出；东阳市设计了代表团团长、候选人、党员人大代表、人大代表等四类严守换届纪律承诺书，细化各类人员责任，强化代表守纪意识；磐安县开展"严肃换届纪律、保证风清气正"为主题的书法比赛展，达到宣传教育警示的目的。

流程监督

换届中，该市制定完善了选人用人责任和经济责任"两责联审"、市机关科级干部选拔任用工作实施办法等多项干部监督制度，进一步细化了监督措施，筑牢"防火墙"。加大公开力度，把推荐提名、考察、公示、选举等各个环节都置于干部群众的有效监督之下，坚决防止干部"带病提拔"。市委组织部开通了金华市 12380 举报网站和"金华干部监督"微博，选聘 10 名网民代表担任市县两级干部监督员，有效畅通干部监督的信息渠道。在县级"两会"选举期间，各地通过制作候选人展板，组织开展集体见面、回答代表提问等方式，增进了代表委员对候选人的了解。

同时，市委组织部牵头组建了换届风气督查组，赴各区县就换届纪律执行情况开展全程督查，开展换届风气测评，设定"高压线"。在市党代会召开期间，专门组成纪律监督组在代表团驻地开展驻点监督。认真落实换届期间信访举报专人值守和违反换届纪律行为举报专办制度，对违反换届纪律行为坚持"零容忍"。目前，全市共查处贿选行为者 52 人、破坏选举行为者 33 人，其他违纪违法行为者 23 人。①

---

① 《浙江金华筑牢换届监督"防火墙"——开通干部监督微博 选聘网民担任监督员》，《中国组织人事报》2012 年 4 月 18 日，参见 renshi.people.com.cn/GB/17686769.html。

五　江苏省盐城市

面　积	人　口	人口密度	行政单位	国内生产总值
1.6万平方公里	726万人	500人/平方公里	2个区 2个县级市 5个县	3.8万元

"12380"监督模式

盐城市在践行四个《办法》方面，积极创新，构建了"12380"监督模式，该模式紧扣一个目标，畅通两个渠道，落实三项机制，推行八项措施，实现零违纪目标。

一个目标

为全市换届工作顺利开展营造风清气正的环境。

两个渠道

盐城市公布"12380"选人用人举报电话和网上信箱两个便捷化、即时性、全覆盖的监督举报渠道，群众可以随时随地反映问题。实行12380举报电话24小时专人值守，认真负责受理群众来信来访和接听举报电话，构建"记录—整理—交办—核查—处理—反馈"的链式流程，保证实名举报的问题事事有交代、件件有回音。

三项机制

盐城市还出台了三项机制：建立健全换届工作舆情突发事件应急处置机制，运用专门的舆情监测软件，实行滚动式搜索监测，对新闻媒体特别是互联网上披露的问题，及时采取有效措施加以应对。健全违反换届纪律案件查核专办制度，强化举报受理查处，对跑官要官、买官卖官、拉票贿选和换届前突击提拔调整干部等违纪违法行为，坚持发现一起、查处一起。完善市委常委严正换届纪律联系点制度，领导干部带头学习、带头执行、带头宣讲、带头抓好换届纪律，并指导督促严肃换届纪律各项措施落实到位。

八项措施

八项措施分别是：

一是开展严肃换届纪律专题学习活动，采取寄送文件、印发"口袋书"等方式，将严肃换届纪律《通知》等有关材料，发放给涉及换届工作的人员学习，实现宣传教育"全覆盖"。

二是开展"严守纪律·公开承诺"活动，组织考察组成员、领导干部提名人选、人大代表和政协委员等分别签订严守换届纪律承诺书，做出公开承诺。

三是开展换届纪律集中宣传月活动，利用报纸、杂志、电视、网站以及手机短信平台等媒体，广泛宣传"5个严禁、17个不准、5个一律"的换届纪律要求。

四是开展专题警示教育活动，运用中央通报的违规违纪选人用人的典型案例，编印发放《警示教育案例选编》，加强警示教育。

五是开展谈心谈话活动，纪检和组织部门负责同志，与面临进退留转的干部，特别是因换届人事调整提前转岗、退出领导岗位的同志，差额考察未提名、差额选举中落选的同志，开展有针对性的谈心谈话。

六是开展严正换届风气专项督查活动，市纪委、市委组织部成立5个严正换届风气督查组，赴各县（市、区）现场巡查指导换届选举工作。

七是开展换届风气监督员意见征询活动，聘请1000名左右换届风气监督员，通过函询、电话联络等形式，动态掌握他们的意见建议。

八是开展严正换届风气测评活动，组织参加选举大会的人大代表和政协委员对换届风气情况进行民主测评，及时对测评情况进行汇总分析。[①]

六 北京

面　积	人　口	人口密度	行政单位	人均国内生产总值
1.64万平方公里	1960万人	823人/平方公里	16个区 2个县 289个乡镇	8.1万元

[①]《江苏盐城构建"12380"监督模式严肃换届纪律》，保证每个环节的工作都接受群众监督，让群众评判，《中国组织人事报》2012年4月11日，参见js.people.com.cn/html/2012/06/25/120759.html。

活　动

北京市也积极实施相应的措施。从 2012 年 3 月份开始，北京市委组织全市各级党委（党组）认真开展"十个一"主题学习教育活动，即：

（1）召开一次理论中心组学习会；

（2）发放一套学习材料；

（3）开设一堂党课；

（4）组织一次内部专题教育；

（5）进行一次专题谈心谈话；

（6）播放一部专题片；

（7）发放一封公开信；

（8）编发一组短信；

（9）开展一次特色工作评选；

（10）进行一轮电话抽查。

确保与换届有关的干部群众人人知晓、人人遵守换届纪律，营造良好的换届氛围。

数　字

据统计，各区县局级单位共发放学习材料 30 万余份；组织理论中心组学习 650 余次，2 万余人次参加；开设党课 200 余次，培训党员干部 3 万余人；组织 6 万人次党员干部观看中纪委中组部《战斗正未有穷期》换届纪律专题宣传片，北京电视台 7 次播放，35 万人次观看，收视率在同类节目中排位靠前，全市公交、地铁、楼宇数字媒体和区县有线电视台在不同时段循环播放；利用手机短信平台，向 15 万人次党员干部编发严肃换届纪律短信。[①]

[①]《北京市切实保证市委换届风清气正》，《北京日报》2012 年 6 月 28 日，参见 news.sohu.com/20120628/n346738901.shtml。《基层检察室的一天（关注"走进基层政法单位"系列报道之三）》，人民网—《人民日报》2012 年 6 月 20 日。

第十章　与时俱进地为人民服务

在本书的最后三章，我们将关注领导力的另一个部分，那就是从有关反腐的党纪写起，党纪是定下中国所有事情的主基调。回顾历朝历代，开明的皇帝通常会开创一个太平盛世，但仅凭皇帝一人之力无法维持长盛不衰，皇帝可以做的就是选择太子来接替他的皇位。然而，共产党却有别于此：党只要坚持为人民服务、艰苦奋斗和实事求是，就能确保党的领导永葆生机与活力。

在第十一章中，我们探讨网络微博①以及游行示威等所谓的群体性事件问题。共产党也在公共舆情、改善信访方面做了大量工作。在密切联系群众方面，新加坡也提供了一些值得借鉴之处。在第十二章中，分享我个人在新加坡公共服务中的绩效管理和个人发展经验，以帮助官员"尊重公民权利和尊严"。

本章我们将从"人民是否享受到服务？"这个问题谈起，来探讨一些近乎"禁忌"的方面。我们将首先探讨党政官员的腐败情况，如局长、采购官员和部门员工。我们还将试着阅读2012年11月中共十八大后习近平和他领导的新一届领导班子所传递出的"信号"。在艰苦奋斗方面，我将分享新加坡的一些经验，如新加坡三位一体反腐举措：新加坡人民行动党的廉政文化建设、《公务员指导手册》制度以及铁面无私的贪污调查局。这是一种有效的组合，包括文化建设、明确制度以及无畏执法。

在实事求是方面，我将尝试把习近平的理念与新加坡的三位一体反腐举措结合起来，并描绘2022年中共二十大以前的蓝图。到那时，中国共产党将走过100多年历程，我们将见证习近平及其领导班子的努力是否能结出硕果。

---

① 网络微博是中国的博客服务供应商，类似于推特。

第一节 为人民服务：人民得到服务了吗？

一 中共十八大前，新加坡《联合早报》关于反腐败决心的报道

作为一本有关适应性领导力和为人民服务的书，自然无法回避中国的腐败问题。为了描绘一幅更加广阔的图景，我们将运用报纸上的几篇文章来说明。

2012年6月，就在我结束第二次中国之行后，我偶然间发现了新加坡《联合早报》①上的一篇论坛风格的文章。文章有三个要点：

- 尽管反腐的决心坚定，但是腐败案件数目似乎并未减少。
- 最高领导层不断发出信号，反腐工作是党生死存亡的关键。
- 预计2012年秋季召开的中共十八大以后，反腐的力度会继续加强。

反腐行动将如海啸一样席卷而来：

- 中国邮政储蓄银行行长被"双规"②。
- 中国农业银行副行长正在接受调查。
- 新修订的《关于军队领导干部报告个人有关事项的规定》要求军级（相当于省级）官员申报个人收入、房产和投资情况（所提交的文件必须经过核实）。
- 山西煤炭进出口集团董事长被带走接受调查。
- 3名前任足协官员因为受贿均被判处10年监禁。
- 仅广东省，就有数百名官员因违反党规党纪而受到处理。

诸如此类，不胜枚举。据官方记录，在2002年到2007年期间（中共十六大到十七大之间），中国的五级纪委及其相关政府机构调查了近70万起

---

① 参见2012年6月25日的新加坡《联合早报》。
② 这是中国共产党干部常见的处理措施。意思是有关人员在规定的时间、地点就案件所涉及的问题做出说明。如果涉及刑事案件，可能被移送司法机关。

案件，处理的干部不少于 50 万名（占党员总数的近 1%）。

那么，我们能期待些什么呢？外界分析，习近平将加大力度惩治腐败。有报道称，也许是受他父亲习仲勋的影响，习近平对于"不廉洁"的干部十分反感。可以预计，反腐工作势将如疾风骤雨，颠覆更多的腐败之舟。

二　松花江铁路大桥垮塌

媒体报道显示，2012 年 8 月 17 日，中国北方最长的大桥之一——哈尔滨阳明滩大桥发生垮塌。大桥 100 多米引桥垮塌，其中几十米直接垮塌至地面上。事故造成 3 人死亡，5 人受伤。大桥垮塌距通车仅 9 个月时间。中国的社交媒体对大桥施工质量进行了批评，但我认为事情可能并不像表面看上去的那么简单。

2009 年到 2010 年，中国为应对国际金融危机，出台了一揽子经济刺激政策，桥梁建设的资金正是来源于此。一时间，中国各地新的桥梁、公路和高铁工程加快上马，仅在松花江，过去 4 年间就建成了 3 座桥梁。

据新华社报道，阳明滩大桥是自 2011 年 7 月以来中国垮塌的第六座大型桥梁。一些中国官员经常把垮塌归咎于卡车超载，此番也是如法炮制。

垮塌的真正原因是什么？是由于劣质材料和不过关的工程设计吗？2011 年 7 月 23 日晚，温州发生动车组列车追尾事故，造成 40 人死亡，191 人受伤。事故发生后，上述问题再次被提起。先不说评论如何，一年之内，6 座桥梁垮塌，堪称触目惊心——这其中必定隐藏大量沆瀣一气、不可告人的内幕！首先，施工建设都有规范可循，桥梁设计或材料使用必须满足政府的审批条件。其次，如果一丝不苟地按照规章制度设计施工，使用合格的水泥配比和钢筋混凝土、正确地焊接接缝，可能就不会出现施工方面的问题。工程师在施工过程中，一般会至少考虑 3 倍以上的安全因素。最后，任何施工项目中，各方均须密切配合，确保建筑、桥梁或大楼的安全。在我看来，建筑坍塌的一部分原因就是因为草率施工和漠视规定，例如，承包商为了偷工减料，可能在混凝土中多掺沙子少放水泥，少用钢筋。当然，这些都只是我基于记忆中残存的在牛津大学所学的土木工程学知识，所做出的一些猜测。在专家对桥梁进行了几周的检查之后，官方解释称，4辆车严重超载，共载重约400吨！出于好奇，我查阅了有关集装箱的网站，发现大多数运输用集装箱无法承载毛重超过38吨的货物[①]。这也就是说，无论这4辆卡车载着什么货物，官方解释中所提到的400吨都是夸大的。

我还在网络上发现了另一篇有关肇事车辆驾乘人员家属们反应的文章。[②]这几个家庭向哈尔滨市政府提出三个疑问：

1. 为何不解释更改桥梁结构原因？

按照原工程设计，阳明滩大桥8处跨主要地面路段均应采用混凝土结构，但实际上大桥全线采用钢混结构组合梁。然而，此次调查结果中并未给出解释。一位不愿具名的专家表示，混凝土结构改为钢混结构，工期可以大大缩短，这也是阳明滩大桥为何如此迅速竣工的原因。二者之间最重要的区别在重量上，混凝土结构比钢混结构重量要大得多，稳定性也更好，此次桥梁的坍塌便是稳定性问题，因而事故调查结果中应该体现。钢混结构更加便宜，这是否也是一个原因呢？

2. 为何定性为交通事故？

有专家表示，将此次桥梁坍塌事件定性为特大交通事故，是不恰当的。如果发生了车辆与桥梁的碰撞，称之为交通事故勉强说得过去。而事发时，4辆车正常行驶，大桥突然垮塌，与交通事故无关。

3. 设计是否存在缺陷？

专家认为，超载肯定是导致大桥垮塌的一个原因，但不应该规避桥梁的其他问题，最主要的还是设计上问题，独柱墩的设计结构导致桥梁平衡性差，因此事发时4辆车的重量压在一侧，桥梁失去平衡而垮塌。

另外从重量上分析，桥梁的承重并不等于最大的承受重量。一般建筑人员考虑桥梁材料安全系数时，要比考虑建设楼房时低一些，也就是会更谨慎一些。因此，超载只是一个必要而不充分条件，全部归因于超载的说法并不能获得认可。

[①] 参见 www2.nykline.com/liner/container specifications/flat rack.html。平板箱是最沉的一类。

[②] 参见 www.southcn.con/。

三 5分钟的宣传花费1850万元？

2012年7月30日，新加坡《联合早报》发表了一篇报道称，中国铁道部的一部5分钟形象宣传片耗资1850万元。据称该宣传片由张艺谋（2008年北京奥运会开幕式的导演）执导，将作为中国铁道部主办的2010年第七届世界高铁大会开幕式影片。

2012年6月，中国国家审计署公布相关审计结果后，此事被曝光，审计署指出天价宣传片不仅没有遵循正常的公开招标采购程序，也并未达到预期效果。事件随即引发社交媒体上的激烈讨论，民众纷纷指责铁道部。一位网友甚至分析称，制作该宣传片的成本绝不会超过25万元，需要对此进行更深入的调查。

调查人员对案件调查后认为，这很可能是流程上的渎职所造成的。宣传片由时任铁道部宣传部宣传处处长陈宜涵负责。调查进行时，陈宜涵已调任铁道部文联任副秘书长。调查人员在陈宜涵的家中查获超过1000万元的巨额现金和至少9本北京市房产证。陈宜涵的丈夫、时任铁道部运输局车辆部副主任刘瑞扬也被带走调查。

一个铁道部的文联副秘书长怎么会有1000多万元现金，同时还在北京有9套房？看来，调查人员确实钓到了一条"大鱼"。

中国铁道部可谓是声名不佳。前任部长刘志军于2011年2月落马，他被指控受贿和包养情妇[①]。55岁的山西女商人丁书苗也涉及这宗案件，她是刘志军的主要同谋。据悉，在铁路工程项目招投标过程中，丁书苗充当了"中间人"的角色。她还投资过电视剧，并且有传言称，她曾劝诱一些女演员与刘志军发生关系。

四 传递出的信号

如果说习近平上任的首次新闻见面会可以传递出一些信号，那么我们应

[①] 《前铁道部长交代罪行》，《海峡时报》2012年8月8日A14版。

当对未来充满希望。习近平当时特别强调了三点[①]:

- 我们的人民热爱生活,期盼有更好的教育、更稳定的工作、更满意的收入、更可靠的社会保障、更高水平的医疗卫生服务、更舒适的居住条件、更优美的环境,期盼着孩子们能成长得更好、工作得更好、生活得更好。人民对美好生活的向往,就是我们的奋斗目标。
- 新形势下,我们党面临着许多严峻挑战,党内存在着许多亟待解决的问题。尤其是一些党员干部中发生的贪污腐败、脱离群众、形式主义、官僚主义等问题,必须下大力气解决。
- 我们一定要始终与人民心心相印、与人民同甘共苦、与人民团结奋斗,夙夜在公,勤勉工作,努力向历史、向人民交出一份合格的答卷。

我认为,至少习近平直截了当地表明了他的目标——没有官腔,没有空谈,就是为人民服务、艰苦奋斗和实事求是。

四菜一汤

习近平无时无刻不在强调他的想法。2013年1月4日,他到海拔1512米的河北省阜平县骆驼湾村走访看望困难群众。晚餐菜单让随行的记者感到震惊,菜单只有四菜一汤,主食为水饺、花卷、米饭和杂粮粥。这四菜一汤是:

- 红烧鸡块;
- 阜平炖菜;
- 五花肉炒蒜薹;
- 拍蒜茼蒿;
- 猪肉丸子冬瓜汤。

习近平还特别交代不上酒水。记者们纷纷就此做出相关报道。

首先,他们批评了典型的中国公务员的作风问题。尽管礼敬上司,聚餐交流意见和经验这种行为无可厚非,但是有些公务员做得太出格。他们千方百计要给上司留下好印象,吃饭已经成为腐败的途径。虽然为了生存人人都

[①] 参见中国共产党新闻网站,网址:english.people.com.cn/206235/index.html。我使用了中文版本,并进行了翻译修改。如果你想查看BBC版本,请参见www.bbc.co.uk/news/world-asia-china-20338586。

得吃饭，但是有记者质问道，为什么人民群众和官员之间会有这么大的差异。记者指出，官员间的公费吃喝是滥用纳税人的钱，必须对此深刻反省。

其次，和总书记简单的四菜一汤相比，有的公务员给人的印象是，尽管少数老少边穷地区还存在温饱问题，但他们却置若罔闻，在日常生活中继续大吃大喝、铺张浪费。记者反问道：

"党的干部，身为人民的公仆，在还有很多群众尽管努力但仍旧无法过上温饱生活的情况下，怎么能够继续我行我素？"

最重要的是，习近平深入群众、体察民情，并以身作则、率先垂范，在寒冬给群众送去温暖。习近平的四菜一汤被视为向公款吃喝发出的无声但却有力的宣战，希望那些良心尚未完全泯灭的干部"幡然醒悟"，转变生活作风。记者希望，"舌尖"上的反腐败战争能够取得最终胜利。①

新一届中央纪委所肩负的使命

习近平用实际行动表明了中央要深入推进党风廉政建设和反腐败工作的决心。②时任中纪委书记王岐山在各种公开的会议上提出要求：

坚决整治和查处不正之风

要大力加强党的作风建设，并且由此作为突破口。着力整治庸懒散奢等不良风气；要认真纠正损害群众利益的不正之风；要教育引导广大党员干部，帮助他们更好地理解人民群众的心声。

发布完整的中纪委工作报告

中纪委发布了工作报告的全文，并提交至中共十八大，并于 2012 年 11 月 14 日获通过。除了常抓不懈的口号，报告还要求全党：深刻认识反腐败斗争的长期性、复杂性、艰巨性，反腐倡廉常抓不懈、拒腐防变警钟长鸣。

---

① 《习近平考察河北农村晚餐 10 个人四菜一汤》，京报网—《北京晚报》2012 年 12 月 31 日。

② 参见 english.people.com.cn/90785/8025624.html，《中纪委负责人呼吁党内的清正廉洁》2012 年 11 月 20 日 08:24；或 english.people.com.cn/90785/8025801.html，《中纪委誓要铲除腐败》，新华社 2012 年 11 月 20 日 08:43；或另一篇报道 cpc.people.com.cn/n/2012/1201/c64094-19757990.html，《王岐山：以党的十八大精神为指导，做好党风廉政建设反腐败工作》，《人民日报》2012 年 12 月 1 日。

根据这份报告，党中央承诺严肃查办在领导机关和领导干部中所发生的滥用职权、贪污贿赂、腐化堕落、失职渎职案件，严重损害群众合法经济权益、政治权益和人身权利的案件。

中纪委宣布将积极探索、勇于创新工作方法

报告要求切实加强对领导干部特别是主要领导干部行使权力的监督，加强对权力集中部门和资金、资源密集领域的监督。探索加强纪委对同级党委常委会成员进行有效监督的途径，还列出了一些可能的方向：

- 强调党外的监督力量的作用，如人大、政协、司法机关和新闻机构；
- 及时处理和回应新闻媒体及网络舆情反映的问题；
- 加强教育、增强党员干部拒腐防变能力，是防治腐败的重要基础；
- 各级领导干部特别是高级干部必须自觉遵守廉政准则，既严于律己，又加强对亲属和身边工作人员的教育和约束，决不允许搞特权；
- 认真落实并不断完善领导干部报告个人有关资产事项制度、对配偶子女均已移居国（境）外的国家工作人员加强管理的有关规定（后文将对此展开更为详细的探讨）。

第二节　艰苦奋斗：新加坡三位一体反腐举措

一直以来，新加坡都以相对清廉的城市国家治理而自豪。密切关注新加坡局势的外界人士可能会感到迷惑不解，最近，涉及新加坡公务员，甚至是国会议员行为方面的问题事件，似乎接二连三地发生。我承认，再多的审查或监管也无法永久确保公务员行为完全得当。在不同的情况下，人们可能会因个人弱点或者形势所迫发生改变，或沦为大环境的牺牲品。我们没有万无一失的措施来确保廉政，但拥有积极的预防措施，可以最大限度地减少腐败事件的发生。在此，我将概述几个方面：关于新加坡人民行动党的[①]廉政文化，人民行动党在全国定下了基调，并且小心谨慎地捍卫着自己的廉洁声誉；

---

① 自1965年新加坡独立后，新加坡人民行动党一直是执政党。

关于新加坡《公务员指导手册》，其中明确了相关规定，所有公务人员都必须遵守（不遵守则可能要受到纪律处分，如解雇）；最后同样重要的是——贪污调查局。

一　新加坡人民行动党的廉政文化

我想先讲述发生在新加坡的两个小故事，从中可体现人民行动党对廉政文化的重视。

李光耀起诉……

这件事发生在 2006 年 5 月 6 日新加坡大选之前。新加坡总理李显龙和他的父亲李光耀在选举之前，以诽谤罪起诉反对党。他们起诉新加坡民主党领导人徐顺全和其他党员在新加坡民主党党报上发表诽谤文章，该文章批评政府隐瞒全国肾病基金会的薪资腐败丑闻。这宗起诉是当时李光耀针对反对党和媒体的诽谤诉讼。路透社在相关报道中，还附上了李光耀之前提起的诉讼事件的部分清单。[①]

帕尔默被迫辞职事件

迈克尔·帕尔默在承认与新加坡人民协会的职员有婚外情关系后，于 2012 年 12 月 13 日辞去了新加坡议会议长和人民行动党党员的职务。[②] 帕尔默在新闻发布会上表示，因为犯下重大错误，他将承担全部责任并辞去上述职务。他承认与工作在白沙—榜鹅集选区的人民协会职员有婚外情关系。[③] 他解释说，这名女子没有与他直接共事，但榜鹅东单选区（他曾任该选区议员）过去是白沙—榜鹅集选区的一部分，他曾一直在那里工作。帕尔默为他的不当行为感到后悔，并表示这是个严重的错误。为避免人民行动党和国会

---

① 参见 2006 年 4 月 27 日路透社报道 www.singapore-window.org/sw06/060427re.htm。
② 人民协会的职员与国会议员需要在基层进行密切合作。
③ 集选区是新加坡国会体系的主要特征，其中国会议员在单个选区选举，或者三到五名议员在几个代表选区选举。

陷入窘境，他辞去职务。

从这两个小片段中可得出什么结论呢？党内有严格的纪律和洁身自爱的要求。作为人民行动党党员，应当内化于心。犯了错误的党员要悬崖勒马，纠正行为；如有必要，需要辞职。这是一项"硬性要求"，违反要求的后果是不可想象的。人民行动党自成立之日起，便有着廉政文化。李显龙（针对帕尔默的事件）表示：

"所有人民行动党的议员和基层顾问的个人行为必须符合最高标准，尤其是在与选民、基层社会活动人士和职员互动的时候，并且人民行动党必须要以这些标准要求约束党内的议员及顾问。"

从反腐的角度来看，新加坡有一个与中国公务员制度类似的内部申报制度。所有的议员每年要向总理申报。申报材料都会通过各种可能的渠道及时进行查验。《公务员指导手册》也同样指出，如果如实申报不当收入，且当事人能够证实自己并未失职，并为挽回局面做出真诚的补救努力，不一定会受到纪律处分。然而，若故意虚报不当收入，则将受到党内的纪律处分，并将追究法律责任。

由于党内纪律严格，人民行动党可以通过最为体面的方式维护自己的名誉——通过法律程序将一切查个水落石出。如果党员犯了错误，必须辞职下台。更重要的是，若党员被恶意中伤，人民行动党也将毫不手软地采用法律程序捍卫名誉。在网络时代，首先会要求编辑道歉，并收回错误的言论。如果对方未执行上述要求，继续进行指责，就要进入法律程序。法院会审理相关案件并且澄清视听。若造成相关损失，媒体需要向政府官员支付一定的赔偿金。赔偿金款项通常会捐献给慈善用途。①

二 严格的《公务员指导手册》制度

执政党定下了基调，新加坡公务员也真正做到了廉洁和透明，其清廉指

---

① 参见 www.todavonline.com/Singapore/EDC121212-0000103/Michael-Palmer-resigns-as-Speaker，-MP-，2012 年 12 月 12 日。

数[①]上升到全球第五名，这在东亚社会是首屈一指的。与人民行动党一样，公务员的纪律也不负所望。新加坡公务员奉行廉洁、服务和卓越的三大核心价值观。《公务员指导手册》的内容是什么，又该如何运用呢？

《公务员指导手册》是新加坡公务员制度中的管理宝典。其目的如下：

- 保护政府的资金、各项储备和其他财产；
- 做到物有所值；
- 提高效率和生产力。

在几个相关方面都有相应的《公务员指导手册》，如财务管理、资产管理和收入分配等，以便事情在政府范围内解决。还有员工和优质服务方面的《公务员指导手册》，来管理政府职员行为，以及应当如何提供最好的服务。

每个《公务员指导手册》都对下列方面做了详细规定，从而明确地引导公务员[②]：

- 政府政策背后的基本原理，这些原理指导流程和程序的构建。
- 指导流程执行和程序监管的关键原则。关键原则应当适用于所有政府机构（如各部门、国家机关和法定机构）。
- 规定的指导方针必须强制遵守。必须要有相应的规定，以确保各个政府机构（如各部门、国家机关和法定机构）的廉洁、适当的检查和平衡；此外还应规定所有公务人员的相应的职责。
- 其他指导方针不是强制性的，但是它们都是很好的措施，应当被采用。尽管允许与指导方针有所偏差，但是任何决策仍旧必须坚持关键原则。

在我们探讨行为规范之前，需要强调几个流程要点。在新加坡常任秘书相当于中国的副部长。除了明确规定的常任秘书必须履行或者其本人必须亲自执行的职责，常任秘书可以通过委任或提名的方式，将权力授权给一名或多名官员。在此过程中，常任秘书必须确保书面记录有关这些授权的范围、受权人的名字。此外，他们还必须确保有关授权信息尽可能公开。这都是为了确保公共责任。

然而，同样要明确一点，尽管进行了授权，但常任秘书仍是他所在的部

---

① 参见 cpi.transparency.org/cpi2012/resu1ts/。
② 根据我个人的理解以及多年来整理的笔记，概述了《公务员指导手册》的一些细节。

门的最终责任人。因此，不论发生什么事情，一把手或党委书记将仍然为最终负责人。秘书长可以在其所在的部门中就合理的业务开展发布部门指示，但部门指示必须符合《公务员指导手册》。

官员要遵守《公务员指导手册》上的指示。如果有人违反了规定，则会根据另外一套独立的《公务员纪律条例》对其进行处分，处分依情况从警告到开除公职不等。

行为规范

《公务员指导手册》的第2项L部分，是有关公共服务的规范和纪律。它规定了公务员的行为准则。最重要的是，它从一开始就规定了公务员的时间部分或全部属于政府。这意味着，严格来说，公务员没有私人时间，并且应当时刻保持行为端庄体面。行为指南的关键范围涉及官员职权滥用和经济问题。

官方信息的使用 ①

官方信息包括官员、其所在部门的所有信息。官员不得利用官方信息或其职权谋取个人利益。官员所收到的所有官方文件、证件和信息均为机密文件。除作为公务的一部分或获得秘书长的书面许可之外，他/她不得以任何方式直接或间接地将这些资料向媒体或任何个人披露、发布或公开。

利益冲突

官员不得将自己置于冲突之中。官员的个人利益应该与其公务分开。官员的公职及其工作，应与其公务以外的活动之间不存在利益冲突。此外，官员不得：

- 直接或间接地利用任何信息或其官职谋取私利；
- 因其行为损害公务员的名声，或者公然毁谤政府或其政策、规范和条例等；
- 允许或者默许其他人或者组织使用政府的名义或者官员职称谋取私利。

---

① 根据我个人的研究、理解以及多年来整理的笔记，概述了《公务员指导手册》2L 的一些细节。

财政丑闻

所有官员都有义务保持高标准的个人行为操守,并且要保持廉洁。他们的行为要得体,防止因为不负责任的行为而陷入财政丑闻。公务员不得向以下个人借钱,或者以任何方式使自己成为以下个人的财务负债人:

- 任何该公务员职权范围内的人;
- 与该公务员之间存在公务往来的人。

私人投资、酬劳和礼物、娱乐交际

若投资可能导致公职与个人私利发生利益冲突,或对履行公职有影响,则官员不得持有或获得该投资。

- 官员不得以履行或不履行公职,或者以协助、催促、延迟、阻止或妨碍公务,或者帮助或阻止任何人得到合同或任何利益等为名目,进而索要或接受奖励、回馈等任何形式的酬劳;
- 官员或者家庭成员若与其决策的交易有利益关系时,官员应当申报其相关利益。

官员不得借公职或公务之由,向下属或者公众索要或者收取任何礼物、有价证券、折扣或者特别优惠。礼物包括金钱、商品、服务、自由通行权或者任何形式的好处。官员也不得借公职或公务之便,接受娱乐招待邀请。

年度申报制度

年度申报制度须严格执行并加以检查。年度申报包括以下内容:

不当收入。官员应当申报其是否有不当收入:

首次被任命为公务员的时候需要申报;以及此后根据公务制度的要求每年进行申报。所有公务员都会被提醒,如实申报不当收入情况,且能证明他/她并未失职,并努力挽回局面,则不一定会招致纪律处分。然而,经查明为虚假申报,则当受到处分。

私人投资。官员应当申报其在任何公司的相关利益。在明确遵循下列规定的情况下,则常务秘书可以允许官员保留其股票或资产投资:

- 继承的股票；
- 在任公务员前认购的股票；
- 为满足其配偶注册公司的法律要求，官员仅持有一个单位的股份；
- 官员持有私人公司的股票，而该私人公司仅仅是为了持有家庭资产和个人税务计划而组建的；官员可以成为该公司的董事，或者在该公司任职；但是该公司不得参与任何商业活动；
- 官员不得参与公司的管理。

拥有和购置资产。官员不得进行可能与其公共责任和个人利益相冲突，或者会影响其履行职责的投资。

官员必须在其（或者其配偶、财务独立的子女）购买以下资产的一周内必须申报，这些资产包括新加坡或者国外的：（i）私人住宅；（ii）商业地产；（iii）土地。该申报是在规定的股票和资产年度申报以外，独立进行的。

延伸阅读（一）

违规的代价

尽管严格执行年度申报制度，但仍有少数人违背规则，最突出的是2010[①]年两名新加坡土地管理局官员的违规采购行为。

2010年9月，时年40岁的土地管理局信息技术司的前副司长辜声伟因涉嫌诈骗政府1200万美元而遭逮捕。在事发前，辜声伟将骗取的钱挥霍于购置包括一辆限量版兰博基尼在内的豪华汽车和高档公寓。

同时被调查的还有与辜声伟任职于同一机构的时年37岁的林嘉明。辜声伟和林嘉明通过网络公司为虚假维护服务开具虚假发票，但从未交付货物。

---

① 参见网址 news.smh.com.au/breaking-news-worl d/singapore-shaken-bv-9m-fraud-20100930-15yre.htm1，2010年9月30日，以及法院判决 news.xin.msn.com/en/singapore/artic1e.aspx?cp-documentid=5490182, 2011年11月4日。

直到2010年，调查显示，土管局信息和基础设施部门有约1200万新加坡元的非常规支出，二人的欺诈行为才浮出水面。

主审法官在法庭上称，涉及诈骗公共机构的罪行必须从严处理，因为他们破坏了良好的行政管理制度。因此，2011年11月，前土管局的两名员工正式获刑：
- 辜声伟因为诈骗和洗钱罪而被判处有期徒刑22年；
- 林嘉明也因为诈骗和洗钱罪被判处有期徒刑15年。

两人都对挪用国库共计1250万新元的罪名供认不讳。

财政部的反应

自2010年发生上述事件后，财政部重新审查并加强采购和财务流程，从而解决可能有所薄弱的环节，并在必要的环节上强化管控措施，以防止诈骗。新加坡财政部决定与各个政府机构分享土管局的案件的经验教训，并提醒政府机构的监察人员提高警惕，确保审计过程符合政府规章制度，因为任何系统都不能100%地杜绝欺诈行为。

三　新加坡的贪污调查局

我们必须保持警惕，以清廉的公共服务和企业拒绝贪腐，确保新加坡继续被视为世界上最廉洁的国家之一。[①]

——李光耀

概　述

贪污调查局于1952年由英国人成立，当时是总检察署的一部分。1959年，新加坡实现自治，李光耀将贪污调查局从总检察署移出，并入总理公署，贪污调查局由直接向总理报告的高级主管领导。因此，贪污调查局是独立于新加坡警察部队以及任何其他政府机构以外的。这是为了防止对调查产生任何不必要的干涉。

---

① 参见莱昂纳德·林：《贪污调查局帮助提升新加坡的形象》，《海峡时报》2012年9月19日。

《防止贪污法》赋予贪污调查局官员以下权力：

- 可以调查嫌疑人及嫌疑人的家属或者代理人的财务及其他记录；
- 硬性要求证人接受问询；
- 调查在调查过程中发现的任何其他罪行。

贪污调查局[①]由如下三个部门组成：

行动部。包括情报和运营支持两个处室。情报处收集并整理情报，以支持调查部的调查需求。运营管理与支持处通过计算机取证科、测谎科、运营管理（登记）和运营管理（外勤与武器）科协助调查部。

机构事务部。包括以下四个处室：

（1）人事管理和发展处；

（2）财务和行政处；

（3）规划、政策和机构关系处；

（4）信息技术处。

调查部。依据《防止贪污法》，在调查犯罪过程中，执行该局的主要职能。它有两个处室，分别专门处理公共部门腐败案件和私人部门的腐败案件。

贪污调查局是刑事司法体系的一部分，其中法院代表审判手段，而总检察署代表检控手段，贪污调查局及其他执法机构，代表调查手段。因此，按照《防止贪污法》的规定，案件调查完成后将被提交到公共检察官处，只有公共检察官或持有公共检察官的书面许可，方可提起诉讼。提交到法院的诉讼，若证据不足，则应当交由相关公职人员所在部门负责人处进行纪律处分。

成功因素[②]

从一开始，李光耀就非常明确，贪污调查局需要完全独立。所以，必要时，贪污调查局官员拥有进行审问及逮捕的相关权力。李光耀还保证任何人不得豁免，包括直接负责贪污调查局的总理本人。李光耀甚至还提到，不管因为任何原因，政府负责人拒绝同意贪污调查局调查某一案件，那么贪污调

---

① 大多数材料取材于贪污调查局网站提供的信息，请参见 http://www.cpib.gov.sg。

② 参见莱昂纳德·林：《贪污调查局帮助提升新加坡的形象》，《海峡时报》2012年9月19日。

查局主管可向总统申请许可。这种双重保障的设置在其他任何政府中都是不常见的。

新加坡贪污调查局因其调查彻底和"铁面无私"而扬名。高级政府官员，包括部长、国会议员、高级公务员和著名商人，都曾被该局请去"喝咖啡"（俗语，指接受贪污调查局的审查）。这其中就包括1986年的国家发展部部长郑章远案件。他甚至提出退回80万美元的赃款，以争取豁免。郑章远最后自杀了。

尽管处在受贿高发地区，但新加坡仍然保持廉洁，因为新加坡国父李光耀自新加坡成立之日起就阐明一个道理，在腐败猖獗的背景下，只有一个廉洁、高效的政府，方能保证新加坡的蓬勃发展。尽管贪污调查局是由英国人设立的，但当时缺乏必要的资源和执法权，从而造成了20世纪60年代初期的腐败盛行。李光耀还继续加强法律制度，坚定对贿赂零容忍的态度。

第三节　实事求是：年度申报

一　2012年前后的年度申报

我们在网上发现了一篇文章，文章试图研究官员财产公开的各种尝试[①]。记者走访了曾尝试官员财产公开的几个地方，看看他们是如何操作的。

迄今为止的几次尝试

1987年，官员财产申报制度首次被提出，随着时间的流逝，各地政府也曾不断探索和尝试实行这项制度。自2009年以来，至少有四个市/县重新尝试进行官员财产申报公示实践。让我们逐一来看一下：

新疆阿勒泰被认为开全国官员公示个人财产的先河。2009年，当时的制度推行者、阿勒泰地区纪委书记吴伟平在接受媒体采访时，显示了极大的改

[①]《部分地方政府试点官员财产公开被指昙花一现》，《中国青年报》2012年9月27日，News.sina.com.cn/C/2012-09-27/034825261699.shtml。

革决心，表示将逐步实现"有限公开最终过渡到无限公开，从区域试点到全国推行"。然而，地区纪委书记吴伟平在当年的8月去世，这场改革也随之结束。现在，阿勒泰的官员仅仅向组织部门申报，并没有公示。

然而，早在2009年2月，阿勒泰廉政网公示上千名官员的财产信息之后，出现了两个主要问题：

- 一是上千名官员在接受礼金栏都填写"零"；
- 二是当地纪委将申报人购买汽车、住房等动产、不动产，购买股票、证券等理财产品以及个人银行存款等七项内容，列为秘密申报范畴，不予公开。

据媒体报道，浙江慈溪、宁夏银川等地在推行官员财产申报公示之后，官员的申报都是"零投诉"，引发公众对其实际效果的质疑。慈溪市纪委党风廉政建设室透露，廉情公示一直在进行，不过没有专门的群众投诉渠道。群众可以走信访渠道。

在湖南浏阳，当地政府将拟提拔官员的工资收入以及大宗财产进行公示，一时间，此举引发了全国轰动，被称为官员财产申报公开"最彻底的模式"。湖南浏阳党风廉政室对记者表示："2009年的官员财产公示，我们早就不搞了，移交到组织部去了，纪检和监察部门只负责查处申报不实。"

报道热切的记者还采访了几位愿意分享观点的教授。这些专家如下：

- 中央党校教授林喆；
- 北京大学法学院教授姜明安；
- 北京大学廉政建设研究中心副主任庄德水；
- 中央党校党建部党的领导与领导科学教研室副主任吕品。

吕品认为，让官员申报和公示自己的财产，是对权力空间的限缩，也是对官员利益的调整，存在巨大阻力，需要付出很大的改革成本。庄德水认为，基层政府进行制度创新，面临着相对更大的阻力。他们有来自同级的压力，也有来自上层的压力，又必须在政策允许的范围内突破，限制相对较多，政策空间较小，很容易就碰到了"天花板"。即便如此，专家们认为官员财产申报制度面临着比较关键的三大问题。

信任度和真实性

严格意义上的官员财产申报制度有三个重要环节：一是具有公示环节，

二是对于申报内容进行审查的环节,三是对于谎报、瞒报行为进行惩治的环节。因此,让我们来看一下目前为止所进行的实践,尽管官员申报了财产,但并没有后续步骤来核实申报的可靠性。即使有内部调查来核实内容的真实性,但也不会公开任何虚报瞒报。

此外,由县市实践财产申报公开制度难度太大。因为即使进行了申报,当地行政部门也几乎难以追查资产和现金流向的能力。在这种情况下,申报报告也就只能被直接丢进组织部门的保险柜,并永远尘封于此。

缺少法律支撑

一位教授感叹道,如果不将财产公示形成法律规定,这种制度就形同虚设。如果只有政策文件,地方政府可以决定具体如何实施。如此一来,他们的想法就很简单:如果我们县第一个吃螃蟹,而别的县袖手旁观,我们会有什么好处?因此,要取得长期的成功,很难仅仅依靠自我激励,正如我们看到的在新疆和湖南进行的实践。

因此,许多专家敦促政府针对财产公示立法。早在1994年,第八届全国人大常委会将《财产收入申报法》正式列入立法规划,但其未能实际进入立法程序,至今没有出炉。

财产公示的制度硬伤

多年来,官员一直向组织部门申报财产情况。然而,如果没有申报后的审查和责任追究等举措,很难让公众信服这是一个公平的制度。

第一,这是一个普通公民的隐私问题。虽然每个人都有隐私权,当成为公务员后,为公众权益工作,就必须重新调整。公职人员有做出决策和获取秘密信息的权利,这是普通公民所不及的。因此,作为制约与平衡的一种方式,只有公示他们的个人财产,才能确保他们没有滥用职权。所以,这是知政权和隐私权之间的平衡。

第二,在设计这个平衡制度的过程中,人们必须淡化贫富差距的问题。如果官员如实申报财产,且与公众的贫富差距过大,可能会带来负面影响。这可能引起社会不稳定,进而引发更多的群体性事件。

第三,可靠的信息统计体系是绝对必要的。如果政府或查证机关没有能力彻底查证财产公示是否存在瞒报漏报,那么效果就几乎为零。

进 展

教授们对建议下一步采取三个步骤:

- 自上而下

广东省纪委一名官员指出,这可能需要一种自上而下的改革。姜明安解释说,这应该是可行的,因为省级和县级的要求是截然不同的。通过省级试点,可以发现整个申报过程中的必要条件和不足之处。毋庸置疑,这将需要领导身先士卒、以身作则。

- 内部尝试

鉴于共产党有8000万成员,如果在党内强制实行资产申报,这将是一个巨大的进步。姜明安建议,除了可以在省级范围内探索,也可以选择在一些部委试点,比如,可以让纪委或者检察院、法院等系统率先试点财产申报公开制度。党员的透明度也将有所提升。

- 从拟提拔官员开始尝试

从湖南省的尝试来看,湖南省要求拟提拔的官员中进行财产公示。吕品认为这种尝试可能会起到积极的带头作用。提拔一名新干部是提高其总体素质。从"新提拔干部"开始,可以降低敏感程度,避免了与旧势力的冲突,从而大大降低了改革成本。随着时间的推移,越来越多的新干部得到提拔,这将导致党内文化和信任度方面的巨大变化。

延伸阅读(二)

中国共产党年度申报详情[①]

自21世纪初以来,中央委员会要求所有县处级副职以上干部应当报告其家庭财产。2010年倡议的有关报告家庭收入和资产的条例的部分要点公布如下:

---

① 参见2010年7月12日的《广州日报》。

哪些人要报告

县处级副职以上的干部几乎所有人都必须报告其家庭财产。这包括各级党的机关、人大机关、行政机关、政协机关、审判机关、检察机关、民主党派机关。其他还包括人民团体、事业单位，以及大型、特大型国有独资企业、国有控股企业（含国有独资金融企业和国有控股金融企业）的中层以上领导人员和中型国有独资企业、国有控股企业（含国有独资金融企业和国有控股金融企业）的领导班子成员。

哪些事要报告

应当报告的包括两大类：个人、配偶和子女的财产。作为个人，需要报告下列事项：婚姻状况、旅游证件、工资、津贴、奖金、讲学收入、著作版税等；资产方面，须报告投资或者以其他方式持有有价证券、股票（包括股权激励）、期货、基金、投资型保险以及其他金融理财产品的情况。至于配偶和子女方面，除需要报告上述情况外，还要报告子女或者配偶名下注册的公司和房产。

何时报告

领导干部应当于每年 1 月 31 日前集中报告一次上一年度本规定所列事项。新任领导干部应当在符合报告条件后 30 日内按照本规定报告个人有关事项。

向谁报告

中央管理的领导干部（通常为省级及以上，或同等级别）向中共中央组织部报告，报告应当通过所在党委（党组）的组织（人事）部门转交。

其他人应当向直属上级报告，相关报告数据由当地组织部门保存。

二 珠海"贪污调查局"敢为天下先

南方各省的读者可能已经得知广东省珠海市横琴新区成立了全国第一个整体防治腐败的机构这个喜讯。这是一个与贪污调查局类似的试点。当然初期存在一些问题。但是，回顾过去，这是一个大胆的试验。我们现在来看一下廉政办①需要应对的问题②：

整合工作

珠海市横琴新区廉政办下设四个部门：综合部、纪检监察部、审计监督部、反贪污贿赂和反渎职侵权部。廉政办主任将由珠海市纪委常委、横琴新区纪委副书记兼任。廉政办公室将接受珠海市纪委、横琴新区党委的领导。

这意味着，未来的廉政办将主要由纪检监察部门来主导、统筹。目前，国内各反腐力量的权力范围和职责各有侧重，几乎是平行运行：

- 纪委是执行党的"家法"的机关，专司监督检查党的机构和党员贯彻执行党的路线、方针、政策的情况，查处违纪党组织和党员；调查处理国家行政机关及其公务员、国家行政机关任命的其他人员违反行政纪律的行为等。很多违纪不一定违法的行为，要由其负责查处，如果这些违纪行为触犯了法律，便要交"国法"来处置。

- 监察部门是政府部门，专司监督检查政府机构和政府系统公职人员。监察部门与纪委一般是"一套人马两块牌子"，一般由排名第一位的纪委副书记兼任监察部门的"一把手"。

- 检察院专司侦查办理职务犯罪的部门主要在反贪、反渎两部门。它们专门对国家工作人员贪污、受贿、渎职侵权等职务犯罪进行侦查，是检察机关履行法律监督职责的重要组成部分。其目标对象是"国家工作人员"，依照《刑法》，侦查各种职务犯罪。

- 审计机关是各级政府用以实行财政经济管理和监督的常设机构。国务院设立审计署，县级以上地方各级人民政府设立审计机关。

廉政办负责人需要设法简化工作流程，让这四个部门之间无缝对接。将这四个反腐部门整合联动，是朝着正确方向前进的第一步。

---

① 因为没有相应的英语词组，在英文原著中，我将这个词语的英语译成"Honest Administration Office"，这个翻译不一定完全准确，因为它可能令读者误解，以为其他政府部门不诚信。

② 参见 2012 年 9 月 13 日《横琴廉政办集合所有反腐力量　打造内地版廉政公署》,《南方日报》law.southcn.com/c/2012-09/13/content_54719912.htm。

向谁负责

珠海廉政办清晰地昭示了中国共产党严控腐败的坚定决心，将纪委、检察院、反腐部门和审计部门整合起来是非常重要的一项举措。这样一来，一些"有对策"党员干部就无法钻部门之间的空子，廉政办的成立，是为了整合各方力量，将解决以前各自为战的局面，把此前分散的问题集中起来解决。

廉政办成立的宗旨是作为一个整体对外，并仍将（在最初）接受中纪委、最高检、审计署和监察部的指导。目前廉政办公室可被视为整合一体解决腐败问题的雏形。假以时日并给予足够的资源，最终会形成一套新的制度结构和运行流程来解决腐败问题。

还有一些问题需要解决。其中一个问题就是惩罚措施。如果涉案人不涉及违法犯罪，纪委可以用党纪处分、审计部门可以用政纪处分。如何决定适用哪种惩罚措施？在不涉及双重审理情况下，以哪一种惩罚为主？这些都必须有明文规定。

另一个方面是关于向上级汇报或处理群众举报。目前，一份举报，举报人可能同时向党、政、纪委、检察院多个部门投送。如何确保同一举报由最相关的机构来调查呢？

谁来监督

廉政办由纪委、检察院、审计部门和监察部门组成。然而，廉政办负责人是由纪委任命，廉政办又该如何管理呢？廉政办成员是应该听命于廉政办负责人，还是应听命于各自上级直属部门呢？这是从一开始就应该解决的问题，并且只有省委才能做出适合的决定，因为省里的各条线都要向省委或省委书记负责。

第四节　有志者，事竟成

本章我们首先用实事求是的笔触描述了个别干部的腐败。然而，我们看到了2012年中共十八大以后发出的鲜明政治信号。我们诚恳地介绍了新加坡的三位一体反腐败策略，新加坡的三位一体反腐策略以廉政文化为基础，《公务员指导手册》为支持，并辅以贪污调查局这样一剂猛药。我们进一步解释，考虑到中共高层的政治意愿，我们有理由相信，廉洁的萌芽势必将如雨后春笋一样大量涌现。

我们大胆设想未来的2022年，预计中国共产党将发生惊人的巨变。中国共产党的廉政文化已经开始萌发，并如星星之火，势将燎原。在各级党委领导以身作则、率先垂范的领导下，党员干部团结一心，而少数害群之马则被清理出党员干部队伍。

拥有足够资源的中纪委，针对各个职位或者相关财务往来，创建了一套新的廉政管理框架。对党员干部持续不断的教育以及公众参与（一直都充当观察者的角色）确保了这个框架的良好运行。

反腐战争的胜利，为"为人民服务"和"艰苦奋斗"铺平了道路。2013年之后，中国共产党有很多可圈可点的举措。在下一章，我们将探究整顿后的共产党如何能够妥善处理网络舆情和现实对峙，为人民服务。

第十一章　全心全意为人民服务

在第十章探讨了党纪之后，我们现在来关注一下中国共产党如何密切联系群众。我们先来探究两种现象，处理这两种现象占用了公务员的大量时间：社交媒体和群体事件，如乌坎事件。这些是很棘手的问题，因为人民群众的期望不断提升，而资源是有限的。然而，即使作为外人，我们也可以想象，如果没有受到公正的对待，他们会产生什么样的反应。现在因为有了社交媒体，他们首先会发送推文、博客，或者在网上请愿。我们将探讨微博上报道的一些事件。之后，如果他们的需求没有得到满足，或者问题依然没有解决，他们可能从网上转到现实对峙，而这不是一个好的迹象。在这里，我们将研究分别发生在大连、乌坎和启东的三起代表性事件——性质不同、地点不同，但同为请愿案例。我们将探究这些事件的来龙去脉，并且探究是否可以处置得更好。随后我们将评估当前的处置网络请愿和现实对峙事件的措施。我认为中国共产党的网络空间管理得当，不仅采取适当的管制措施，而且还将网络化为密切联系群众的纽带。对于社交媒体的关注度不断增强。信访局也改进了工作方式，扩大管理范围。在这方面我想介绍新加坡的"秘诀"：建议采用优质服务管理，进而从不同的角度来看信访局。然后，为确保社交媒体能促进社会和谐，减少群体性事件，关键的是，党校应当在引领和培训干部密切联系群众过程中发挥关键作用。

第一节　为人民服务（一）：网络"威胁"

很多人认为，社交媒体会促使一党执政国家走向衰落。他们的论点依据是：因为网上曝光的人或事越来越多，官员们的劣迹无处藏身，政府不得不做出快速响应并"安抚"网络呼声。这一点仅在特定条件下才能成立，即便在中国也是如此。在网络世界以外，仍有现实世界，在现实世界里，又有一个隐藏的世界，这个隐藏的世界远离摄像头、社交媒体和监听设备。首先，即便有3亿博客网民，网络空间仍旧仅仅是整个政治空间的一部分。其次，因为人们可以发表他们的看法，政府官员也可以采取抢先主动发布。最后，除了一小撮顽固分子（这种人在任何社会都存在）以外，大多数人都是善良的，待人宽容。

一 微博改变生活[①]

与推特类似，每条微博可发布140个字符的内容。懂英语和中文的人会知道，140个中文字符和140个英文字母大不相同。如果文笔娴熟，140个汉字可轻而易举地讲述一个故事，论证一个论点，或者提出一个新颖的主张，而140个英文字母只能构成一个小短句。因此，这两种语言所蕴含的意思和影响力是完全不同的。尽管在中国只有几种微博形式，但是它们的规模很大。最大的是新浪微博，截止到2012年7月，新浪微博注册用户约有3亿人。现居上海的《新闻周刊》杂志作家邓肯·休伊特曾为英国广播公司网站写过两篇文章。他对微博和推特的分析如表11-1所示。

表11-1 微博和推特的区别

项 目	微 博	推 特
创办时间	2009年8月	2006年7月
用户量	中国3.24亿注册用户	全世界5亿用户
发布量（每天）	1亿条	3.4亿条
盈利能力	2012年第一季度，新浪净亏损1370万美元；2011年新浪网在微博投资1.2亿美元，并于2012年再投资1.6亿美元	泄露的文件显示，推特在2011年第一季度净亏损2580万美元

[①] 这是基于邓肯·休伊特为英国广播公司撰写的两篇报道文章。参见www.bbc.w.uk/news/magazine-/8887804以及www.bbc.co.uk/news/magazine-18773111。

续表 11–1

项　目	微　博	推　特
字数限制	140个中文字符，相当于约70到80个英文单词	140个英文字母，相当于一个短句

休伊特举例说明了中国在信息方面是如何发展变化的：

- 一些敏感话题，如居民和地方政府之间因暴力拆迁而频发的冲突，目前引起了公开、广泛的讨论。
- 腐败是另外一个热门话题，许多地方官员因网络曝光而被迫辞职［参见本章延伸阅读（一）］。
- 活动人士曾利用微博联络各界人士，帮助街头儿童、抵制污染企业，甚至抵制食用鱼翅。
- 2012年7月北京特大暴雨后不久，市长辞职。
- 地方政府对危机（北京特大暴雨）的处理招来社交媒体的热议，而这个事件将在未来提醒人们，网络是如何改变中国的。

网络监控

微博还出台了一些新的用户行为规范，例如实名制。此外，还针对某个特定主题或个人发送的微博，设置了转发量限制。这种做法肯定有助于控制影响的程度，且这种做法是必要的，因为微博作者可能会试图通过夸大事件的性质，以吸引更多的眼球。

有些西方人士还认为，社交媒体为中国政府提供了监控中国社会中不满或不幸群体的关注点的一种方式。尽管如此，它还充当了一个安全阀的角色，它让人们在无须走上街头示威或到北京中央政府上访的前提下就能表达自己的不满。①

---

① 这是基于邓肯·休伊特为英国广播公司撰写的报道文章。参见 www.bbc.co.uk/news/magazine-18887804 以及 http://www.bbc.co.uk/news/magazine-18773111。

延伸阅读（一）

局长"微博开房"事件

我在QQ①（中国的类似MSN的即时通信软件）发现的这个故事将说明微博传播的力量。

2011年6月22日，江苏省溧阳市卫生局局长成为中国网络上的"最热局长"。由于误将微博当作私密聊天的即时通信工具，在微博上大肆调情，遭网友截图并发送到国内知名论坛上。

此前大约两天，也就是2011年6月20日，一位网民曝光一对男女通过微博相约开房，迅速引来网友围观。头像资料显示，男方戴着眼镜，身材略胖，微博注册名为"为了你5123"，女方网名叫"Y珍爱一生Y"，她的微博头像照片是一名穿着红色抹胸礼服的漂亮女子。两人的注册地点都是江苏常州，而且在双方的关注对象中，都只有对方一人。二人在把微博当成即时聊天软件进行互动（互动的内容清楚地呈现在所有人眼前）。两人的微博中充满了性暗示和打情骂俏。经网民调查后发现，这名男性为江苏省溧阳市卫生局局长谢某某，而女性是溧阳市某酒吧的总经理。他们之间的线上互动清楚地表明，双方都没有意识到微博与MSN或者QQ等聊天平台不一样，因为微博不具有私密性。双方犯了一个致命的错误，他们以为二人间的互动是私密的。

微博上的记录显示，这位局长让女方为其在上海买东西，并且声称可公费报销。他还透露他的侄子是一家银行的行长，去年曾送给他一箱茅台酒，让他开具6720元人民币的发票。

2011年6月21日下午，据溧阳市宣传部门介绍，微博开房事件经媒体报道后，谢某某主动向溧阳市主要领导汇报了情况。溧阳市委已经召开常委会，研究决定，对谢某某做出撤销党代会代表资格、停职检查

---

① 《江苏溧阳"微博开房"局长被停职调查》，中国广播网2012年6月22日，网址：http://news.qq.com/a/20110622/000826.htm。

> 的处理意见。谢某某还要接受纪委对其所做的调查。一些网友评论，这一事件之后，恐怕不少官员会赶紧恶补一下微博知识，免得一不小心又露出马脚。而更重要的是，他们必须端正自己的行为。退一步讲，身为领导干部，却在工作时间与有夫之妇谈情说爱，这也太不像话了。

二　2011 年复旦大学关于微博的报告

微博的影响力如此之大，政府采取了哪些应对措施？从《中国政务微博研究报告》入手来研究此事是一个不错的选择。这是复旦大学新媒体研究中心①在研究政务微博的报告。关键的是，这篇报告的发布日期为 2011 年 3 月，我们在新浪微博上发现 2011 年 10 月更新的另一份报告，其研究结果却截然不同。尽管如此，我们将以 2011 年 3 月的版本作为我们的研究基础，来分析政务微博的发展情况。这份报告主要分析了全国的政务微博。《报告》采用数据抓取与电话调查相结合的方法，对新浪、腾讯、人民网、东方网及新民网等微博运营商认证的政务微博数据做全面跟踪，并做分析解读。

政务微博概况

截至 2011 年 3 月，全国范围共有实名认证的政务机构微博 1708 个，政府官员微博 720 个。从政府职能部门分布情况来看，全国政务机构微博以政府系统为主，共有微博 1671 个。党委系统微博次之，为 35 个，约占总比 3%；全国人民代表大会、人民政治协商会议各有 1 个微博，纪委没有微博账号。②官员微博的比例与机构微博情况比较相似，其中，政府系统的官员微博 616 个，党委系统的官员微博 85 个，占总比 11%。人大代表及政协委员微博各占总比 4%，纪委委员微博占总比 1%。

有趣的是，大多数政府机构微博（大约 60%）信息发布数不足 100 条，只有 8% 的发布数超过 500 条。截至 18 个月前的 2012 年 10 月，政府已经

---

① 此处有误，应为"舆情与传播研究实验室"。——译者注
② 作者笔误，应为政协、纪委各 1 个，人大没有微博账号。——译者注

承认微博的广泛使用。然而,无论以任何标准来衡量,真正将微博用作交流平台的仍旧只占少数。

在各省级行政区域中,江苏省开通机构微博的数量最多,达 279 个。开通机构数量超 100 个的还有福建、广东、四川、江西等省份。按职能部门划分的话,公安微博所占比例最高、服务性最强,党政机关、交通部门亦成亮点。官员微博的行政级别分布呈金字塔型,县处级以下官员微博的规模最大,有 333 个;县处级官员的微博 238 个;厅局级官员注册的微博有 105 个;省部级官员注册的微博有 19 个。

上海站立潮头

上海的政务社交媒体似乎走在了全国的前列。市级、区级和县级均有机构博客。上海大多数政府官员均在新民网网站注册微博账号。据统计,截至 2011 年 3 月 20 日,上海市共有实名认证的政务机构微博账号 94 个,政府官员账号 140 个。

从职能部门分布情况来看,机构微博中,政府系统仍占大多数,注册数为 88 个;党委系统有 6 个;在官员微博中,政府系统的官员有 84 个,人大代表微博 35 个,政协委员的微博 13 个,党委系统官员微博 8 个。

显然,在运用微博作为治理手段方面,上海走在前列,这可能是因为上海在网络通信处于更为先进的发展阶段。[①]

第二节 为人民服务(二):为什么人民未得到服务?

一 社交媒体是一个因素

很显然,如果没有无处不在的社交媒体,事情可能更好管理。例如大连的事件,如果没有社交媒介,记者被打和 PX 纪录片被撤销的新闻的传播范围将更小,速度也将更慢,也不会激起大连市民这么大的民愤和关注。更为重要的

---

① 参见 wenku.baidu.com/view/08ac8ef0f90f76c661371a79.html。可在下列网址 sh.sina.com.cn/news/s/2011-04-23/1713180494.html 找到该事件的报道。

是，公众集会示威不会组织得这么迅速。再如乌坎村，乌坎村村民每天都能将图片和视频上传到社交媒体，发布事件最新进展。在媒体被封锁的情况下，村民们还通过微博发布村内讨论的情况。微博新闻素材成为媒体新闻的重要来源。由此引发的全球性媒体的注视，也让中央政府在这次事件中，以更积极和更可控的方式做出反应。至于启东，尽管市委书记和市长做出了保证，但是群众还是通过网络信息传递聚集起来，表达对生活环境的关注和担忧。

我们将进一步探讨政府在网上的形象是如何大幅度提升的。更重要的是，组建更具建设性和响应更快捷的社交媒体的努力一直没有停过。

二　媒体之外：经济发展与优质服务兼顾

如何应对社交媒体仅是一方面，官员必须认识到问题的根源。大连PX事件当表现出的是对未来的担心。PX项目2007年获批，2009年开始建设，总投资15亿美元，并已贡献了约3.3亿美元的税收。然而，政府并没有向公众详细说明PX项目的威胁。可能是因为在福建省厦门市还有一个类似的项目出现了问题，这后来成为群众恐慌的导火索。大连市政府官方信息的缺失，以及封锁媒体报道，只会加剧事件的恶化。

对于需要向地方政府表达诉求的民众而言，环境问题意识的提升，加上利用网络自发组织起来的能力，已经被证实是一种有力的组合。中国环境历史方面的作家伊丽莎白·埃克诺米女士[①]评论称，越来越多的中国人开始意识到，污染问题关系到生活质量，并开始注重保护自身权益，他们不愿意受到因地方官员的非良性的、破坏环境的发展方式所带来的不良影响。她预计，中国有组织的环保行动在今后几年将持续发展，作为不得已手段的群众抗议或者群体性事件也将增加。

至于乌坎事件，众所周知，约3200亩的农田以7亿元的价格出售。然而，每户村民仅得到500元的补偿款。乌坎事件是一个典型事件，它涉及三方面：农民、投资商和当地政府，这三方面利益均未得到满足，于是群体性事件便接踵而至。

道理很简单。农民出让土地，理应得到合理的补偿。然而，他们却没有

---

① 参见 chinadigitaltimes.net/2011/08/perspectives-on-dalian/。

得到合理的补偿。投资商花钱购买土地，但最终却无法开发土地，因为农民不愿让出土地。当地政府也不满意，因为发生了骚乱，土地没有按预期开发。这一切是因何造成的？大多数人都能想到，钱很可能落进了少数人的腰包，而不是公平合理地分配给相关各方。

中国每年此类事件发生，由强行征地引发的约占三分之二。当地的党员干部是怎么做的呢？大抵有以下几种做法：

- 未经农民同意的前提下出售土地（这种行为无异于"明抢"）；
- 土地补偿金过低；
- 即便是补偿金过低，但最终也没有落到农民手中；
- 补偿金被挪为私用。

在启东市，共产党试图透明化操作。然而，中国也存在着"邻避主义"。英国广播公司曾评论称，乌坎村和启东市都发出了错误的信号：

"两起抗议都给人留下了一种印象，即改变政府决策最快方式是组织暴力示威。"评论称，如果这种模式被广为效仿，对社会稳定将会是毁灭性的。这将鼓励公众采取激进的方式来实现诉求。[①]

处置群体性事件的方法其实就是回到为人民服务。这不仅仅包括网络空间，还包括在各个场所解决投诉和纠纷。我们想推荐优质服务省委负责制，来纠正信访局的工作模式。相关人员或者办公室应当具备三点：

- 只向省委书记或者其三位副职之一汇报；
- 下放权力，以解决所有操作性的问题；对于本质上属于政策性问题的，要进行审查评估；
- 基于解决问题和投诉的数量进行绩效考核。

我将这种优质服务省委负责制视为创造空间的第一步，这便于群体性事件有迹象之前，公众得以站出来表达自己的诉求。

我认为县级或市级党校应当在这些方面发挥关键作用。首先，要教育领导干部"为什么基层工作非常重要"这个理论。其次，类似于价值观灌输模块，可以设置一种"社区网络"模块，供乡镇和村级干部进行基层工作方面的实践。最后，同样重要的是，因为各级政府都设有党校，因此，监察干部

---

① 参见 www.bbc.co.uk/news/world-asia-china-19043937。

可在乡镇和村级政府"实习"。通过这种方式，我们可克服因为幅员辽阔以及缺乏监督而造成的"天高皇帝远"的问题。①

第三节　与时俱进、艰苦奋斗（一）：培养网络与微博治理意识

一　微博平台的发展突飞猛进

在上文中，我们提到，截至 2011 年 3 月，全国范围共有实名认证的政务机构微博 1708 个，政府官员微博 720 个。微博的发展突飞猛进。到 2011 年 10 月，政府机构微博增加到 9778 个，官员微博 8354 个。② 无论以什么标准来衡量，这都算得上惊人的增长——6 个月内增加了 10 倍以上（这样令人惊讶的增长已经不是第一次了，因为此前六个月也出现了增长：截至 2010 年 10 月，政府机构微博仅 312 个，官员微博 240 个）。北京、广东、江苏、浙江、福建等经济较发达的省份政务微博开通情况在全国居前列。北京居首位，与其全国政治、经济、文化中心的身份有密切关系。一年间微博数量增长最快的是北京、广东、江苏、浙江、福建、四川，涨幅均超过 1000 个（平均下来，每个月新增微博超过 80 个，每天新增 2 到 3 个）。

从部门分布情况来看，2010 年政务微博主要分布在公安、旅游、宣传、司法部门，截至 2011 年 11 月底，政务微博已扩展到政府机构的各个行业，如市政、招商、文教、体育、质检等，但公安、旅游、宣传、交通、司法、团委等政府职能部门优势依然明显，这些部门接触微博较早，微博信息发布及时，服务性、实用性、互动性都比较强。其中，公安系统微博发展最快、数量最多。报告显示，去年公安机构微博增长近 4000 个，公安个人微博增长 1700 多个，占政务微博总数的三分之一。公安部门借助微博发布信息、

---

① 来自维基百科"乌坎事件"中文解释。
② 参见 2011 年新浪政务微博报告、人民网舆情监测室，网址：wenku.baidu.com/view/6e86a07b5acfa1c7aa00ccc8.html。

提供服务，获取线索、调查取证，发布案件进展，提高办案效率，已成信息公开的便捷平台和网络协助办案的重要工具。

从行政级别分布来看，政务微博呈"金字塔"状，县处级以下政务微博规模最大，微博在基层政府机构和官员中发展情况较好，这和基层政府机构和官员本身基数较大有关，基层政府对于利用微博开展问政、扩大宣传、提升服务的意识和积极性提高。我们可以看到如下知名微博（见表11-2）：

表11-2 十大政府机构微博（截至2011年10月）

等级	名 称	认证信息	省份	微博数(个)	粉丝数(个)
1	平安北京	北京公安局官方微博	北京	6120	1941777
2	中国国际救援队	中国国际救援队官方微博	北京	3340	1256710
3	外交小灵通	外交小灵通	北京	2240	851023
4	上海地铁 shetro	上海申通地铁集团运营管理部官方微博	上海	14046	1122323
5	成都公布	成都市人民政府新闻办公室	四川	3862	1925559
6	广州公安	广州市公安局官方微博	广东	4617	1015201
7	打四黑除四害	公安部"打四黑除四害"专项行动办公室	北京	526	334153
8	深圳公安	深圳市公安局官方微博	广东	3714	772624
9	南京发布	南京市委宣传部新闻发布官方微博	江苏	4638	471891
10	中国旅游	国家旅游局官方微博	北京	3003	706087

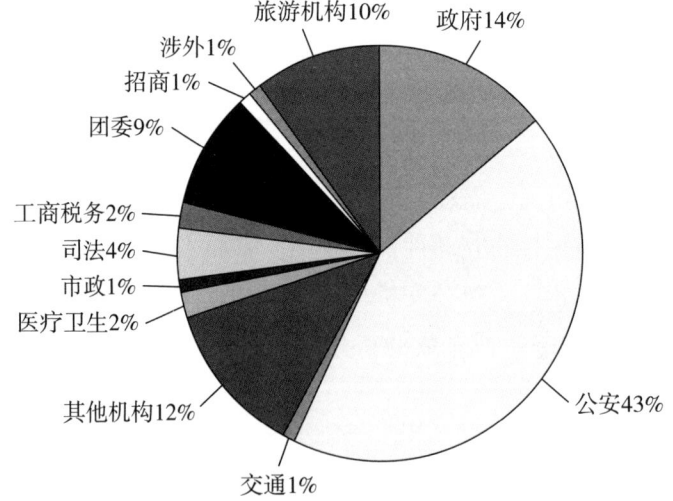

图11-1 党政机构微博部门分布图（总数：9778个）

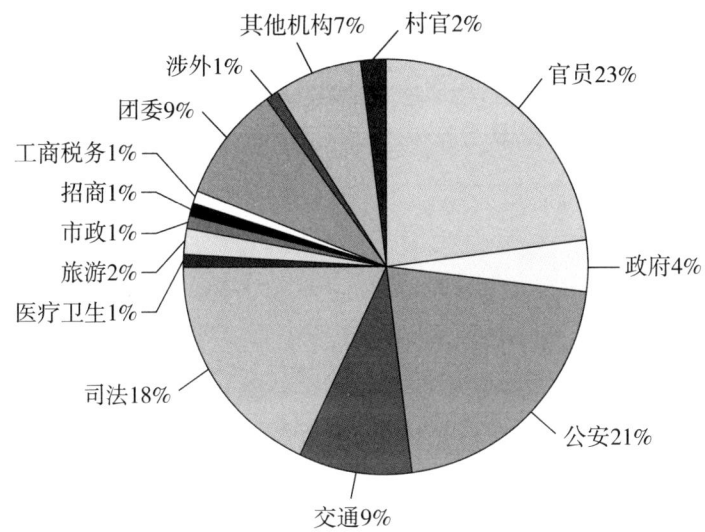

图 11-2　公务人员微博部门分布图（总数：8354 个）

二　舆情监控和微博治理会议

比这些政务微博更重要的是，我们还发现了一些舆情监管和分析网站。www.pubtopic.org/ 网站为社交媒体所披露的事件提供实时分析，并且将事件标注为正面、负面或中性。它涵盖了六个方面：突发事件、政治形势、经济发展、民生问题、法律纠纷和公共管理。对于每个方面，网站还提供最近 7 天的舆情，以及最近 10 天舆情反应的图表。例如，有关农民的新闻，超过两个月都是正面的。[①] 但是如果你访问 www.pubtopic.org/news/PartyImage/AntiCorruption 网站，你会发现全都是负面的。

值得注意的是，学者们密切关注这些微博的发展，并且就中国共产党如何处理这些问题展开了许多争论。一个关键事件就是 2011 年 12 月新浪微博[②]组织的政务微博年度高峰论坛。新浪微博邀请了一些微博的早期用户分

[①]　参见 www.pubtopic.org/news/EconomyDevelopmentRuralAreasAndFarmers（7 月 13 日至 9 月 20 日），2012 年 9 月 29 日整理搜集。

[②]　参见 news.sina.com.cn/z/zwwbdh/。

享他们的开创性经验，此次活动的具体日程如下（见表11-3）：

表11-3 政务微博高峰论坛日程

日　程
主办方致辞：新浪执行副总裁、总编辑 陈彤
主题演讲1：网络社会与微博问政 国家行政学院教授、博导 汪玉凯
主题演讲2：网络舆论推动中国改革 人民网舆情监测室秘书长 祝华新
2011年年度政务微博报告发布
茶歇 会间交流
案例分享1：有心则灵 有情则通——借助微博开展公共外交的经验与体会 外交小灵通微博
案例分享2：用微博的方式建设"平安北京" 平安北京微博
案例分享3：打造微博航母，力推网络行政 广东南海政府微博群
案例分享4：如何用微博主推旅游产业 国家旅游局微博
案例分享5：微博问政与网络突发事件政府应对 南京微博问政
午餐
资讯分享：新浪政务微博平台介绍 新浪副总裁兼微博事业部总经理 彭少彬
圆桌讨论1：微博与社会突发事件应对
圆桌讨论2：微博与社会服务创新
茶歇
圆桌讨论3：如何通过微博推动地方宣传
圆桌讨论4：政务微博运营的现实与未来
活动结束

我将摘取论坛上讨论和分享的一些要点，这些要点对于我们的研究也很重要。

国家行政学院教授汪玉凯在主题演讲"网络社会与微博问政"中强调了三点：

第一网络社会的到来为公民参与提供了广阔的前景。中国信息化的快速发展，促进了网络社会的到来。我们现在有4.85亿的网民，有236万个网站，手机、固话超过10亿，城市彩电接近200%（平均每个家庭有两台电视机）。这些都为我们进入网络社会提供了强大的基础。

第二网络参与与微博的崛起。公民的参与极大地改变了中国官员与公民互动的方式。微博正在改变中国官方与社会话语权的整体格。

更重要的是，微博问政倒逼政府转型。促进政府决策的科学化和民主化，减少决策失误。促进政府收敛自身行为，努力遏制腐败，改变作风。微博产生了重大影响，所以在政府机构开微博反应快，可以更快地跟老百姓互动、解答老百姓的疑问。

"平安北京"微博，赵峰：赵峰强调，首先要有一个可信的渠道，提供出来的消息才能够有力量和假消息抗衡。公安微博发布是形，互动是神。如果官方微博没有粉丝，官博存在的意义就是零，如果只是自说自话，我们的发布效果是零，如果只是强调自己的说辞不顾及网友的反馈意见不付诸行动官博的形象就没有。

"国家旅游局"微博，何振刚：旅游微博网站的关键功能：首先，这是一个政策、信息、宣传、销售的平台。其次，在网民提供反馈和服务的改进意见时，这是一个有价值的信息来源。再次，对于旅游业来说，这是一个新的营销和销售渠道。最后，这是一个连接游客和机构的新的旅游互动资源。

广东南海政府微博群：微博第一个是实现了俯视到平视的改变，改变了政府和社会沟通的方式，法政部门将以更多平等的姿态与社会公众交流，放下身段，听民意聚民智。第二个就是实现了从管理到服务的转变，微博零距离透明的沟通方式，也在倒逼政府部门正视群众的需求。第三个转变是实现了从发布到应用的转变，从简单的单向的信息发布，要发展到一种双向的交流。

三 政府官员如何应对微博

2011年中国共产党党建网站上发表了一篇文章,我们可以把这篇文章理解为党中央委员会发出的要求。文章作者呼吁官员实现四个方面的转变,从而更好地利用社交媒体。

学会讲话

作者提出,要实现从公文语言向网络语言的转变。作者指出两个特点:第一,与公文所送达的对象为特定部门所不同,微博信息的发布和传递依托互联网完成,其信息的受众群体和数量往往难以预测,在接受政府官方微博信息的网友中,绝大部分人可能与该事件并无直接联系。因此,接受并传递政府官方微博信息的网民多数只是以"旁观者"或"围观者"的角色出现。第二,网民之间的交流方式与现实世界有较大差别,其交流和互动往往建立在平等对话的基础之上,并习惯于使用新兴网络语言和文字。每个人都享受同等待遇,都受70到80字符的发言篇幅限制。

鉴于微博传播方式的特殊性,作者建议,官员要放低身段,摆脱官气,逐步适应网络化的交流方式,将自己放到与网民平等对话的平台上,增强交流的互动性和有效性。要少打官腔,多使用通俗易懂的语言文字,增强幽默感,适当使用流行的网络语言文字,拉近距离,获得网友的支持和肯定。在涉及对具体事务的解释或答复时,应当少一点"正在办理中",少一点"无可奉告",少一点模棱两可,少一点空话套话。要抢抓第一时间,用合适的语言文字和表达方式对民众的诉求做出及时、真诚、有效的回应,增强官方消息的公信力和机关的办事效率。

直面评论

实现从单向传播向双向交流的转变。令人振奋的是,越来越多的政府机构和官员纷纷开通微博,收集社情民意,及时公布有关信息,应对各种突发事件,有效提升了政府的形象和公信力。但是,目前许多政府微博主要发挥的还是信息发布平台的作用,所公布的内容大多都是单向传播而并非双向交流。在与网友互动及解决具体问题方面,突破程度不大,这与网友的期待还存在相当的距离。如果这种状况持续下去，势必会影响官方微博功能的充分发挥，甚至容易产生负面评价。

在微博这个开放互动的平台上，政府部门不仅要及时关注、倾听民意，也要敢于暴露自己的不足并及时纠正，以减少误解和隔阂。从众多政府微博的运行情况来看，与网友交流频繁的政府微博，粉丝就多，好评就多。实际上，微博上大多数人的"围观"或参与，归根到底还是出于关注政府工作的善意和帮助地方政府改进不足的诚意。

结果为上

要实现从被动应付向积极作为的转变。各地相继开设政府微博，容易使群众产生政府部门在作秀的想法，认为政府部门开设微博仅仅是为了装点门面。如果这样的话，那这些微博就形同虚设。

要消除这种误解，官方微博就需要通过微博实实在在地回应、维护人民群众的诉求和利益，想群众之所想、急群众之所急，认真对待每位网友的意见。惟其如此，政务微博才能远离形式主义，切实成为联系群众的有效途径。微博是政府部门改进自身工作的工具之一，只有更多地与实际工作相结合，其效应才能得到有效发挥，最终获得广大网民的认同和理解。政府官方微博做得好，能够切实为人民群众解决问题办实事，群众就会支持和拥护。因此，官方微博要靠长期、踏实的耕耘，真正"有所作为"，才能获得肯定。这和共产党能够被人民拥护的道理是一样的。

增强趣味

另一个转变就是实现从文字主导向形式多样的转变。从而获得多方面的信息。长期以来，政府部门习惯于通过文字资料向社会发布和传递信息。微博等多媒体手段能够更加及时、有效且生动地传递信息和资料。政府官方微博定位在于说明或传达信息，需顺应时代发展的潮流，对信息的传播与交流做出一定的"技术包装"，进而提升官方微博的传播效果。

作者认为，在微博时代，最重要的是吸引力。干部应该考虑如何以最佳方式传达信息。借助图片、视频和声音等可以吸引更多的粉丝加入，群策群力，共议时政，推动政府行政效能的不断提升。

作者总结道，加强和改善对政府官方微博的管理使用，是适应经济社会发展新形势，是加强和创新社会管理的需要。他提醒各级政府部门官方微博应当从转变语言表达方式，加强交流互动。更重要的是，要破除形式主义，丰富信息发布形式等方面进行改进和完善，使微博的作用得到有效发挥，让官方微博真正成为政府和群众的"连心桥"。

我认为，共产党干部已经开始掌握新的社交媒体的错综复杂性。①

延伸阅读（二）

提升政务微博质量促进社会管理创新②

董立人（中共河南省委党校，河南省郑州市）2012年1月第6卷第1期，《中国浦东干部学院学报》

摘要：

以微博为代表的网络舆论场的蓬勃发展，为社会管理创新及社会善治打开了一扇亮窗。政务微博为社会管理提供了新的信息技术等工具支持，为社会管理提升了服务意识和能力驱动力支持，为社会公众及时获得信息提供了有效的平台支持，为社会管理中践行群众路线提供智力支持，为社会管理中体现民意良性互动提供了支持。当前政务微博存在形式化、空心化、名利化等不足。切实提高政务微博的质量和水平，要以马克思主义大众传播观为指导，坚持政务微博内容的真实性；积极转变执政"执网"方式，坚持政务微博要着重时效性；升华学习型领导干部理念，坚持政务微博持久性；增强领导干部媒介素养，提高政务微博质量；建立政务微博的科学管理体制机制，促进政务微博优良发展。

---

① 周巧艺：《政府官方微博应当实现"四个转变"》，中国共产党新闻网，2011年10月27日。
② 摘要引自 wenku.baidu.com/view/9589e6101479171 1cc7917a4.html。

第四节　与时俱进、艰苦奋斗（二）：
优质服务省委负责制解决矛盾

一　信访局的转变？

越来越多的中国官员开始认识到社交媒体的力量，他们当中很多人受网上丑闻事件（如"微博开房"事件以及当前比较有名的"表哥"事件①）的影响，为人民服务的关键问题依然是不断提升人民群众的生活水平。在本节中，我们将探讨新加坡 QSM（Quality Service Manager，优质服务经理）理念的运用。尽管我们努力服务公众，但总会不经意间忽略了某些实施的细节或政策，进而未能服务到少数公众。QSM 则充当了处理公众投诉和咨询的申诉专员，确保公众投诉和咨询得到令公民或网民满意的解决。

新加坡 QSM 有两个主要功能：受理特定公民的投诉，不是简单地将问题分理到相关部门，还要确保问题能够妥善解决，并监控各部门相关领域的主要舆情。只有这样，相关政策方才得以反复试炼、检验，最终符合最新实际情况。QSM 可以越过相关部门的操作人员，直接向最高管理层报告。QSM 工作的目的旨在改善服务，尽可能多地解决问题。当然，更为重要的是，QSM 可以确保在相关政策调整后，不会再出现与此前类似的案例。

有关信访局的问题

我冒昧地研究了信访局②和相关网站③目前的情况。信访局的故事要从《中华人民共和国宪法》说起。宪法第二十七条规定，"一切国家机关和国家工作人员必须依靠人民的支持，经常保持同人民的密切联系，倾听人民的意见和建议，接受人民的监督，努力为人民服务"。

第四十一条进一步指出："中华人民共和国公民对于任何国家机关和国

---

① 该事件是关于一名官员被发现在不同的场合戴不同的手表，引起网民的关注；后来他辞职并被开除党籍。参见 http://www.southcn.com/。

② 参见 www.gixfi.gov.cn/。

③ 参见 baike.baidu.com/view/149918.htm。

家工作人员，有提出批评和建议的权利。对于任何国家机关和国家工作人员的违法失职行为，有向有关国家机关提出申诉、控告或者检举的权利，但是不得捏造或者歪曲事实进行诬告陷害。"基于宪法的这些规定，信访局应运而生。这在 21 世纪来说，也是很好的基础，但仍存在一些需要解决的问题。

最高仅能向上一级机关提出信访

显然，当前国务院制定了《信访条例》，并且规范了中华人民共和国公民提出问题的权利的方式，无论是对政府机构的建议、意见或者投诉，最高也只能向该机构的上一级机关提出。虽然从书面上来看，该政策合情合理，但是现实操作中还是存在很多问题。

在中国的体制中，政府分为五级：国家、省、市、县、乡级别。正如我们在上文中提到的乌坎事件那样，有时候看不见的村级可能成为一大障碍。这个金字塔体系鼓励人们上访至上一级机关，因为这可以强化上级限制下一级的权力。实际操作中，也是鼓励逐级上访，绝不鼓励越级上访。然而，如果纠纷没有在上一级机关得到解决，则会出现问题。

人们认为上一级机关有解决问题的"领导责任"（或者说在某种程度上"难辞其咎"），因为正是在它的允许下，才发生了问题。例如，通常人们认为，乡镇级的纠纷，无法依靠县级领导部门解决。唯一的方法是求助于市级或以上（省级），才能将问题调查清楚。

在现实中，这种想法鼓励了越来越多的公民越级上访。尽管权力最终仍然来自上一级机关，但公民认为越级上访将使他们避免"官官相护"，提高成功机会，因为他们认为更高级机关会比较"中立"。

问题解决了吗？

国务院 1996 年《信访条例》规定了办理信访的总的原则是"分级负责、归口办理，谁主管、谁负责"。然而，这让信访局仅仅成为单纯的信箱。一位局长甚至指出，群众反映的 80% 的问题可以在基层解决。给人的印象似乎是，监管层面的工作就是将问题重新发还给下级机关。我相信，信访局不仅仅是个信箱。如果是这样，邮政服务不就足以解决问题了吗？

上访的最终目的地——北京

上访的传统方式就是，愤怒各方"抱团"到北京上访。这一现象的出现，让国务院不得不发布命令，只准许五个人组团上访。上访人认为，有必要使自己的问题更具有特殊性或者成为特例，以便在首都引起注意或者得到优先处理。因此，示威并把事情闹大等是吸引公务人员同情和注意的手段之一。事实上，这是一个恶性循环，如果集会示威吸引了官方的注意，就会有更多人纷纷效仿。这会造成信访人提出各种各样的问题，不论严重，还是轻微，都有可能集会示威。这种情况会变得十分糟糕。

打破恶性循环

目前情况是，中央组织部和国家信访局一同监督各省的问题，并且给予扣分处理，以减少群众进京上访。但这真的会解决这个问题吗？想象一下可能出现的情况：

……我们村的15个不守规矩的暴民决定在北京大闹一场。国家信访局刚刚联系市级信访办的我。如果我不迅速派人把他们接回来，我将被处分。但是我明年将被提拔到省级机关，因此不能允许我的档案里出现任何污点。此外，我也知道，我已经给了这些人他们想要的，而他们的要求是不合理的……

事实上，我只有一个解决方案——尽快调动我能动用的一切资源，到北京把闹事的民众带回来，并说服国家信访局的官员不要把这件事闹大。最重要的是，我会将这件事轻描淡写。值得庆幸的是，由于我的说服能力和友善态度，我可能不会受到处分。

现在，让我们分析这个问题，这是否会鼓励其他村更多不守规矩的村民纷纷模仿，即使他们没有正当的理由？我需要调动更多的资源和关系，以确保我的档案没有污点？我每次都和国家信访局轻描淡写地解释这种事情，他们还会一直愿意买账吗？

很快就可以发现，这种恶性循环会不断恶化，越来越多不守规矩的群众到北京"表演"。国家信访局也会通知地方官员，由他们来将大事化小，并要求他们迅速来"解决"问题。市、县两级只能哀叹丰富的资源被用于将闹事民众带回和解决国家信访局提出的问题上。投入的资源将大幅增加，但是这会改变什么吗？

二 优质服务省委负责制

因此，我是否可以提议，通过优质服务省委负责制来打破这个循环，建立积极的良性反馈流程，具体如下：

- 仅向省委书记报告，因为此事的负责人应拥有足够的权力将事情做好（在现实中，这成了省委副书记的职责）；
- 省级机构提供一站式服务，监管整个为人民服务的大局；
- 处置权：掌握时机、制定新规和调动相关资源；
- 进行巡回访问和召开面对面议事会的权力；
- 联络全国人大代表，最高检以及当地媒体解决问题。

评估大局

我认为：优质服务省委负责制的渠道应保持畅通，这一制度只向省委书记（现实中，一般都是省委副书记负责此事）报告。他应该被授予解决省内所有问题的权力。

优质服务省委负责制的首要任务是监控大局。因此，我建议，如果省信访局及其下属机构具备一套的衡量和监管舆情的体系，这个体系不仅包括监管社交媒体舆情，还包括信访局收到的各种投诉，那么便成功了一半。这里的关键是要知道哪些问题本质上是一次性的，并且解决后可以"一劳永逸"，还要知道哪些是可能（在国家或省级层面上）"燎原"的"星星之火"（引用毛泽东的名言"星星之火，可以燎原"）。这只能在省级层面进行准确监管和解决。那些"星星之火"需要动用大量的资源来"扑灭"，惟其如此，才不会发展成第二个大连 PX 事件或启东事件。

所以，当省会城市成为上访的最终目的地（原来是北京）时，会发生两件事情：

- 政策性的大问题（可能会影响到全省）可以得到迅速解决；
- 省会可以听到市、县甚至乡级的声音，并给出解决方案（其中也会出现闹事群众在省会集会示威的情况）。

这样一来，优质服务省委负责制可以密切关注可能会影响到全省或者全国的关键问题，同时还可以监管下级市、县的各种问题。每条投诉都将反映当地政府解决问题的水平。因此，省领导可以了解谁在做什么工作。

"解决"问题

优质服务省委负责制必须要有相应权力，以决定如何在省级层面解决事情，进而将指令下发到市、县、乡。受监督的对象必须在规定的时间内（也许约 21 个工作日）解决问题，恢复正常秩序。必须打破之前的恶性循环，让群众开始信任信访局，不再越级上访。

这种做法听起来并不陌生，因为一些城市已经尝试。青岛市在干部们中实行了一个市级官员需要亲自办理的五种问题的规定[①]：

- 群众对解决不满意的；
- 长时间未解决的；
- 上访至青岛市局级别以上的；
- 相关部门未受理的；
- 涉及政府多个部门的。

这是为了确保信访局不会变成一个仅仅控制和分流上访流的"红绿灯"。

基于上述规定，显然需要优质服务省委负责制来解决问题，让群众满意。它不应该将问题分还给相关机构，而是应当解决这些问题。因此，它需要拥有相应的资源，以及指导下属工作的权力。这样一来，当前省内的（即使不是全部）大多数系统性问题都将得到解决。只有那些需要国家解决的问题，才会提交到北京。

主动感知：群众面对面

优质服务省委负责制可监控省级层面的事务，确保省级机关帮助解决地方问题，事情也就不必上访到北京便可得到解决。我们如何才能在投诉事件见诸网络之前，抢先一步预测到呢？

作为一项新举措，该制度通过两种方式定期与民众见面。第一种方法设

---

① 参见 baike.baidu.com/view/149918.htm。

置一个省级层面的办公室，便于与信访人安排会见，这样信访人可以约定一个时间，直接向相关省委负责人（或者他指定的副职）表达诉求。此外，信访人还可以借助网络、电话、传真、邮政等渠道反映问题。

另一种办法是在省内各乡镇进行巡回走访。这样人们足不出户就可以见到相关省委负责人。"走访"有序进行，还有助于减少上访和潜在的示威活动。为了更加透明，还可以进行公开投诉，政府的回应也要发布在网上。

这类似于我们在第九章提到的最高检地方巡视组所扮演的角色。巡视组可以发现群体性事件的苗头，为解决问题提供了宝贵的时间。我们高兴地看到，除了最高检，这种主动感知并不是一种新的工作思路。在江苏省宿迁市，市里的干部每周至少要参加两次群众见面会；县、区级官员每周参加一次；市属各局每月参加一次。乡镇干部应每天都查看投诉，接见访客。通过这种安排，为投诉上访的群众打通了一条与领导面对面的渠道，有利于解决问题。

与省人大代表协作

优质服务省委负责制要想取得成效，需要与省内的其他三方面协同开展。首先就是人大代表，人大代表也可以成为该制度架构的一部分，以便与民众会面，并成为反映问题的渠道。该制度要确保问题在商定的时间框架下和资源参数内得到解决。甚至，人大代表是否可以担任该制度的相关负责人，都值得考虑。

优质服务省委负责制还有必要与当地的检察院协作，因为许多问题是当地法院拒绝审理或者已经判决了两次（初审和上诉案件）后仍未能解决的。例如，在一项研究中，有632名农民到北京国家信访局上访，而其中有401人曾到法院起诉，其中法院不予立案的占到43%；另有55%的认为法院未依法判决。① 此外，许多地方法院显然只看重那些法院没有形成书面判决的案子——这是一种渎职行为。一种方法是，在优质服务省委负责制的帮助下，进行再次上诉。当然，这必须建立在相关省委领导认定合理的基础之上。

如果利用得当，媒体会成为该制度的强大盟友。我的研究表明，中国地方规定禁止跨县、市和省报道上访事件。省级报纸也不得批评其他省、市、县的

---

① 参见 baike.baidu.com/view/149918.htm。

缺点和不足。我认为，这种规定的逐步放开首先会减少上访数。它还可让省级政府干部意识到玩忽职守的危险。其中一种方法就是，允许跨省报道案例，这些案情职能上诉到省级人民法院。这将有助于"棘手"事件在市、县就得以解决。

优质服务省委负责制总结

考虑到中国地大物博，我们需要省政府成为把握当地脉搏的主要监管机构。这可以通过优质服务省委负责制来实现，该制度只向省委书记报告。作为工作的一部分，省委书记不仅监督投诉事件，还要尽最大努力地去解决，因为省内的所有资源都在他的权限之内。此外，该制度可以通过与群众会面和地方走访，主动接触群众。这有助于早日发现苗头，并及时采取措施，防止事态升级或恶化。

第五节　实事求是：党校为人民服务

一　新时期基层党建理论

在过去的 30 年时间里，专注于经济发展成为官员奉行的升职宝典。目前情况已经不再是这样了。为了能够让官员端正动机，必须要改变衡量执政成功与否的标准。当今的中国社会（至少城市中的一半人）需要的不仅仅是经济发展。拥有正确的社会经济环境很重要，通过社交媒体自由发泄自己的不满很关键，为自己的子女谋划美好的未来也是最重要的考量。因此，省市县各级官员都扮演着非常重要的角色。那么，如何提升省内每位官员的价值呢？在一个地区内，一个人的经济成就与社会和谐如何衡量比较？或者一个区与一个环境友好型生态县又该如何比较？通常情况下，你又该怎样发现表现最好的官员，进而确保只有最好地为人民服务的官员才能担任关键职位？

党校应当发挥相关作用。首先是理论研究，以及如何与中国共产党的核心问题联系起来。我不是党建方面的专家，但在我访问期间，我会见了时任大连市委组织部副部长的王乃波。他是基层党建工作专家,并曾出书①论述有关问题。我将他的一些观点概括如下。

新兴领域及其界定

王乃波描述了中国共产党需要持续推进基层党建工作的一些新兴领域。这些都是社区基层工作——新经济组织和新社会组织。他认为,对于社区而言,随着人们搬进城市,街道和社区也显得日益重要,因为它们是城市的"细胞"。社区不仅需要提供服务,而且还要树立社区意识。至于新经济组织,他指出,民营企业应当遵守中华人民共和国的法律,促进公司内部的党建工作开展。对于新社会组织,他不仅指的是非营利性社区服务组织,还包括营利性的中介组织,如律师事务所、保险公司以及经济发展中所涌现出的各种中介机构。实际上,这对干部来说,都是需要勇气挑战的新领域。②

传统领域的挑战

王乃波在书中还提及传统领域的基层党建工作中存在的一些问题。例如,他担心农村基层党建工作面临着两个实际问题:第一个是村民趋于老龄化;第二是村干部的素质和数量。至于国有企业,问题涉及其角色转变,如企业性质、党建属地化管理(如由国家性质转为地方性质)和党建创新等。这些变化给传统领域的国有企业干部带来了特殊的挑战。最后,机关事业单位的基层党建工作也不能忽视。③

创新政策的需求

新组织的出现,传统领域面临着挑战,都需要新的政策。王乃波指出,这些问题是在各级基层党建工作中出现的共性问题。他还提出,这些举措由

---

① 王乃波:《基层党建工作新格局》,党建读物出版社2011年版。在随后的段落中,我归纳了他的部分思想。
② 王乃波:《基层党建工作新格局》,党建读物出版社2011年版,第154—283页。
③ 王乃波:《基层党建工作新格局》,党建读物出版社2011年版,第284—409页。

当地党委负总责，开展基层党建工作，并且通过建设干部服务中心来培养高素质干部。此外，在干部管理方面，全国上下应当有一致性和统一性。他主张创建培养干部的开放系统，将干部进行跨省调动，秉承"一盘棋"的原则为人民服务。

我认为，在300多个市级党校中，从事研究、交流这些新知识以及在不断壮大的干部队伍中进行推广应用的人肯定大有人在。王乃波的这本书是一个很好的切入点，可以更好地理解中国面临的新挑战。①

二 实践（一）：在党校进行基层建设

以色列国防军培训学校理论

我们在延安和井冈山所学到的理论还远远不够。我们如何才能在党校"教"基层建设呢？在这里，我们想介绍一种"旧式"②培训学校理念。在以色列国防军中，每个培训学校都可以成为一个独立的战斗单位。例如，在培训坦克炮手、驾驶员和指挥官的装甲培训学校，装甲训练学校全体人员就是随时都可以投入作战的装甲旅。你可能会问为什么？首先，拥有足够的坦克和物资供给，因为这是训练所必需的。其次，根据培训课程的数量，始终做好计划，保证学员的实力相当于装甲旅的实力。最后，尽管学员正在接受培训，但是学员能够熟练掌握一定的技能，教员则可以充当各级指挥官角色。因此，只要一声令下，学校的校长就能化身旅长，副校长成为营长。接受培训的驾驶员、炮手以及每辆坦克的指挥官都能成为真正的战士。培训团队接到通知后，便能立即投入战斗。

新加坡社区浸濡计划

在新加坡，我们有一个计划，与中国高级干部类似的行政官会被提名参加社区浸濡计划，作为其职业发展生涯的一部分。这个计划的目标是，

---

① 王乃波：《基层党建工作新格局》，党建读物出版社2011年版，第489—619页。
② 我用"旧式"一词，是因为我无法确定以色列是否仍沿用该训练法。

让官员更深入地了解新加坡社会结构,也为他们提供与基层组织互动、增进了解的机会。这有助于行政官更好地制定政策,这些政策将影响新加坡人生活。

每位行政官会到一个选区浸濡,并且将在顾问的指导下工作,顾问通常是该选区的国会议员[①]。行政官与一般普通基层志愿者无异,需要积极参与当地居民委员会和社区委员会的工作。行政官被派往住所附近的居民委员会或社区委员会。

行政官将积极参与组织活动,至少参加一个社区工程,积极参与社区活动和项目,如民族节庆日、国庆节庆祝活动等。在浸濡期间,他们还将有机会接触各种各样的社区活动,可能包括:

- 热点问题小组讨论和与当地居民对话;
- 与社区合作伙伴举行网络会议;
- 基层委员会会议;
- 上门走访;
- 参与志愿者活动;
- 社区发展理事会组织的社区项目。

这些都有助于行政官更好地了解新加坡基层所发生的事情,因此才能更好地制定政策、实施更全面的计划方案。

将以色列国防军和社区浸濡计划结合起来:党校基层建设

不过,以色列国防军和新加坡社区浸濡计划和党校有什么关系呢?党校只负责授课和培训。准确地说,党校是将现成的党建过程及其机制传授给干部的地方。党校有理论研究者、教授实践知识的老师和想要体验新的党建活动、技术和实践的学员。所以,随着时间的变迁,党校所处的区、县或市将成为该市、该省或相关区域内基层党建工作的样本。

正如在延安的实践中,超过50个村庄作为试点对象,不仅是为了价值观灌输,还秉持了毛泽东时代进行农村调查时的传统。市、县地方党校同样也可以这么做。地方党校周边的区域、社区或街道都可成为参加党校培

---

① 国会议员是新加坡的地方政治代表,每5年选举一次。

训的干部的基层"培训"场所。当然，这种安排必须与地方领导协调。由于地方党校的领导通常是由县委书记担任，所以这其实很容易办到。这样一来，从理论上来说，周围的乡镇、村庄或者地区没有理由不欢迎党校干部在基层实践。

三　实践（二）：乌兰察布市一个可能行之有效的案例

关于基层工作的探讨和分享

在理论阐述之后，接下来所采用的方式之一就是探讨基层工作是什么，如何具体实施。我在网上偶然发现了一篇关于内蒙古自治区乌兰察布市的文章。乌兰察布市之于内蒙古，相当于"社区"之于新加坡。

乌兰察布市[①]有282万人口，面积5.5万平方公里。下辖1个县级市、1个市区、5个县，4个旗（相当于县）。其人均国内生产总值为2.65万元。

来自内蒙古自治区首府呼和浩特的一名[②]新华社记者讲述了下列故事：

> **延伸阅读（三）**
>
> ### 不给烟不发结婚证，农民工被"踢"到救助站，一年到头难见乡干部[③]
>
> **这样的作风让人寒心**
>
> 上述标题描述的是地方干部的冷漠态度。记者描述了他们的调查结果。
>
> **不给烟不发结婚证**
>
> 1月16日，记者在内蒙古自治区乌兰察布市一贫困县民政局发现，工作人员向来办理结婚证的新婚夫妻索烟，否则就不给办证。上午9点，

---

① 参见 zh.wikipedia.org/wiki/%E4%B9%8C%E5%85%B0%E5%AF%9F%E5%B8%83%E5%B8%82。
② 参见 dangjian.people.com.cn/n/2013/0125/c117092-20323220.html，新华社呼和浩特1月24日电，记者张丽娜、王春燕、于嘉、刘懿德，2013年1月25日 09:03，来源：新华社。
③ 中文标题是：《不给烟不发结婚证，农民工被"踢"到救助站，一年到头难见乡干部》，来源：http://www.wlcbzg.gov.cn/dygl/iypx/201109/t20110930_920481.html。

民政局办理婚姻登记手续的工作窗口还没人，大约20分钟过后，一位女性工作人员姗姗来迟。一对新人来办理结婚登记手续，新郎客气地给办事人员递上一袋喜糖。出示证件、填写表格等程序都进行得很顺利。但是，到了领证环节，一位男性工作人员向这对新人索要香烟。"不给烟咋给你们办证？"新郎抱歉地说："我从来不抽烟，就给买了点糖。"这位工作人员不予理睬，向窗外挥了挥手，示意他去买烟。新郎看到不买烟就拿不到结婚证，只好匆匆跑出去买烟。递上一盒香烟后，这对年轻人才如愿领到了结婚证。

农民工被"踢"到救助站

在呼和浩特市救助站，记者见到了陕西籍农民工李长林。去年5月，他和另外10多位工友来到呼和浩特市打工，成了赛罕区金河镇四间房村蔬菜大棚项目的工人。项目完工后，由于包工头逃跑，他们走上了讨薪路。整整半年时间，工友们在多个部门蹲点要钱，最后身无分文住到了救助站。

记者跟随李长林一起，亲眼见识了一些办事人员"踢皮球"的作风。1月17日上午9点，李长林来到金河镇政府，一分管主任在电话里回了一句："不是给了两千块钱吗，别再折腾了。"就挂断了电话。赛罕区劳动监察大队工作人员见到李长林这个"老面孔"，直接回复说：这个事已移送到赛罕区公安分局，不归劳动监察部门管，别再来这找了。

下午3点30分，赛罕区公安分局经侦大队相关负责人不在办公室，其他人表示不便接待。

1月18日上午，终于见到赛罕区公安分局经侦大队刘教导员，他说，案子没啥进展，先回家过年，只能"到此为止"。

随后，李长林又来到呼和浩特市信访办。工作人员表示，既然公安部门已经介入，就不归信访部门管了。

无奈的他们，最终来到了呼和浩特市困难职工帮扶中心，可惜他们得到的是相同的答复。

讨薪无果的李长林对记者说，最近看到新闻，国家要求对10人以上的集体劳动报酬争议，要当天立案并加快结案，人均涉案金额1000

元以上的案件，由仲裁委员会主任挂牌督办。自治区也做了相关规定，要求确保节前农牧民工工资基本无拖欠。

"本来以为有了希望，以为有这些通知和规定会好使。可是，底下的部门还这么推来推去，俺们可咋办？"李长林皱起了眉头。

一年到头难见乡干部

1月19日，记者来到内蒙古商都县的一个贫困村，距乡政府有20多公里远，80%都是土房子，不少都是特困户。

一位七十多岁的老大爷家，老两口住在一个四面漏风的房子里，家徒四壁。去年他家的20多亩地撂荒了，今年基本"绝收"。前不久，大爷感冒输液又花掉了700元钱，让他很心疼。老大爷有好几件闹心事：家里没什么收入，可到现在也上不了低保，村里有的农民议论，为啥惠农"一卡通"拿不到手，农牧民的危房改造啥时候能推进。"我拖着一条老病腿，到哪儿去找村干部？"老大爷说。

老大爷说，撤乡并镇后，有的村子距离乡政府远了，村民去一趟乡政府不容易。一些乡干部的家还安在了城里，周末又回城了。现在有些村民们也认不得乡长是谁。真希望乡镇干部能多下来走走，听听百姓的心声，帮大伙出出点子，怎样才能尽快脱贫致富……

这些材料对讨论有帮助吗？党校的研究人员能够更好地利用这些资料吗？学生们会更好地接受市委领导和党校教师的指导吗？因此，一旦我们让干部对基层工作提起热情，下一步就是走出党校去做。

四 实践（三）：群众见面会和实地走访

答案的确是要把受训的干部派到这其中的一些地区"实践"。毕竟，这些县和市委党校一样，都处于市长和市委书记的领导之下。

参照乌兰察布市，我设法找到了一份市委党校2012[①]年9月举办的全市

---

① 笔误，应为2011年。——译者注。

社区党组织加强社会管理专题培训班的报道。培训班全是理论，没有实践。

报道指出，为了加强社会管理能力，从 2011 年 9 月 28 日到 9 月 30 日，市委组织部和市民政局为 108[①] 名干部举办课程。市委组织部党联办主任致开幕词，他强调了在新形势下，领导干部发挥带头作用的重要性。自治区党校教授和自治区民政厅基政处处长为学员们分析了当地面临的具体情况。培训课程涵盖了网络舆情应对、社区管理、如何做好群众工作、经验交流以及专题辅导等。

但是为什么不进行一些实践活动，走访乌兰察布某一地区的民众或者在市信访局举办一场百姓见面会呢？

组织部部长带头深入基层

公平地说，从乌兰察布党建网上发布的文章可以看到，乌兰察布市也开展了一些基层工作。这篇文章谈到了该市委组织部部长张志强[②]带头从事基层工作。我由衷地敬佩张志强。我建议，作为培训内容的一部分，参加培训的党员干部定期从事一些基层工作。

事实上，在进一步阅读张志强的故事后，我更强烈地感觉到，所有的党校都应当举办这种务实的基层培训。张志强曾参加过中组部在北京组织的"基层组织部长"培训活动。他觉得他学会了三件事：

让农民"看到"美好生活的希望就是为人民服务

参加了数天的基层活动，他得出结论，为人民服务的一个方面是想村民之所想，提供意见建议。张志强认为，尽管村干部踏实肯干，为人诚实，但是他们在眼界、技术和文化方面仍有局限性，因而在带领村民创造更好生活方面受到了制约。因此，只要像他这样的城市干部能够提供一些指导，就将会为他们指明致富道路，且会极大地鼓舞士气！

---

① 应为 180 人。——译者注。

② 张志强，男，汉族，1959 年 2 月出生，内蒙古呼和浩特市人，1982 年 1 月加入中国共产党，1982 年 8 月参加工作，2005 年 7 月毕业于中央党校函授经济管理专业，在职研究生学历。时任乌兰察布市委常委、市委组织部部长。

倾听民声了解民情

张志强说，农民们在收到急需的水泵后，脸上绽开了笑容，他感到由衷的高兴。他总结道，倾听基层的呼声，是了解和解决村民日常所面临问题的最佳方式。实际上，令他惊奇的是，农民们没有什么特殊的要求，他们提出的要求并且不需要特别费劲就可以解决。因此，只要干部对待基层事务就像是对待自己的"家务事"，那么为人民服务就会更加人性化、更加自然。

百花湖乡的新希望

张志强还描写了这个帮助了百花湖乡17个村的制度。这个制度旨在解决农村地区贫困问题、缺乏清洁水问题以及无法进行农业生产的问题。在三个月的时间内，张志强在村子里进行调查，了解问题，然后提出新的对策。他设法筹集共计26万元的援助资金，50万元建设资金，开工建设9项基础设施。这都让村民们感到耳目一新！

张志强总结道：

"知屋漏者在雨下，知政失者在草野。"

如果党校课程可帮助干部了解这样的为人民服务的道理，培训效果将更加理想。

五 小结

在上一章节中，我们讨论了党纪以及如何执行。在本章中，我们探讨了网上的挑战以及现实中的示威活动。我们还发现，中国共产党在"微博治理"方面应对得非常得当，因为一些干部乐于追踪时事。我们推荐了优质服务省委负责制，如果采取评估大局、解决问题和主动感知三种手段，将会改变当前的信访制度。我们还建议，党校应当承担更多"一线"责任，帮助培训党校所在地的干部为人民服务。

以下是我们的三个原则：

- 为人民服务；
- 艰苦奋斗；
- 实事求是。

中国共产党能做到吗？我发自内心地认为，通过我在本次研究当中所见到的人们提供的证据，鉴于中国共产党在过去十年间发生的巨大改变，它的将来只会变得更好。

问题的关键是，群众必须要感受到干部乐于倾听他们的心声并做出响应。因此，无论是优质服务省委负责制，还是其他任何政府机构，都需要有一个双向反馈渠道。更重要的是，公众要了解这个渠道，只有这样，干部们才能听到群众的呼声，解决群众的实际困难。这将有助于缓解压力，避免出现启东事件那种民怨沸腾的情况。在事件爆发或者恶化后，再同意群众的要求，只会鼓励越来越多的人采取类似过激手段来达成自己的目的。这就好比给一个正在哭泣的孩子糖果吃，结果会鼓励他哭得更凶一样。在此，党校的一个重要作用就是，要发展成为本地区、本市乃至本省范围内的最佳基层示范组织。

然而，人们只有在感受到官员怀着赤诚之心时，才会耐心等待。在最后一章中，我们将探讨一下官员。

第十二章　为人民服务　方得人民拥护

在本书的最后一章，自然要展望一下未来。在前面的第十章中，我们不是已经构想过2022年中国共产党的蓝图了吗？也不尽然。在最后一章中，我们将分析一下一些西方学者对中国的看法，以及这些看法是如何既带有褒扬，同时又预示着未来要做些什么。我们将探讨一篇弗朗西斯·福山在《外交》杂志上发表的文章[①]，以及乔治城大学教授查尔斯·库普坎在《外交》杂志上发表的另一篇关于"民主的困境"的文章[②]。

我想说，新加坡可能还可以提供一个值得一试的提议。新加坡人民行动党的诚信文化（有时可能是一份代价高昂的承诺）、《公务员指导手册》制度以及铁面无私的贪污调查局，这些在上文中都已经提到。我们对于优质服务管理的公众舆情管理概念，以及可以深入人民群众的群众见面会都有了一定的了解。这是基层党建要开展的事情，党校中也会进行相关教学。在本章中，我们将介绍"不太为人所知"的年度考核办法，该办法通常包括个人表现和潜力排名以及个人发展规划。我们将探讨为什么中国人可能会非常擅长这种考评，并且我将有理由让你相信中国共产党的未来充满希望、前景一片光明。

第一节　为人民服务：历史的未来

弗朗西斯·福山的文章引起了我的注意，因为他简明扼要地分析了当前

---

① 〔美〕弗朗西斯·福山：《历史的未来——自由民主制能否在中产阶级的衰落中幸存下来？》，《外交》2012年1月第91卷第1期，第53页。

② 参见查尔斯·库普坎有关《治理鸿沟：全球化与西方民主的危机》，《外交》2012年1月第91卷第1期，第62页。

西方的政治形势。从本质上来说，他认为，在思想界"左翼缺乏动员大众的能力"①，正如自由主义民主制在面对欧元区危机和美国债务危机时一样。他接着表示，对西方"最大的挑战"来自中国。他赞扬了当前"中国模式"，论述如下：

"以出口为导向的增长模式和自上而下的决策体制都无法获得长久的成功……"

"中国正在迅速成长的中产阶层其行为方式将全然不同于世界其他地区的行为方式。"

"所以，不能忽视中国体制的稳定性问题。""中国的中产阶层不可能和其他地方的中产阶级迥然不同……"

在我看来，从领导的角度来看，这意味着转型必须是自内而外的。虽然我们可以执行党的纪律（见第十章），并且可以在线工作，最大限度减少街头示威（见第十一章），但是中国共产党本质上还是要依赖于每一名党员。目前中国有8000多万名党员。党员受到尊重，很大程度上就会促成人民得到尊重。所以，人们必须首先尊重党员。这就是"新加坡式"的年度考核办法中可借鉴的地方。

在同一期《外交》杂志上，查尔斯·库普坎教授②也谈到了当前自由民主的状态。他认为：

"第一，面对国家资本主义和全球化的强大冲击，西方民主国家除了以空前的规模进行经济战略规划之外别无选择……"

"第二，西方世界的领导人应当联合起来，为构建一个进步的民粹主义的议程而努力——致力于将选民的不满导向建设性的结果，并使中间选民在面对特殊利益群体和政治极端分子时占有一定优势……"

我援引上述内容是为了说明，库普坎提出的第一条策略类似于国家主导的资本主义（至少我这样认为）。第二条策略解释了为广大群众服务，而非仅仅迎合特定利益集团的需求（如英国的保守党与工党或者美国的民主党

---

① 查尔斯·库普坎有关《治理鸿沟：全球化与西方民主的危机》，《外交》2012年1月第91卷第1期，第53页。

② 查尔斯·库普坎，美国乔治城大学国际关系教授。

人与共和党人)。中国共产党正在朝着正确的方向前进,国家仍然牢牢地把握着经济,并且如习近平在其就职的媒体见面会上所表示的那样,将保护好人民群众的利益,这一点正在一天天地得到践行。

然而,为了照顾大多数群众或新兴中产阶级的利益,为党员提供适当的服务也很重要。党员要得到适当的服务,就需要上级领导的关心和爱护。虽然我不提倡仆人式的领导,但是我认为每年对党员采取系统性的方法进行评定考核和潜力培养是有益的,这样他们可以更好地为人民服务。鉴于此,我想分享一下新加坡公务员所采用的绩效管理制度。这是一种系统性的方式,可以提升党员的能力,久而久之,还可以建设巩固党的战斗力。

第二节 艰苦奋斗:让每个干部都投身于为人民服务

我是从事人事工作的,因此会从人事角度来研究一个组织。我认为,组织就是执行或完成某些功能的一群人。然而,所有组织的重要功能都必须是让组织内的成员能力得到提升,相应地,组织的能力也得到提升。各个组织采取的方式各不相同。如我所知,大多数商业公司采用高薪挖人、自己培养,甚至是从战略伙伴或商业联盟借调人才等多种操作方式。这些操作方式各占多少比重因组织而异。和新加坡公务员系统一样,共产党通常需要从自身内部培养挖掘。因此,选拔、培养和自我更新就显得十分重要。

最重要的是,这不仅仅是一把手一个人的工作,也是各级负责人的责任。然而,具体怎么操作呢?接下来,我介绍一下新加坡公共服务署的潜力、绩效和成长培养方式。

在新加坡,我们相信,每位官员都拥有天赋和能力,只是在性质和程度上有所不同。前提是:

"官员只有得到机会去充分发挥他们的才能,才可以从工作中获得最大的满足感。"

总的来说,一个组织只有激励官员最大限度发挥才能,才能获得最大价值。

因此,新加坡公共服务署,类似于中国的中组部,制定了一套发现组织内部人才的考评方式。目的是系统性地评估官员们的潜能,尽早发现他们的才能，给他们提供展示自己的机会，以及培养锻炼他们的能力。

在确定如何最好地培养和部署岗位之前，需要先评估官员们的潜力。这只能通过可信、公平、严格的考评过程来实现，这种考评将合理发掘官员的能力。

年度考核办法

绩效考核制度是建立在培养系统能力和个人才能、强项基础之上的。这个培养过程是通过一系列的年度考评办法进行的。根据业绩和潜力对每个单位或机构的官员排序。目的不是为了强调具体每个官员相对于其他人的排名，而是从总体上来确定哪些人属于前30%，哪些人属于后10%。那些位居前列的将获得展示和培养的机会，从而可提升他们自己的潜能与能力，以更好地开展当前或将来的工作。那些排名垫底的，会获得帮助以改进其工作，但有的会被解职（如果不努力的话）。

随着时间的推移，官员的能力得到提高，可以更好地履行当前或更高的职位，而这个组织的总体能力也将获得相应的提高。个人的职业生涯会随着他们在组织中的晋升而发展。

员工潜力测试的概念是新加坡公务员从荷兰皇家壳牌石油公司学到的经验。员工潜力测试可以评估官员在退休前能胜任的最高级别岗位。员工潜力测试的概念有助于组织：

- 从长远角度评估官员能被提升到最高的岗位；
- 确定并规划官员的培训和发展可能性；
- 从职务和工作的角度规划官员的晋升机会；
- 考虑组织中的个人才能，规划组织的连续性。

当前预期潜能通过官员退休之前能够达到的最高职务级别和薪水级别来表示。①

---

① 公共服务署相当于中国的中组部（至少在新加坡的公务员体系中是这样的）。我的研究基于我多年来收集的笔记中的资料以及我自己的文章。

延伸阅读

员工潜力测试如何进行？

员工潜力测试决定了官员可在组织内提拔的最高职位，而绩效考评决定了提拔的速度有多快。

员工潜力测试通过考察官员的直升机素质以及他的个人综合素质来进行评估。

直升机素质的定义是，站在更高位置上分析问题同时还要注意相关细节的能力和决策力。具备较高直升机素质的官员能够提出详细的解决方案，这个解决方案充分考虑到了商业、社会、政治和技术环境等所有相关的问题。

个人综合素质是对官员的一个整体描述，包括他的智力（如分析能力、想象力和对现实的感观）、结果取向（如成就动机、政治敏锐性和果断性）以及领导才能（如激励别人的能力、授权和沟通的能力）。

直升机素质决定了官员能够晋升的高度，如果他拥有相应的才智，那么个人综合素质将最终决定，以他的人品、性格和能力，他能否达到这个高度。直升机素质决定了员工潜力测试的上限。个人综合素质无法将测试结果提高到直升机素质所决定的上限以上。

官员的潜力测试不受限于年龄或者更高级别职务是否空缺。应当给予官员足够的挑战性任务，充分"拉伸"他们，让他们充分展示自己的潜力。

绩效评估基于以下因素：
- 团队合作；
- 在压力下的反应；
- 工作成果；
- 责任感；
- 工作质量；

- 服务质量；
- 组织能力；
- 知识和应用。

在评估绩效时，由于知识和经验丰富的关系，高级别的官员很可能比低级别官员表现优秀。为了对所有官员公平起见，官员绩效的评估是依据他的具体级别来进行的。这意味着，对级别较高的官员，他的评估标准将和其职位等级对应。对绩效的评估打分如下：

A. 各方面工作均远远超出当前级别的要求，并在直接负责的领域以外，也做出了积极的贡献。

B. 在大部分工作领域中，超出当前级别的要求。

C. 在一些工作领域中，超过当前级别的要求（额外的贡献高于不足）。

D. 达到当前工作级别的要求（额外的贡献与不足相当）。

E. 未能达到当前级别的要求（不足高于额外的贡献）。①

部门评比小组

评比排名是考核的一个关键部分。尽管监管者单独评估官员们的潜力和绩效，但是我们必须注意到，监管者的严格程度不一。为了对单独评估加以补充，每年会成立评比小组，对机构内的官员进行集体评估。

评比排名有助于：

- 协调不同监管者之间的评比标准差异；
- 严格量化考评制度；
- 确保评估的严格公正。

潜力和绩效两方面均需进行评比排名。所有排名均由评比小组决定，评比小组成员是由常任秘书指定，由该机构内各部门或分支机构的管理层官员组成的。

评比过程结束后，考评小组会确定每名官员的潜力和绩效等级。官员的

---

① 延伸阅读（一）的细节是基于我多年来收集的资料。

档案将收录他们每年的潜力和绩效等级，以便跟踪查询，而非收录他们每年的考核具体排名。

绩效和潜力之后——成长

年度考核最终将以潜力与绩效等级出炉为终点，但真正的关键是随后监管者与被监管者之间的对话。世界上的所有组织都关心的一件事就是，如何能够确保有人辞职或退休后，组织内员工的能力不会消失，进而保持组织的能力。同样重要的是，还要帮助组织内的每个人最大限度地发挥潜力。因此，就有了两个相关的概念：首先，组织内的知识管理，来保证能力的持续发展；其次，能力框架，来保证个人的发展。这些都对整个组织的长久发展起着举足轻重的作用。

知识管理

知识管理可能有些拗口，并且似乎是一个复杂的概念。从人事的角度来说，它仅仅是一种确保组织已经积累的知识继续留存在该组织内的方法，如指导手册、流程，甚至是活动等。也就是说，当一名员工离职或退休时，这些关键的技能可以在组织内保留并得以传承。深植于制度、结构和干部观念中的隐性知识的传递对于中国共产党的基层干部而言是很重要的，因为现代公司正在努力抢占更大的全球市场份额。

表12-1包括我从罗杰·斯莱特[①]处学到的一些经验，斯莱特是一位实践导向型的人力资源专家，他在这个课题方面有着较为深入的研究。首先，党需要将各种知识分门别类，以便确定知识传承的理想方式。例如，一位资深的经验丰富的老干部为人民服务的艺术就可以被视为"隐性技能"，而传承这种知识的最佳方式是通过讲故事、提供指导以及形成社区实践。党校可以将其编入课程模块，退休的干部可以分享他们在为人民服务方面的"英勇事迹"。

---

① 罗杰·斯莱特是美国内政部一名重要的人力资源顾问。他凭借其杰出的才能开创劳动力计划流程之先河。表12-1和表12-2均为罗杰所惠赐。

表 12-1 知识类型和传递方法

图例：□ 无效　▨ 效果不大　▩ 效果较好　⋯ 效果很好

项目		知识类型				
		明确的	含蓄的、基于规则的	含蓄的、技能	隐性的、技能	深层次隐性的
策略	访谈	效果较好				
	资料	效果很好				
	培训	效果很好	效果较好	效果不大		
	讲故事		效果不大	效果很好	效果很好	效果较好
	指导	效果不大	效果较好	效果较好	效果较好	效果较好
	事后回顾				效果不大	
	社区实践		效果很好			

能力框架

简言之，能力是组织内表现最佳者所擅长的素质。能力框架这一概念的意思是，随着时间的推移，组织内的所有个人能够逐渐提高能力，他们都有可能成为组织内的佼佼者。因此，在中国共产党的设置中，能力框架指的是如果一个人渴望成为城市党委书记，他可以在其工作领域认真工作，不断提高核心竞争力，这样在选拔过程中，他就可以被视为拥有很强实力的潜在的候选人。从概念上讲，能力框架会假设，通过一段时间的认真培养，一名领导可以获得各项必需的技艺和能力。不同的是，我们知道我们想要什么，并且我们有一套提名、调查和审议的流程，来决定这个候选人是否符合预期。

个人发展规划

知识管理确保了维系组织存续所需的关键知识得到传承，而能力框架则可以确定组织中表现最佳的人。个人发展规划可以针对个人不足的方面进行改善提高。它还可通过学习或者传承必须保持的明确的、含蓄的和隐性的知识等方式来服务于组织。表 12-2 展示了个人发展规划的一个示例。这不仅仅是参加课程的问题,实际上,重视这一点的组织有很多活动,以确保资深人员可以通过多种方式传递含蓄的和隐性的知识。

表 12-2 个人发展规划示例(个人发展规划)

名称:			职业:			单位:	
活动代码:			能力:			能力评估代码:	
在职培训	实习	岗位学习	个人精通	客户服务	组织意识	示范	口头
岗位轮换	工作见习	独立学习	关系有效性	系统思维	技术技能	文件审核	
指导	课堂培训	学术项目	创造性思维	灵活性		书面审核	

发展目标:	发展活动:	活动规范	能力	计划时间	完成日期	评估日期	能力评级

资料来源:基于罗杰·斯莱特于 2013 年年初在新加坡公共服务署分享的内容。

在中国共产党的具体操作中,党校鼓励新老干部进行各种互动,这样,在故事讲述、单独指导以及社区实践讨论中,老干部可以将丰富的知识分享、传授给新干部。

个人发展规划的关键作用

个人发展规划的关键作用是将个人潜力评估和形成个人发展规划的绩效联系起来。逐步实现个人发展规划也是履行组织需要的能力和保持组织需要的知识的一种方式。其作用具体说明如图 12-1:

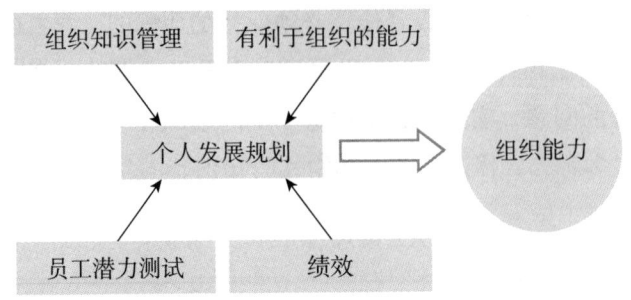

图 12-1　个人发展计划的关键作用是将个人和组织联系起来

下面我详细地解释一下：显然，通过潜力和绩效的评估，监管者可为相关官员拟定个人发展规划。然而，组织要在市场竞争中得以生存，战略性技能的传承存续（存在于人和流程当中）以及不断提高的新的能力仍然是很重要的。很明显，知识管理和能力培养也形成了组织内的个人发展规划。对中国共产党而言，一个例子就是社交媒体管理，因为这是干部需要培养的一种新技能，也是知识管理方面的问题。干部必须汲取过去的为人民服务的知识，并应用到当前的情况中。退休干部可以与年轻干部分享"为人民服务"的经验，鼓励年轻干部将这些收获应用到新的社会环境中。

第三节　实事求是：省级考评排名小组

一　为什么考评排名会对党产生积极作用？

一位现居苏州、不愿具名的新加坡退休官员讲述了他是如何分享潜力测试和绩效知识的。他感到惊讶的是，许多与他交流过的中国官员很快就能明白潜力测试和绩效之间的区别，前者表明未来的贡献，后者衡量当前的结果。他总结道，这种敏锐的感觉来自对上司的行为的日积月累的细心观察。在典型的中国职场中，很少听到批评或表扬，但员工仍然能够分辨上司的好恶。这是因为很多话是很微妙的，并且会通过行动或者惯用语来表达。下属要非常仔细地注意这些词或语句表述的细微变化，因为这其中表达了不同的意思。因此，当前潜力测试可能适用于中国的第一个原因就是，中国的高管已经十分精于观察他人行为及长期影响。

考评排名会对小组讨论产生积极影响的另一个原因是,将促进真正的互动和交流。我观察了中国的一些讨论,通常只有一个观点——"领导"的观点。其他人如果表达了什么观点的话,通常都是赞同领导的意见,并且努力将领导的观念套用到其他可能的领域。换句话说,凡是领导说的话都是重要的,都要照搬照做,别人说什么都没用。中国共产党要服务的中等收入群体不断扩大,人们的愿望和要求也会越来越多。尽管所有的要求不能一次性满足,甚至随着时间的推移,也很难达到或满足,但是,不同观点的充分讨论可能会形成有效的解决方案,或者至少是深度理解。一把手不再垄断思想、信息和见解。因此,团队工作对各级党组织都有利。

比团队工作更加重要的是,让每位党员都感受到作为党的大家庭中的一员是有价值的。这不仅是党内民主,还是在团结其他公民之前,团结党员的一种途径。如果充分重视党员的发展和培训,我们可以保证公民的尊严可以得到更多的重视。在这里,为人民服务指的是从为党员服务开始。

集体评比,最大限度减少腐败

我认为,如果中国共产党采用集体评比,透明度和公开性会取得很大进步。在只有一把手说了算的时代,会发生很多暗箱操作的事情。然而,在考评小组所有成员必须签署协议的制度下,事情一开始可能会"复杂"一些。官员们将会意识到,年度考评环节十分重要,因为他们可能借机向他人索贿,别人也可以向他索贿。因为每个人都有缺点,所以随着时间的推移,感性和节制会发挥主导作用。更重要的是,因为评比是由考评小组进行的,而不是一把手,因此候选人的晋升或者任命要得到的是小组中的大多数人的支持。

事实上,集体评比的理念直接服务于中组部"5个严禁,17个不准"的规定。以前,"说服"一把手让他相信你确实有能力,并且是某个岗位的最佳人选,是相对比较容易的。现在,你需要说服考评小组中的绝大多数人,也就是至少五到七名小组成员。如果在考评小组中有人未被你说服,你还有可能会被索贿吗?每一轮的年度排名,都会强化官场的价值观和积极文化。在此过程中,透明度将会得到提升,对所有官员(而非那些经常推销自己的官员）的了解也会增加。

我冒昧地提出，按部门评比，然后将相关评比排名表合并，由低到高排列，这样的制度将会在中国共产党中取得良好的效果。首先，中国共产党已经有了一套良好的管理制度，面临的挑战是要探索一些积极的流程，创造一种开放的文化。那些"严禁"和"不准"的事情，不会因为中央发布了有关通知就会消失。要加强努力，就要从调整相关流程、进行集体评比以及结合第十章和第十一章所提出的初步建议着手。

二 将评比应用于中国共产党

在第八章中，我们提到，各级党组织都在寻找和培训后备干部，员工潜力测试的概念同样也适用于此。在省级层面，干部应寻找那些至少有可能最终成长为县长或者副局级领导的干部。这样，根据具备这种潜力的干部人数、他们的年龄以及当前的工资级别，可以制定相应的流程和培训方案。下面的表格（表12-3）将详细阐述，如果有潜力的干部被及早发现，各级可以如何支持上一级别：

表12-3 员工潜力测试侧重的各级政府部门

级 别	员工潜力测试侧重点	备 注
国家级	省级、省级副职及以上	包括部级领导
省 级	市级副职、县级及以上	包括省厅副职
市 级	县级副职、乡级及以上	包括市局副职
县 级	乡级副职及以上	包含乡镇领导

我们假设干部甲和干部乙都是35岁的县领导，但是一个具有省委书记的潜力，而另一个具备省厅级的潜力，那么他们的任职和发展轨迹可能会有所不同，具体如表12-4、表12-5所示：

表 12-4　不同潜力的干部甲和干部乙的任职轨迹示例

干部甲的职级	干部甲的代表性任职	干部乙的职级	干部乙的代表性任职	年龄范围
4—8	省委书记	无	退休	60 岁以上
6—10	省长	6—10	省厅正职	55—59 岁
6—10	省厅正职／省委常委	8—13	省厅副职	50—54 岁
8—13	省属厅局副职	8—13	市领导（副厅级）	45—49 岁
	市领导（副厅级）	10—15	省厅办公室主任	
10—15	省厅领导（副厅级）	10—15	省厅办公室副主任	40—44 岁
	市局副职			
12—18	县领导	12—18	县领导	35—39 岁

表 12-5　干部甲与干部乙的任职轨迹直观表

年龄／任职	34 岁以下	35—39 岁	40—44 岁	45—49 岁	50—54 岁	55—59 岁	60 岁及以上
省部级							■
省部级副职						■	
厅局级					■		
厅局级副职			■	■			
县处级		干部甲	干部乙				

集体评比小组：组织部的新职责？

在当前的工作之外，年度评比将为省市两级组织部门提供更多的系统性信息，因为他们对所管辖范围内的人才分布有系统的掌握，对培养这些干部的最佳方式有着清楚的认识。可以轻而易举地知道该派哪些人参加后备干部培训，为哪些人提供在国家层面或更高层面的曝光机会。最为重要的是，在领导选拔的第一轮中，将会有足够的数据支撑，来提名候选人。

这种流程如何运作？以大连为例，大连下辖7个区，全市有近100个局。对于这些机关而言，第一项任务将是提交45岁以下、至少具有成为县级副职潜力的干部的信息。组织部收集整理后，要制定一个制度，以确认所有人的潜力值是准确的。这可以通过市委常委主持的一系列访谈或茶话会的形式进行，或者通过调查他/她当前履职情况的方式进行。确认之后，有潜力的干部将被安排参加相关培训并获得展现自己的机会，这样组织部就可以（通过个人发展规划）来监管他们的培养。这个过程每年进行一次，并且可以添加有前途的新的官员，同时没有达到潜能预期的老的官员可横向部署。同时，年轻干部向老干部学习，将所学得的经验应用到中国共产党所面临的新挑战中，组织的能力也得到增强。

三 从优秀迈向卓越

在我的研究中，我认为，**中国共产党具有良好的、近乎完善的制度**。然而，由于中国幅员辽阔、人口众多，在政策贯彻执行的过程中，有时会遇到一些现实问题。因此，随着流程的改进，如对所有党员的集体评比，我们可以最大限度地减少这些局部的瑕疵，帮助所有干部更好地服务于党员，以便使党员更好地服务于人民群众。

从观察、评估和描述方面而言，典型的中国官员可能要比新加坡的官员更优秀。他们已经在复杂环境下受过"培训"——在2011年大选后，新加坡官员才开始掌握这些。一位新加坡资深政治家将这一点总结为做事的"情理法"风格，他们必须具备这样的能力。相比之下，新加坡官员则更趋向于"法理情"风格。因此，新加坡官员缺乏平衡竞争性需要（利害各方不同的需求），以及让所有公民始终都满意的能力。从长远来看，如果理顺执行的各个细节，中国共产党干部全身心投入，那么在人事考核体系中，中国干部很可能比新加坡的官员做得更加出色。

第四节　与时俱进的领导力及我的人事工作之旅

在我为这次美妙的研究工作收尾时，我唯有感谢，感谢所有的祝福，感谢所有帮助过我的朋友，感谢我汲取的知识。

在西方人的眼中，中国共产党是一个不太可能被完全效仿的对象，然而，我希望我的记录能够表明，以下原则确实是人类永恒的真谛：

- 为人民服务；
- 艰苦奋斗；
- 实事求是。

帝国的兴衰取决于人民是否得到理想的服务，以及在此过程他们生活得是否幸福。罗马帝国初期国力兴盛，因为它的人民——罗马公民都很容易确定和服务。但随着帝国的发展，公民增加，需求及欲望也随之增长。历史上中国在清朝初期也是盛极一时，但到19世纪80年代，发展开始停滞不前。中国当时拥有19世纪最好的技术和文化，而西方"野蛮人"又能给中土带来什么？时间再近一点来说，在现代中国的斗争中，蒋介石带领的国民党不得不逃离大陆，因为只有很少官员能够做到"实事求是"。或者是他们实事求是的对象是自己，而非人民群众。

那么，人事工作又如何参与其中呢？我最近意识到，可用"3C"原则来描述所有组织中的人事工作：

- 为组织召集有能力（Capability）的人才；
- 在此过程中培养组织的群体运作能力（Capacity）；
- 建设持续性发展的组织文化（Culture）。

这三项原则相互交织，并且与中国共产党与时俱进的领导力密切相关。下面我来解释一下。

"为人民服务"首先要考察党员是否有一颗为人民服务的心。尽管要弄清楚党员是否值得信赖的过程可能很漫长，但这是值得的。发现全心全意为人民服务的党员仅仅是个开头，我们需要培养他们的个人能力，帮助他们参与团队协作（协同工作的能力）。最重要的是，服务的文化要渗透到党员开展的各项活动当中。

至于"艰苦奋斗",它主要是建设为人民服务所需的关键的组织能力。微博治理和优质服务省委负责制就是很好的例子。廉政办公室和协助"指导"基层工作的党校也都是能力建设的一部分。然而,如果个别党员没有具备协同工作和优势互补的能力,那么能力就没有得到全面的发展。

要想"实事求是",党的首要任务是培养能坚定地为人民服务的个人和团队。廉政文化是必不可少的,它将"引导"干部做出"正确"的决策,尽管有时候这种决策并不受欢迎。实事求是的文化应当深植于我们建设(能力)的环节中、连接各环节的过程中及整个制度最不可或缺的人当中(见图12-2)。

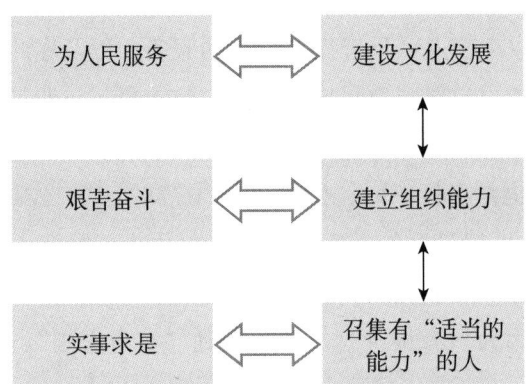

图 12-2　与人事工作有关的与时俱进领导力循环示意图

因此,如图12-2所示,在建设个人能力、组织能力及始终为人民服务文化的过程中,与时俱进领导力的原则与人事工作密切相关。

参考文献 / 来源

为了帮助大家进一步阅读，我将这些可收集到的材料分为三类。有一些材料是中国共产党的印刷宣传品和网站的一部分，这些大部分都是汉语资料。如果你感兴趣的范围与此一致，这些材料将会有所裨益。第一类材料主要如下：

- www.cpc.people.com.cn，中国共产党网发布的所有新闻；
- www.renshi.people.com.cn，中国共产党网所有的人事事务；
- www.wxyjs.org.cn，毛泽东的著作等；
- www.ccps.gov.cn，中共中央党校网站，可链接至其他党校；
- www.gov.cn，中国政府的各项事务；
- www.people.com.cn，人民网发布的所有新闻。

在第二类中，主要是有 1997 年后香港的出版物。例如：

- 明镜出版社，参见 www.mirrorbooks.com。
- 《凤凰周刊》，参见 www.danwei.org/media_guide/magazines/phoenix_weekly.php。
- 外参出版社出版的书籍。

第三类属于西方视角下的相关英语报道。其中包括我们当地（新加坡）的英文《经济学人》周刊以及美国的胡佛研究所、布鲁金斯研究所和新加坡国立大学的东亚研究所等中国观察机构的出版物。

对于那些关注各章节中细节的读者，我列出了每个相关领域的主要来源。对于汉语著作，我也将其汉语书名列出以供参考。

第一章	余伯流、陈钢:《井冈山革命根据地全史》,江西人民出版社 2010 年版
第二章	阎伟东:《中共中央在延安十三年纪实》,现代出版社 2000 年版
第三章	杨凤春:《图解当代中国政治》,中华书局(香港)有限公司 2012 年版
第四章	东方治:《高校入党培训教材》,人民日报出版社 2011 年版; 《国家公务员录用考试系列》,京华出版社 2011 年版
第五章 第六章	中国共产党人事网站:www.renshi.people.com.cn
第七章 第八章	参见有关各所党校的网站 www.ccps.gov.cn; 冯俊编:《干部教育培训教学方式创新》,人民出版社 2011 年版
第九章	有关四级"人事变动",参见 www.cpc.people.com.cn/GB/67481/94156/217406/index.html
第十章 第十一章 第十二章	没有单一的主要来源,因为这是本人的研究成果的总结; 凤凰周报刊:《中国贪官录》,中国发展出版社 2011 年版; 有关中共十八大的新闻,请参见 www.cpc.people.com.cn/GB/67481/347421/349620/index.html